本著作是2012年度国家社科基金青年项目"新疆农村老龄人口贫困化研究"、河南省高校哲学社会科学创新团队支持计划：社会治理精细化与公共政策选择（2017-CXTD-09）、中南财经政法大学公共管理学院暑期调研项目"湖北省社会养老服务体系建设调查研究"及中央高校基本科研业务费项目：（31541511001，31541411003，31541411016）的阶段性研究成果。

NONGMIN YANGLAO FENGXIAN YU BAOZHANG CELUE
YANJIU: JIYU XINJIANG DE SHIZHENG YANJIU

于长永 著

农民养老风险与保障策略研究：基于新疆的实证研究

光明日报出版社

图书在版编目(CIP)数据

农民养老风险与保障策略研究：基于新疆的实证研究 / 于长永著. —北京：光明日报出版社，2016.10
ISBN 978—7—5194—2138—0

Ⅰ.①农… Ⅱ.①于… Ⅲ.①农民—养老—社会保障制度—研究—新疆 Ⅳ.①F323.89

中国版本图书馆 CIP 数据核字(2016)第 243542 号

农民养老风险与保障策略研究：基于新疆的实证研究

著　　者：于长永	
责任编辑：李壬杰	责任校对：谷晓倩
封面设计：人文在线	责任印制：曹　诤

出版发行：光明日报出版社
地　　址：北京市东城区珠市口东大街 5 号，100062
电　　话：010 - 67017249(咨询)，67078870(发行)，67019571(邮购)
传　　真：010 - 67078227，67078255
网　　址：http://book.gmw.cn
E - mail：gmcbs@gmw.cn　Lirenjie111@126.com
法律顾问：北京德恒律师事务所龚柳方律师

印　　刷：北京市媛明印刷厂
装　　订：北京市媛明印刷厂

本书如有破损、缺页、装订错误，请与本社联系调换

开　　本：710mm × 1000mm	1/16
字　　数：282 千字	印　　张：15.5
版　　次：2017 年 1 月第 1 版	印　　次：2017 年 1 月第 1 次印刷
书　　号：ISBN 978 - 7 - 5194 - 2138 - 0	

定　　价：48.00 元

版权所有　翻印必究

目　录

导　论 …………………………………………………………… 1

　（一）研究背景与意义 ……………………………………… 1

　（二）国内外研究现状述评 ………………………………… 2

　（三）研究思路、主要内容与目标 ………………………… 6

　（四）研究方法、技术路线与数据 ………………………… 10

　（五）本书的局限性 ………………………………………… 14

第一章　农村人口老龄化与新疆农牧民养老问题 …………… 16

　第一节　中国农村人口老龄化现状及其发展趋势 ………… 17

　　一、人口老龄化的内涵 …………………………………… 17

　　二、中国人口老龄化的现状 ……………………………… 20

　　三、中国人口老龄化发展趋势 …………………………… 25

　第二节　新疆农村人口老龄化现状及其发展趋势 ………… 29

　　一、新疆农村人口发展的现状 …………………………… 29

二、新疆农村人口老龄化现状 ………………………………… 31

三、新疆农村人口老龄化发展趋势 …………………………… 33

第三节 新疆农村人口老龄化与其他省区的比较分析 ……………… 35

一、新疆与江西农村人口老龄化现状比较 …………………… 36

二、新疆与湖北农村人口老龄化现状比较 …………………… 37

三、新疆与宁夏农村人口老龄化现状比较 …………………… 39

第四节 新疆农村人口老龄化对农民养老保障的影响 ……………… 40

一、农民养老的基本内容 ……………………………………… 40

二、新疆农民养老保障的实现路径 …………………………… 42

三、人口老龄化对新疆农民养老保障的影响 ………………… 44

第二章 新疆农民养老保障模式及其存在的问题 …………………… 46

第一节 新疆农民家庭养老保障现状与问题 ………………………… 46

一、家庭养老的基本含义 ……………………………………… 46

二、新疆农民家庭养老保障现状 ……………………………… 48

三、新疆农民家庭养老保障存在的问题 ……………………… 54

第二节 新疆农村社会养老保险制度现状与问题 …………………… 56

一、农村社会养老保险制度的内涵 …………………………… 57

二、新疆农村社会养老保险制度发展现状 …………………… 58

三、新疆农村社会养老保险制度存在的问题 ………………… 60

第三节 新疆农村社会救助制度及其存在的问题 …………………… 62

一、农村社会救助制度的内容 ………………………………… 63

二、新疆农村社会救助制度发展现状 ………………………… 64

三、新疆农村社会救助制度存在的问题 ………………………… 68

第四节 新疆农村商业养老保险发展现状与问题 ………………………… 72

一、农村商业养老保险的内涵 ………………………… 72

二、新疆农村商业养老保险发展现状 ………………………… 74

三、新疆农村商业养老保险存在的问题 ………………………… 76

第三章 新疆农民养老风险及其影响因素分析 ………………………… 79

第一节 新疆农民养老风险及其表现形式 ………………………… 79

一、农民的养老风险及其测度 ………………………… 79

二、新疆农民养老风险的总体情况 ………………………… 80

三、新疆农民养老风险的表现形式 ………………………… 81

第二节 新疆农民养老风险的影响因素分析 ………………………… 83

一、农民养老风险影响因素的研究现状 ………………………… 83

二、研究假说、模型构建与变量选择 ………………………… 85

三、新疆农民养老风险实证结果及解释 ………………………… 94

第三节 研究结论与进一步讨论 ………………………… 99

一、新疆农民养老风险研究的基本结论 ………………………… 99

二、有待进一步研究的几个问题 ………………………… 101

第四章 新疆农民的养老保障策略及其影响因素 ………………………… 104

第一节 新疆农民养老保障策略的总体安排 ………………………… 105

一、农民的养老保障策略及其测量 ………………………… 106

二、新疆农民养老的保障策略安排 …………………………………… 108

　　三、新疆农民养老保障策略的特点 …………………………………… 116

第二节　新疆农民养老保障策略的影响因素 ……………………………… 119

　　一、农民养老保障策略影响因素的研究现状 ………………………… 119

　　二、新疆农民养老保障策略的个体特征差异 ………………………… 121

　　三、新疆农民养老保障策略的影响因素分析 ………………………… 131

第三节　研究结论与进一步讨论 …………………………………………… 147

　　一、新疆农民养老保障策略研究的基本结论 ………………………… 147

　　二、有待进一步探索的问题 …………………………………………… 151

第五章　新疆农民的缴费能力、参保意愿与制度需求 ……………………… 154

第一节　新疆农民的收支结构、水平及其发展趋势 ……………………… 154

　　一、新疆农民的收支结构 ……………………………………………… 154

　　二、新疆农民的收支水平 ……………………………………………… 157

　　三、新疆农民的缴费能力 ……………………………………………… 161

第二节　新疆农民社会养老保险参与意愿 ………………………………… 162

　　一、新疆农民社会养老保险参与意愿的理论分析 …………………… 165

　　二、新疆农民社会养老保险参与意愿的影响因素 …………………… 168

　　三、新疆农民社会养老保险参与意愿的研究结论 …………………… 178

第三节　新疆农民商业养老保险购买意愿 ………………………………… 180

　　一、新疆农民商业养老保险购买意愿的理论分析 …………………… 184

　　二、新疆农民商业养老保险购买意愿的影响因素 …………………… 189

三、新疆农民不愿意购买商业养老保险的主要原因 …………… 193

四、研究结论与几点讨论 …………………………………… 195

第四节 新疆农民养老的制度需求及其差异 ………………… 199

一、农民养老的制度需求及其操作化 ……………………… 200

二、新疆农民养老的制度需求及特征 ……………………… 202

三、新疆农民养老制度需求的差异性 ……………………… 204

第六章 化解新疆农民养老风险的政策建议 …………………… 210

第一节 新疆农民家庭养老保障的完善 ……………………… 210

一、发展新疆农村居家养老服务 …………………………… 211

二、完善新疆农民养老法律法规 …………………………… 213

第二节 新疆农村社会养老保险制度的完善 ………………… 216

一、加快新疆农村社会养老保险发展的速度 ……………… 217

二、提高新疆农村社会养老保险制度的水平 ……………… 218

第三节 新疆商业养老保险制度的发展策略 ………………… 220

一、加大新疆农村商业养老保险的宣传力度 ……………… 221

二、设计适宜新疆农民的商业养老保险产品 ……………… 223

三、加强技能培训,提高新疆农民收入水平 ……………… 224

第四节 新疆农村社会救助制度的完善建议 ………………… 226

一、建立健全新疆农村五保供养制度 ……………………… 226

二、建立健全新疆农村最低生活保障制度 ………………… 228

参考文献 …………………………………………………………… 230

导 论

(一) 研究背景与意义

新疆地处中国西北边陲,面积占国土总面积的 1/6,位于亚欧大陆中部,具有重要的战略地位。纵观历史并结合当前来看,新疆稳定是关系到中华民族核心利益的全局性战略问题。作为一个以农牧业为主的欠发达省区,新疆农业人口占 66.14%。农民稳,则新疆稳。随着人口老龄化和高龄化的快速推进,农民养老风险正日益显现。与全国大多数省区相比,新疆人口老龄化水平虽然相对较低,但老年人口增长速度快于全国平均水平。新疆老年人口正以每年 4.36% 的速度增长,高出全国 1.16 个百分点。[①] 在人口老龄化程度日益加深和人口流动加剧的时代背景下,研究新疆这样一个多民族聚居地区农牧民的养老问题,无疑具有重要意义。

本书基于人口老龄化背景,立足新疆视角,从经济学、社会学、管理学等跨学科的角度,通过深入实地的田野调查和计量分析方法,多层面多角度揭示新疆农牧民面临的养老风险与保障策略,全面深入地考察新疆农牧民的养老保障需求,为新疆农牧民养老风险保障体系建设提供现实基础和依据。

1. 理论意义:(1) 把农民养老问题研究的触角伸向中国的西北边陲,拓展农民养老问题研究的新区域,揭开新疆农牧民养老问题的神秘面纱,

---

[①] 戴岚:《新疆即将步入老龄化社会 60 岁以上老人逾 200 万人》,http://www.china.com.cn/news/local/2010-03/16/content_19621302.htm

关注少数民族地区的民生问题;(2)从跨学科的角度,通过田野调查和计量模型,对新疆农牧民的养老风险与保障策略做实证研究,勾勒出新疆农牧民的养老风险与保障策略"地图";(3)基于农牧民缴费能力和参与意愿,设计符合新疆农牧民实际需要的养老风险制度和保障水平。

2. 应用价值:(1)全面考察新疆农牧民的养老风险及其形式,准确定位解决新疆农牧民养老问题的紧迫性和重要性,深入分析新疆农牧民的养老风险应对策略,为制度设计提供现实基础;(2)立足农民需求,提出合理的农牧民养老风险保障对策,提高政策制定的针对性和合意性,化解新疆农牧民养老风险,保障农牧民的生活安全,维护新疆社会稳定。

(二) 国内外研究现状述评

国外学者对农民养老问题的研究,包括两个方面:一是针对低收入国家农民养老问题的研究;二是针对中国农民养老问题的研究。就前一个方面而言,国外学者更多从贫困的角度分析农民面临的生存风险与保障策略:关于农民的养老风险。WFP从风险因素、抗风险能力和社会服务体系三个维度,分析农民的生存风险。Dercon构建了风险和脆弱性分析框架,分析农民的可持续生计问题。关于农民的养老保障策略。Ellis认为,面对生存风险和大额医疗开支,农户所采取的风险管理策略是理性的。① 在传统农业经济时代,家庭保障是最主要的安全手段,农民通过家庭资源的代际和代内转移实现平稳消费。②③

就后一个问题而言,主要体现在两个方面:一是关于中国农民养老保

---

① Ellis, F. *Peasant Economics*, Cambridge University Press, 1987.
② Gabler, "sozialversicherung", "sozialpolitik", gabler verlag, wiesbanden, 1988.
③ Morduch J. *Income Smoothing and Consumption Smoothing*. Journal of Economic Perspectives, 1995.

障存在的问题。始于土地改革的历次运动，摧毁了传统家庭制度的权威基础，① 传统农村养老模式面临着前所未有的挑战，绝大部分地区农村养老保险长期处于停滞状态。② 二是中国农民的养老保障策略问题。在中国以及广大发展中国家农民的经济与社会保障严重地依赖于农户劳动力的数量和质量以及劳动力的报酬。③ 农村社会养老保险少有社会保险的特征，迫切需要更有效的社会养老保险制度来取而代之。

国内学者对农民养老问题的研究，主要集中在以下几个方面。

1. 农民养老保障的重要性与建制时机。随着农村人口老龄化的发展及其老龄化程度的日益加深，农民养老是中国养老事业的关键问题，是一个值得关注的严峻问题。④ 建立农村社会养老保险制度具有重大深远意义。关于农民养老保障制度的建制时机早已有定论，即农民养老保障建制的时机已经成熟。⑤

2. 农民养老保障内容及其发展趋势。养老的实质是指度过老年生活，养老保障的基本内容，包括经济和非经济两个方面，相对于物质供养，精神赡养显得独特而重要。⑥ 老年人的需求包括经济供养、生活照料、心理慰藉和社会公共服务等方面。⑦ 随着人类的发展和社会的进步，精神需求

---

① Mark Hutter. *The changing family：comparative perspectives Macmillan Pub.* Co. 1988.
② Michael C. Seeborg, Zhenhu Jin, Yiping Zhu. *The New Rural—urban labor mobility in China：Causes and Implications.* The Journal of Socio—Economics，2000.
③ Cook, S. *Who Gets What Jobs in China's Countryside? A Multinomial Logit Analysis,* Oxford Development Studies，1998.
④ 梁鸿：《养老方式及其发展的选择》，载《探索与争鸣》，2002年第10期，第35—36页。
⑤ 刘从龙：《探索中的中国农村养老保险》，载《党政干部文摘》，2006年第2期，第8—12页。
⑥ 穆光宗：《老年人的精神赡养问题》，载《中国人民大学学报》，2004年第4期，第124—129页。
⑦ 吴帆：《中国养老资源供求状况与社会工作介入模式分析》，载《人口学刊》，2007年第3期，第47—51页。

较之物质需求将更为强烈和重要。①

3. 农民养老保障模式及其存在的问题。关于农民养老保障模式，家庭养老、自己养老、土地养老、子女养老、集体养老、社区养老、社会养老等不同的概念被提出并被赋予不同的内涵与理解，②貌似广泛的农村养老保障方式恰恰说明了农民养老保障的无助。③ 家庭养老正在弱化。④⑤ 农村社会养老保险制度在运行中，存在着领导认识不足、政府缺乏资金投入、基金贬值等问题。⑥ 新型农村社会养老保险，在推行中存在筹资难、经办管理服务难、基金管理难等。⑦

4. 农民养老问题的解决路径及其趋势。家庭养老、土地保障与社会保险相结合是解决农村养老问题的必然选择。⑧ 中国农村应当以家庭为养老载体，解决家庭养老存在的问题，完善养老保险方案，探索家庭养老的社会化。⑨ 土地换保障是解决失地农民养老问题的基本思路。⑩ 也有学者认

---

① 周绍斌：《老年人的精神需求及其社会政策意义》，载《市场与人口分析》，2005年第6期，第96－102页。

② 宋健：《农村养老问题研究综述》，载《人口研究》，2001年第6期，第64－69页。

③ 乐章：《风险与保障：基于农村养老问题的一个实证分析》，载《农业经济问题》，2005年第9期，第68－73页。

④ 邬沧萍、邓春黎：《农村养老——迈向二十一世纪老龄问题中的一大难题》，载《中国社会保险》，1998年第3期，第4－6页。

⑤ 李玲、郑功成：《养儿防老还是社会养老》，载《书摘》，2005年第7期，第42－46页。

⑥ 乔晓春：《关于中国农村社会养老保险问题的分析》，载《人口研究》，1998年第3期，第8－13页。

⑦ 邓大松、薛惠元：《新型农村社会养老保险制度推行中的难点分析——兼析个人、集体和政府的筹资能力》，载《经济体制改革》，2010年第1期，第86－92页。

⑧ 袁春瑛、薛兴利、范毅：《现阶段我国农村养老保障的理性选择——家庭养老、土地保障与社会养老相结合》，载《农业现代化研究》，2002年第6期，第433－436页。

⑨ 高和荣：《构建中国农村养老方式——以江苏两镇为例》，载《人口学刊》，2002年第1期，第49－52页。

⑩ 卢海元：《土地换保障：妥善安置失地农民的基本设想》，载《中国农村观察》，2003年第6期，第48－54页。

为，农村养老应以非缴费性的老年津贴方案代替现行的以缴费为资格的养老保险制度。①

关于新疆农民养老问题的研究，尚处于起步阶段，已有的研究成果主要体现在两个方面：

1. 新疆农牧民的风险意识问题。邢纪平等认为，受生活方式和文化程度的影响，新疆农牧民具有明显的风险厌恶特征。②

2. 新疆农村社会养老保险制度问题。阿里木江·阿不来提，分别对新疆农村社会养老保险现状、少数民族文化与新疆农村社会养老保险的关系，③ 以及新疆农村社会养老保险制度的缴费和替代率问题进行了规范分析。④

国内外已有的研究成果，为农民养老问题的解决提供了重要的参考，但也存在以下不足：

1. 立足新疆的研究非常少，立足新疆的实证研究更少；

2. 较多从制度供给出发展开规范分析，而较少从农民需求的角度，进行实证研究；

3. 较多从社会养老保险制度角度分析农民养老的经济保障问题，而缺乏对农民非经济养老保障问题的实证研究。

本书立足新疆视角，实证研究农民的养老风险与保障策略，在分析新疆农民的收支结构、缴费能力的基础上，分析新疆农民的新型农村社会养老保险制度参与意愿和农村商业养老保险的参与意愿及其影响因素，以期

---

① 杨立雄：《建立非缴费性的老年津贴——农村养老保障的一个选择性方案》，载《中国软科学》，2006年第2期，第11—22页。
② 邢纪平等：《新疆牧民风险意识的调查研究》，载《新疆农业科学》，2009年第1期，第191—196页。
③ 阿里木江·阿不来提等：《新疆少数民族传统养老文化与新疆农村社会养老保障关系研究》，载《西北人口》，2009年第4期，第84—88页。
④ 阿里木江·阿不来提等：《新疆农村社会养老保险精算模型及实证研究》，载《西北人口》，2010年第1期，第90—94页。

在研究区域、内容和研究方法上弥补上述研究的不足。

（三）研究思路、主要内容与目标

本书的主要目的是基于一线调查数据，对新疆农牧民的养老风险与保障策略问题展开实证研究。本书的基本思路是：以人口老龄化为背景，立足新疆视角，从文献资料搜集和抽样调查入手，借鉴 Chambers 参与式研究和快速农村评估、Dercon 的风险与脆弱性分析框架、[①] 陈传波识别农户风险的"风险地图"等方法中的合理设计收集数据资料，结合典型社区研究和深度访谈所获个案资料分析，深入考察新疆农牧民的养老风险与保障策略，基于农牧民的参保意愿和制度需求，提出合理的新疆农牧民养老风险保障体系的完善建议。[②]

本书的主要研究内容，将包括七个部分。具体内容安排如下：

第一部分，主要为选题背景与研究意义，分析国内外对该问题研究的现状及其存在的不足，阐述研究思路、研究内容、研究目标，确定研究方法与技术路线，提出了研究重点、创新之处以及有待进一步解决的问题。

第二部分，主要分析了农村人口老龄化的发展对新疆农民养老问题的影响。在这一章，首先介绍了中国农村人口老龄化以及新疆农村人口老龄化的发展现状与发展趋势；比较分析了新疆农村人口老龄化与江西、湖北和宁夏三个有代表性地区人口老龄化之间的差异；指出了新疆农村人口老龄化对新疆农民养老问题带来的困难，为本研究提供了前提和基础。

第三部分，主要分析了新疆农村地区的主要养老模式及其存在的问题。分别分析了新疆农民家庭养老保障现状与问题，新疆农村社会养老保险制度

[①] Dercon S. Assessing Vulnerability. Draft, Jesus College and CSAE. *Department of Economics*, Oxford University. 2001.

[②] 陈传波：《农户风险与脆弱性：一个分析框架及贫困地区的经验》，载《农业经济问题》，2005年第11期，第47—50页。

发展现状及其存在的问题,新疆农村社会救助制度发展的现状与问题,以及新疆农村商业养老保险发展的现状及其存在的问题。以期对新疆农村地区当前的主要养老保障模式及其存在的问题有一个比较清楚的了解。

第四部分,利用来自新疆13个地州市726位农民的基线调查数据,置于农民理性经纪人假设之下,把新疆农民的养老风险操作化为:"根据您自己的个人与家庭情况,您担心自己的养老问题吗?"答案按照李克特量表设计为非常担心、比较担心、一般、不太担心和一点不担心五个选项。利用二元Logistic回归模型,实证分析了新疆农民养老风险的总体情况及其表现形式,分析了新疆农民养老风险的影响因素等。

第五部分,利用来自新疆13个地州市726位农民的基线调查数据,置于农民理性经纪人假设之下,把新疆农民的养老保障策略操作化为:"为了保障老年生活,您自己的办法是什么?"答案按照新疆农民的主要养老保障模式,设计为依靠自己(独立养老)、依靠子女(家庭养老)和依靠政府(社会养老)三个选项,利用多元Logistic回归模型,实证分析了新疆农民的养老保障策略的总体情况,新疆农民养老保障策略的影响因素。

第六部分,利用新疆统计年鉴、新疆国民经济与社会发展统计公报以及课题组对新疆13个地州市726位农民的基线调查数据,分析了新疆农民的收支结构、收支水平以及由其决定的新疆农民的缴费能力,通过交互分析方法,分析了新疆农民的制度需求及其差异;利用二元Logistic回归模型,分别分析了新疆农民的商业养老保险购买意愿及其影响因素,新疆农民的社会养老保险制度参与意愿及其影响因素。

第七部分,根据前文的分析结论以及新疆农村养老保障模式中存在的问题,分别从新疆农民家庭养老、新疆农村社会养老保险制度、新疆农村商业养老保险和新疆农村社会救助制度四个方面,提出了有针对性的政策建议。

从研究目标的确定来看,本书以人口老龄化为研究背景,以了解新疆农牧民养老保障现状为基础,以分析新疆农牧民养老风险与保障策略为重点,通过调查数据的实证研究,提出建立健全新疆农牧民养老风险保障体系的合理对策建议,化解新疆农牧民养老风险,为维护新疆社会稳定提供支撑。内容如图0—1所示。

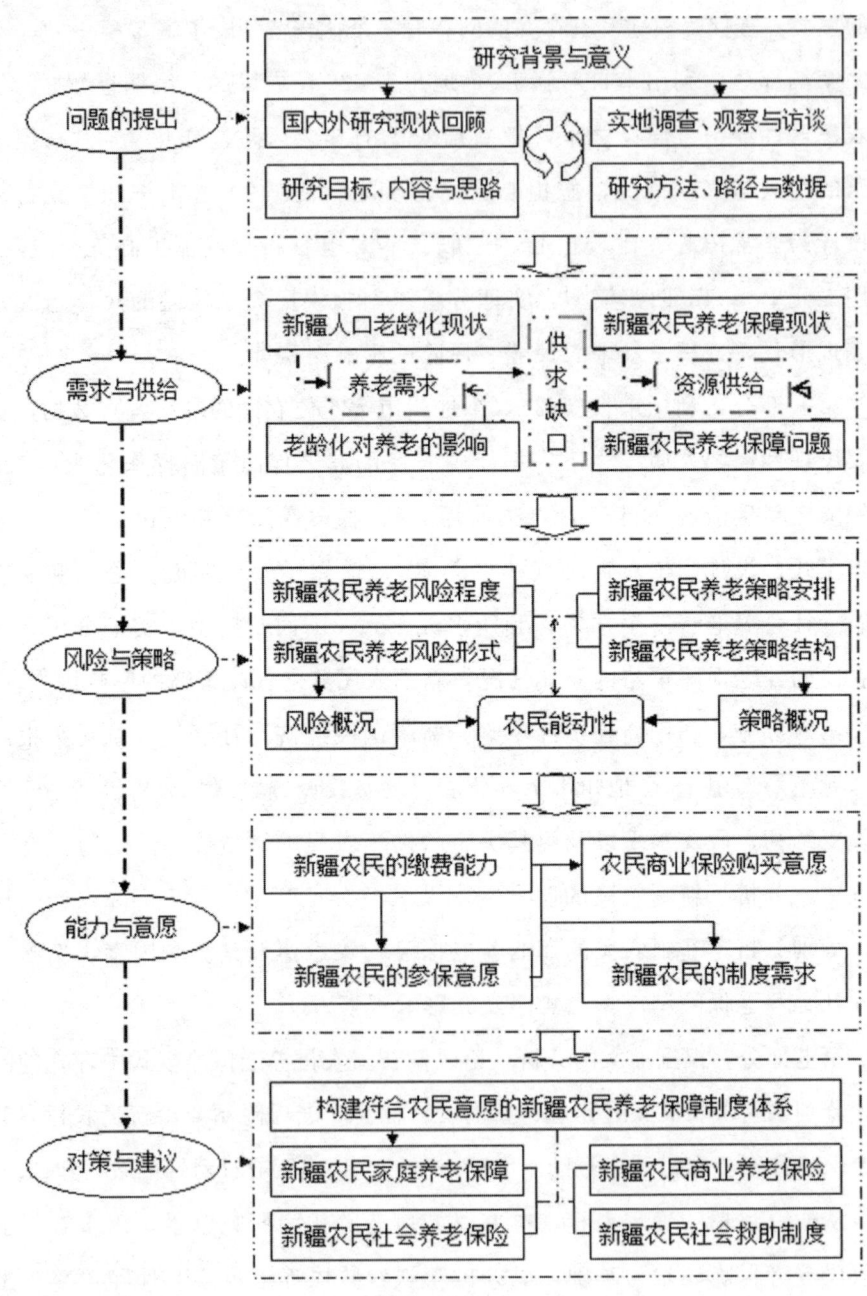

图0—1 本书的逻辑思路与内容框架图

研究目标具体包括：

（1）立足新疆农村入户调查，分析新疆农牧民养老保障现状和其对养老的风险感知情况，判断新疆农牧民养老风险的严重性程度和解决新疆农民养老问题的迫切性和重要性；

（2）分析新疆农牧民养老风险与保障策略及其影响因素，根据统计数据推测新疆农牧民养老风险与保障策略影响因素的变化趋势，为提高政策制定的针对性和前瞻性，提供现实依据和支撑；

（3）基于新疆农牧民的缴费能力、参与意愿和制度需求（包括需求项目和位序），设计合理的新疆农牧民养老保障体系，提高制度供给的合意性和有效性，使有限的养老资源为新疆农牧民带来最大的社会福利效应。

总的来说，本书的研究重点包括三个方面：首先，从研究内容上看，在研究新疆农牧民养老的经济保障问题的同时，更加关注人口老龄化背景下新疆农牧民的生活照料问题、精神慰藉问题及其解决途径、需求；其次，从研究对象上来看，以务农农民为主要研究对象，兼顾农民工和失地农民的养老风险、策略、意愿与需求，但是在具体分析中，并没有把农民工、失地农民单独列出来分析；再次，从研究方法上来看，更加注重实证研究，利用回归模型分析影响因素，提高研究的科学性水平。

研究重点具体包括：

（1）摆脱目前学者较多从制度供给出发而采用的规范研究范式，立足新疆，通过田野调查，从农民自身的角度实证考察新疆农牧民的养老风险与保障策略；

（2）多角度多层面考察新疆农牧养老风险的整体情况及其表现形式，了解新疆农牧民养老风险在各种风险中的具体位置；分析新疆农牧民养老风险与保障策略的影响因素，勾勒出新疆农牧民宏观的养老风险与保障策略"地图"；

（3）通过新疆农村基线调查数据的计量分析，考察新疆农牧民的缴费能力、参保意愿和制度需求，充分发挥新疆农牧民在构建农民养老风险保障体系中的主体作用，提高政策制定的针对性和合意性。

（四）研究方法、技术路线与数据

本书采用理论分析与实证研究相结合，以实证分析为主；采用统计分析与计量分析相结合，以计量分析为主；采用问卷调查与个案访谈相结合，以实地调查为主的分析方法，系统分析了新疆农民的养老风险与保障策略。具体研究方法包括以下几个方面。

一是文献分析方法，主要用于国内外相关研究文献的回顾与总结，新疆农民养老保障政策文件的归纳与整理等。

二是抽样调查方法，主要采用分层等比例抽样分析方法，收集调查数据。具体做法是：首先，采用分层方法，根据社会经济发展情况和人口分布情况，把新疆分为南疆、北疆和东疆三个大的区域；其次，按照等比例随机抽样原则，选择调查地点，最后，按照结构式问卷访问的方式，收集调查问卷，形成新疆农民养老问题的调查数据库。

三是计量模型分析方法，主要用 Binary Logistic 回归模型、Multinational Logistic 回归模型、逐步回归模型等方法，实证分析了新疆农民的养老风险、保障策略、社会养老保险参保意愿、商业养老保险购买意愿及其影响因素等问题。

四是描述性统计分析方法，主要用交叉表分析、卡方检验方法，比较分析了新疆农民养老风险、保障策略及其制度需求的个体特征差异等问题。

五是个案访谈方法，主要用于进入新疆农民家庭之后，根据结构性问卷以及开放性问卷，访谈新疆农民，以形成对新疆农民养老风险、保障策略、缴费能力以及制度需求的客观印象，为计量模型的解释和政策建议的提出，提供微观案例和基础。

六是比较分析方法，主要用于新疆农村人口老龄化与东中西部地区典型省份农村人口老龄化状况的比较分析，用于新疆农民养老风险、保障策略、缴费能力、制度需求的个体特征差异的比较分析等。本书的技术路线图如图0－2所示。

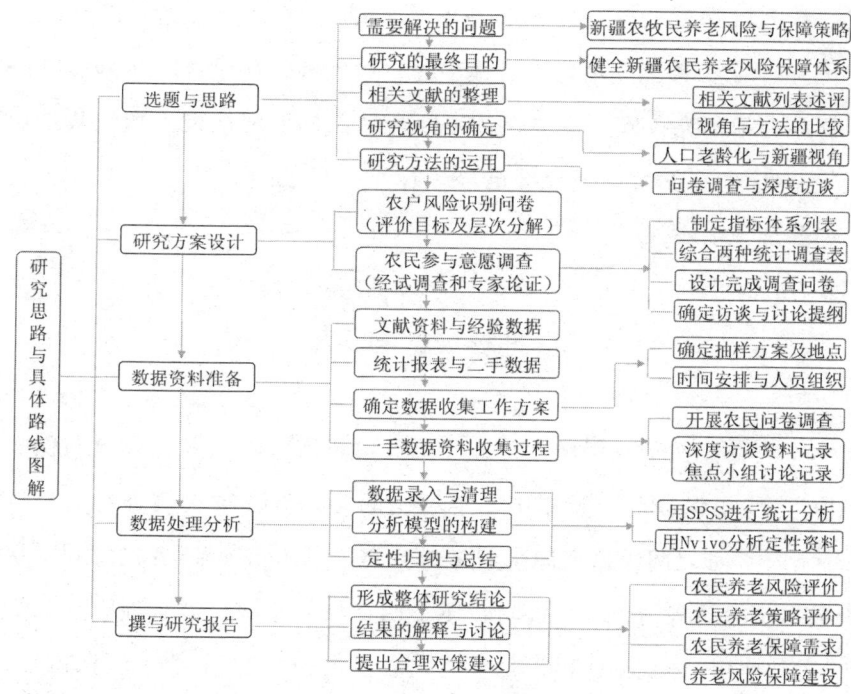

图0－2　本书的研究思路与技术路线图解

本书的数据来源及其基本情况如下文所述。

1. 调查地区基本情况

鉴于实地调查中人力、物力以及语言等方面的障碍，新疆维吾尔自治区（简称"新疆"），常常成为大型调查数据收集中的漏选地区之一，使得这样一个有着特殊地理位置和人文环境地区相关研究比较匮乏，本书选择新疆作为调查地点，试图弥补关于新疆实地调查数据缺失以及相关研究匮乏的现状。新疆地处中国西北边陲，亚欧大陆腹地，面积166.49万平方公里，占中国国土面积的六分之一，陆地边境线5600公里，周边与八个国家接壤，是古代丝绸之路的重要通道。从行政区划来看，新疆下辖2个地级市、7个地区、5个自治州、11个市辖区、19个县级市、62个县、6个自治县。从人口分布来看，2011年新疆总人口2183.3万，其中汉族人口占40.1%。46个少数民族中，人口最多的少数民族依次是维吾尔族、哈萨克族、回族、柯尔克孜族、蒙古族。2011年，新疆农村居民人均纯收入达到5432元，有87%的被调查地区已经正在试行新农保，其中有65.5%的农民已经参加了新农保。

2. 抽样设计与实施

本次调查依托于教育部青年基金项目"新疆农牧民养老风险与保障策略研究"。为了保证调查数据中年龄结构的合理性，本次调查时间安排在2012年1—3月之间。这期间大量的外出务工人口已经还乡，有利于保证调查数据年龄结构的合理性，同时便于调查员的选取。调查地点选取了新疆13个地州市（包括1个市7个区5个自治州）56个县（包括市辖区、县、县级市）67个村。调查员由石河子大学商学院2008级、2009级、2010级和2011级四个年级的统计、人力资源管理、金融与民族班等专业的67名学生构成。调查问卷经过了专家讨论和试调研，调查员经过了专门培训。调查采取等额概率抽样方法，按照新疆各地州市的乡村人口总数，确定各地州市理论上应该发放的问卷数，由调查员入户进行结构式问卷访问。共发放问卷1000份，回收问卷939份，剔除无效问卷后，共获得有效问卷726份。调查样本分布情况详见表0—1。

表 0-1 调查样本的地区分布情况　　　单位：个/份

	市、地区、自治州	区县（市）个数	样本村个数	发文问卷数	回收问卷数	有效问卷数
市	乌鲁木齐市	2	2	25	25	25
七个地区	吐鲁番地区	2	3	40	40	26
	哈密地区	2	2	26	26	26
	塔城地区	4	5	60	60	60
	阿勒泰地区	2	2	35	35	33
	阿克苏地区	6	8	125	125	84
	喀什地区	11	12	194	179	137
	和田地区	5	6	115	82	26
五个自治州	昌吉回族自治州	4	4	60	60	44
	伊犁哈萨克自治州	8	12	190	190	178
	博尔塔拉蒙古自治州	2	2	30	30	27
	巴音郭楞蒙古自治州	5	5	60	59	45
	克孜勒苏柯尔克孜自治州	3	4	40	28	15
	合计	56	67	1000	939	726

3. 样本代表性分析

从被调查对象的基本分布情况来看（见表 0-2），男性所占比例为 67%，女性为 33%；超过 80% 的被调查对象处于已婚状态，非在婚（包括未婚、离异、丧偶）的为 16.3%；接近 80% 被调查对象的文化程度为初中及以下水平，高中以上文化程度的只有 20% 左右；绝大多数被调查对象的年龄在 30-59 岁之间，所占比例接近 70%；62.6% 的被调查对象认为自己的健康状况好，14.1% 的被调查对象认为健康状况不好，另有 23.3% 的被调查对象认为健康状况一般；被调查对象中，汉族占 46.7%，维吾尔族占 28.3%，回族占 14.6%，哈萨克族占 5.8%，其他民族占 4.6%。从被调查对象反映的信息，特别是年龄分布、健康状况、文化程度、婚姻状况、民族分布五个方面的基本分布情况可以很好地说明，本次调查数据符合新疆少数民族聚居地区农牧民分布的基本情况，调查数据质量较高，代表性较好。

表 0-2 被调查对象的基本分布情况　　　　　单位：%

项目	类别	频数	百分比	项目	类别	频数	百分比
性别	男	487	67.3	婚姻状况	已婚	606	83.7
	女	237	32.7		非在婚	118	16.3
文化程度	没上过学	95	13.1	年龄	18-29 岁	94	13.0
	小学	210	29.0		30-44 岁	239	33.1
	初中	264	36.5		45-59 岁	264	36.6
	高中中专	117	16.2		60-74 岁	97	13.4
	大专以上	38	5.2		75 岁以上	28	3.9
健康状况	非常好	202	28.0	民族	维吾尔族	204	28.3
	比较好	250	34.6		哈萨克族	42	5.8
	一般	168	23.3		汉族	337	46.7
	不太好	92	12.7		回族	105	14.6
	很不好	10	1.4		蒙古族等	33	4.6

（五）本书的局限性

本书的不足之处主要体现在以下几个方面。

第一，本书的调研数据的样本量只有 726 份，从预测的角度来说，这样的样本规模有点偏小，研究结论的准确性和科学性有待于进一步验证；

第二，本书在分析农民养老风险与保证策略以及农民的社会养老保险制度参与意愿和农村商业养老保险的参与意愿时，主要分析了汉族与少数民族之间的差异性，而对少数民族之间的差异性分析不够，有待于进一步研究；

第三，由于缺乏动态跟踪数据，对新疆农民缴费能力的估计，更多停留在理论分析方面，有待于通过动态跟踪的家计调查，分析与预测新疆农民的缴费能力，为新型农村社会养老保险制度缴费标准的合理调整提供依据。

第一章　农村人口老龄化与新疆农牧民养老问题

进入21世纪，人口老龄化问题扑面而来。中国自1999年从整体上进入老龄化社会以来，人口老龄化、高龄化、空巢化呈现出加速发展趋势。与人口老龄化相伴的还有家庭规模小型化、家庭结构核心化和少子化等问题。这些问题的出现及其发展趋势，共同预示着一个无法回避的现实，那就是老龄化社会背景下的中国养老难题，中国面临着日趋严重的养老风险。而作为一个传统的农业大国，农民依然占绝大多数，在"未富先老""老龄化水平城乡倒置""老年人口基数大""老龄化速度快"以及"人口高龄化"趋势明显的时代背景下，农民面临的养老风险将可能更加严重。从风险管理的角度来看，养老风险是养老安全和养老危机的中间状态，养老风险是"向左走"，还是"向右走"，关键在于如何充分认识养老风险、重视养老风险并采取妥善的措施和制度安排以化解养老风险，避免养老危机。这已经成为新世纪中国面临的重要战略问题。

新疆地处中国西北边陲，面积占国土总面积的六分之一，位于亚欧大陆中部，具有重要的战略地位。纵观历史并结合当前来看，新疆稳定是关系到中华民族核心利益的全局性战略问题。作为一个以农牧业为主的欠发达省区，新疆农业人口占66.14%。从这个意义上来说，新疆的农民稳定，则新疆稳定。随着我国人口老龄化和高龄化的快速推进，农民养老风险正日益显现（郑功成，2005）。与全国大多数省区相比，新疆人口老龄化水平虽然相对较低，但老年人口增长速度快于全国平均水平。新疆老年人口正以每年4.36%的速度增长，高出全国1.16个百分点（戴岚，2010）。在人口老龄化程度日益加深和人口流动加剧的时代背景下，研究新疆这样一个多民族聚居地区农民的养老问题，无疑具有重要意义。

第一节　中国农村人口老龄化现状及其发展趋势

一、人口老龄化的内涵

人口老龄化是一个世界性现象和人口发展规律,从 19 世纪 60 年代中期,法国第一个进入人口老龄化社会算起,人口老龄化及其相关研究已经走过了将近 150 年,尽管有关人口老龄化及其所导致的社会经济问题的研究依然常研常新,但就其中的一些基本问题的认识已经形成了一些共识,这其中就包含对人口老龄化内涵的界定。

一般来讲,人口老龄化包含两层含义,一层含义强调的是人口发展过程中的结构性特点,另一层含义强调的是人口发展中的过程性特点。从结构性的层面看,人口老龄化有两个年龄界限和比例指标,一是 60 岁以上的人口达到 10%,另一个是 65 岁以上的人口达到 7%。也即是说,一个国家或一个地区,60 岁以上的人口达到这个国家或这个地区总人口中的 10%,或者一个国家或一个地区,65 岁以上的人口达到这个国家或这个地区总人口中的 7%,我们就说这个国家或这个地区跨进了人口老龄化的门槛,进入了人口老龄化社会。

从过程性的层面来看,人口老龄化是指老年人口数量逐渐增多,老年人口在总人口中的比重逐渐上升的一个动态过程。这正如王俊教授指出的人口老龄化是指"人口分布逐渐向老年人口集中的过程,是生育率下降和老年人口死亡率下降的结果。"① 但这个概念存在一个明显的缺陷,即什么是老年人口,这里并没有给出明确的界定,因此显得有点模糊。尽管有一些学者也从这个层面来分析和研究人口老龄化问题,但这种界定在理论研

---

① 王俊:《科学认识人口老龄化问题》,载《人民日报》,2012 年 12 月 13 日。

究和政策制定中并不常用,而第一种界定方式,是学界和业界通常使用的人口老龄化概念界定方式。

随着人口预期寿命的增加,高龄老年人口在一个国家或地区总人口中的比重日益上升。出现了人口老龄化和超老年型社会的概念。所谓人口老龄化,是指一个国家或一个地区80岁以上的老年人口占全体老年人口(60岁或65岁以上)的比例逐渐上升的过程。[①] 所谓超老年型社会,是指一个国家或一个地区65岁以上的老年人口在总人口中的比重达到15%以上,则我们称这个国家或这个地区为"超老年型"社会。

在人口学统计中,常用下列6个参量指标,即老年人口系数、老少比、年龄中位数、老年人口密度指数和老龄化率,来反映一个国家或地区的人口老龄化程度。计算公式如下:

$$老年人口系数 = \frac{老年人口数(\geqslant 60\,岁或\,65\,岁人口)}{总人口数} \times 100\%$$

该指标也被称之为人口老龄化系数,常用语反映一个国家或地区的人口老龄化程度,是反映人口老龄化最直接、最常用的统计指标。

$$老少比 = \frac{老年人口数(\geqslant 60\,岁或\,65\,岁人口)}{少儿人口数(1 \sim 14\,岁人口)} \times 100\%$$

人口老少比,又称为人口老龄化指数,该指标能够比较清晰地反映出,一个国家或地区的人口老龄化是因为老年人口(60岁或65岁以上人口)的增减变化,还是因为少儿人口(0~14岁人口)的增加变化引起的。如果人口老龄化是因为老年人口(死亡率下降)的增多主导的人口老龄化,则称之为"顶部老龄化",如果因为少儿人口的减少(出生率下降)主导的人口老龄化,则称之为"底部老龄化"。

$$平均年龄 = \frac{\sum(各年龄组下阻值 \times 各年龄组人数)}{总人口数} + \frac{年龄组距}{2}$$

平均年龄是一个国家或地区在既定的时空条件下,所有人口年龄加

[①] 罗淳:《从老龄化到高龄化——基于人口学视角的一项探索性研究》,西南财经大学博士论文,2000年5月,第65页。

总后除以总人口而得到,反映了一个国家或地区人口年龄的集中趋势。

$$年龄中位数 = 年龄中位数组下限值 + \frac{人口总数/2 - \sum 年龄中位数组前各组人数}{年龄中位数组人口总数} \times 组距$$

年龄中位数,又称之为中位年龄,它是指一个国家或地区的所有人口,按照年龄从大到小的顺序排列之后,处在中间位置的年龄。它是反映一个国家或地区人口集中趋势的一个重要指标。

$$老年人口密度指数 = \frac{总人口数}{老年人口数(\geq 60 岁或 65 岁人口)} = \frac{1}{老年人口系数}$$

由上述计算公式可以看出,老年人口密度指数是老年人口系数的倒数,它反映的是在一个国家或地区中,老年人口(60岁或65岁以上)在总人口中的密集程度,通常被阐释为一个国家或地区,平均每多少个人中就有一个老年人。一个国家或地区的老年人口密度指数越大,这说明这个国家或地区的人口老龄化程度越低;反之,老年人口指数越小,这说明人口老龄化程度越高。

$$老龄化率 = \frac{老年人口数(\geq 60 岁或 65 岁人口)增长率}{总人口增长率} = \frac{1}{\times 100\%}$$

当一个国家或地区的老龄化率大于1时,这说明这个国家或地区的老年人口增长率大于总人口增长率,表明这个国家或地区的人口老龄化程度在加深,反之,而当一个国家或地区的老龄化率小于1时,这说明这个国家或地区的老年人口增长率小于总人口增长率,表明这个国家的人口老龄化程度在趋向减轻。

上述6个单一人口学统计指标,分别从不同的角度反映了一个国家或地区的人口老龄化程度。但是,在人口统计中,由于采用单一指标描述老龄化特征,容易丢失许多信息。因此,在实践中也常用多项指标的联合,来共同反映一个国家或地区的人口老龄化问题。

二、中国人口老龄化的现状

中国的人口老龄化进程始于 20 世纪 60 年代中期,[①] 到现在已经走过了 40 多年的历程。根据 2000 年中国第 5 次人口普查的数据显示,中国 60 岁以上的老年人口占总人口中的比重达到了 10.27%,[②] 而 65 岁以上的老年人口占总人口中的比重达到了 6.96%。[③] 按照国际上通用的人口老龄化界定标准,中国在新世纪之交的时刻已经跨入人口老龄化的门槛,进入人口老龄化社会。如果按照 60 岁以上的老年人口达到总人口中的 10% 这个标准,中国实际在 20 世纪末的 1999 年,老年人口总数达到了 1.26 亿人,占总人口中的比重已经达到了 10%,进入了人口老龄化社会,[④] 是进入人口老龄化社会较早的发展中国家之一。

如今,中国人口老龄化已经走过了 13 年的时间,无论是老年人口的总量,还是人口老龄化的程度,都有了长足的发展。从总量上来看,截止到 2010 年第 6 次人口普查时,我国 60 岁以上的老年人口达到 17765 万人,其中,65 岁及以上人口为 11883 万人;从结构上来看,60 岁以上的老年人口占总人口中的比重达到了 13.26%,65 岁以上的老年人口占总人口中的比重达到了 8.87%。与 2000 年第 5 次人口普查数据相比,60 岁及以上人

[①] 乔晓春、陈卫:《中国人口老龄化:世纪末的回顾与前瞻》,载《人口研究》,1999 年第 6 期,第 28—37 页。

[②] 黄黎若莲、张时飞、唐钧:《中国人口老龄化进程与老年服务需求》,载《学习与实践》,2006 年第 12 期,第 103—113 页。

[③] 国家统计局编:《2005 年全国 1% 人口抽样调查主要数据公报》,中国人口信息网 http://www.cpirc.org.cn

[④] 田中禾、马雪彬:《人口老龄化对社会养老保障服务体系的影响与对策分析》,载《西北人口》,2002 年第 2 期,第 17—19 页。

口的比重上升 2.93 个百分点，65 岁及以上人口的比重上升 1.91 个百分点。① 截止到 2012 年年底，我国 60 周岁及以上的老年人口为 19390 万人，占总人口的比重为 14.3％，65 周岁及以上的老年人口为 12714 万人，占总人口中的比重达到了 9.4％。②

作为一个发展中国家，中国人口老龄化有其独特的特点。其中，首先表现为老年人口规模巨大。截止到 2012 年年底，全国 65 岁及以上人口为 1.27 亿，占总人口的比重为 9.4％。③ 占世界老年人口总数的 1/5，占亚洲老年人口总数的 1/2。据专家预测，到 2020 年我国 60 岁和 65 岁以上的老年人口将分别达到 2.31 亿人和 1.61 亿人，到 2030 年我国人口老龄化高峰到来时，这一比例将分别达到 3.35 亿人和 2.24 亿人，到 2040 年这一比例将分别达到 3.84 亿人和 2.99 亿人，到 2050 年这一比例又将达到 4.12 亿人和 3.07 亿人。④

其次，老龄化速度快。人口老龄化速度一般使用 60 岁或 65 岁以上老年人口的比例从 7％上升到 10％，或从 10％上升到 14％，或从 14％上升到 28％所经历的时间长短。与国外发达国家相比，中国人口老龄化具有进程快、时间段的特点。如果以 60 岁及以上人口比例从 7％上升到 14％为标准，法国经历了 115 年的时间，瑞典经历了 85 年的时间，德国和英国经历了 45 年的时间，而中国则只经历了 25 年左右。⑤ 如果用 65 岁及以上人口比例从 7％上升到 10％为标准，法国经历了 75 年，美国经历了 30 年，中

---

① 国家统计局：《2010 年第六次全国人口普查主要数据公报（第 1 号）》，国家统计局网站，http: // www. stats. gov. cn/tjgb/rkpcgb/qgrkpcgb/t20110428 _ 402722232. htm

② 国家统计局：《2012 年国民经济和社会发展统计公报》，国家统计局网站，http: // www. stats. gov. cn/tjgb/ndtjgb/qgndtjgb/t20130221 _ 402874525. htm

③ 李伟等：《应对老龄化的国家战略》，载《经济参考报》，2013 年 11 月 16 日。

④ 杜鹏：《中国人口老龄化过程研究》，北京：中国人民大学出版社，1994 年版，第 92 页。

⑤ 张再生：《中国人口老龄化的特征及其社会和经济后果》，载《南开学报》，2000 年第 1 期，第 83—89 页。

国经历了 16 年。如果以 65 岁及以上人口比例从 10% 上升到 14% 为标准，法国经历了 40 年，美国经历了 35 年，日本经历了 9 年，中国经历了 11 年。如果以 65 岁及以上人口比例从 7% 上升到 14% 为标准，法国需要用 115 年，美国需要用 65 年，日本需要用 26 年，中国则需要用 27 年的时间。①

其三，"未富先老"。西方发达国家，在进入人口老龄化社会的时候，其经济发展水平已经达到比较高的水平，基本完成了现代化进程，并积累了较为雄厚的用于应对人口老龄化问题的物质基础。从人均 GDP 的角度来看，欧美发达国家进入人口老龄化社会时，人均 GDP 普遍达到了 5000—10000 美元，而中国在 1999 年底进入人口老龄化社会时，人均 GDP 仅有 1000 美元左右，人口老龄化与社会经济发展水平相比，具有明显的超前性，属于典型的"未富先老"国家。②

其四，人口老龄化地区之间不平衡（见表 1－1）。人口老龄化是生产力发展的必然结果，由于我国是一个典型的社会经济地区之间发展不平衡的国家，人口老龄化也因此具有这个特点。在我国，最早进入人口老龄化社会的省区是上海，上海早在 20 世纪 70 年代末就已经进入了人口老龄化社会，而在西部经济欠发达地区，现在才刚刚进入人口老龄化社会。例如，青海、西藏、新疆、宁夏等西部省份，在 2010 年以后才逐步进入人口老龄化社会。前后相差 30 多年的时间。在我国，人口老龄化不仅表现出地区之间的差异性，也表现出区域内的差异性。例如，新疆维吾尔自治区的人口老龄化程度要远远低于新疆生产建设兵团（简称"兵团"）的人口老龄化程度，而兵团的人口老龄化进程和水平与上海、北京等地的人口老龄化进程和水平比较接近。

---

① 于学军：《中国人口老化的经济学研究》，北京：中国人口出版社，1995 年版，第 22 页。
② 沈路涛、张旭东、邹声文：《我国人口老龄化呈现五大特点》，载《云南日报》，2003 年 10 月 26 日。

表1-1 2000年中国人口老龄化的地区差异

65岁以上人口占总人口的比例	省市区名称
65岁以上人口占总人口7%以上	上海、浙江、江苏、北京、天津、山东、重庆、辽宁、安徽、四川、湖南、广西
65岁以上人口占总人口5%－7%	河南、河北、海南、福建、山西、江西、广东、云南、陕西、吉林、贵州、黑龙江、内蒙古、甘肃
65岁以上人口占总人口5%以下	新疆、西藏、青海、宁夏

资料来源：郑晓瑛、陈立新：《中国人口老龄化特点与政策思考》，《中国全科医学》，2006年第12期，第1919－1927页。

其五，高龄化趋势明显。高龄化是指随着人口老龄化的发展，高龄老年人口（80岁及以上）在所有老年人口中的比重快速增多的一个过程。2000年，我国80岁以上的高龄老年人已经达到1199万，占总人口的比例接近1%，到2050年这一比例将会提高到接近7%。[1] 据统计，截止到2005年中国高龄老年人口已经达到1600万人，占60岁及以上老年人口总数的11%。[2] 目前，中国高龄老年人口正以年均4.7%左右的速度在增长，明显快于60岁及以上老年人口3.2%的增长速度。[3] 到2050年，我国高龄老年人口，将由2011年的2100万，增加到1.08亿人。[4] 中国与其他国家老年人口高龄化发展趋势如表1-2所示。

---

[1] 陶立群：《我国人口老龄化的趋势和特点》，载《科学决策月刊》，2006年第4期，第8—10页。

[2] 郑晓瑛、陈立新：《中国人口老龄化特点与政策思考》，载《中国全科医学》，2006年第12期，第1919－1927页。

[3] 沈路涛、张旭东、邹声文：《我国人口老龄化呈现五大特点》，载《云南日报》，2003年10月26日。

[4] 姚润萍：《我国老年人口进入急速发展期》，载《齐鲁晚报》，2012年4月30日。

表1-2 中国与部分国家高龄老年人口增长速度之比较

年份	中国	西班牙	新加坡	日本	印度	韩国
1950～1975	4.9	2.9	3.2	4.7	3.7	4.3
1975～2000	3.3	3.7	7.4	5.7	3.2	5.1
2000～2025	3.5	2.0	5.0	4.1	3.2	5.5
2025～2050	4.8	2.1	4.6	1.1	3.7	4.1

其六，老年人口城乡倒置。我国是一个农业大国，农村人口占绝大多数。在相当长的时期内，农村老年人口无论是在规模上，还是结构上，都大于或高于城市老年人口。据统计，截至2009年年底，我国60岁以上老年人口有1.67亿人，其中1.05亿人是农村老年人，农村老年人口规模是城市的1.69倍；城市老年人口比重为7.97%，而农村老年人口比重已超过18.3%，农村人口老龄化程度是城市的2.3倍。①农村老年人口高龄化趋势明显，并严重于城市。以2000年为例，我国80岁以上的高龄老年人口共有1199万人，其中农村80岁以上高龄老年人为900万人，占农村老年人总数的9.8%，到2009年年底，农村80岁以上高龄老年人已经达到1100万人，占农村老年人总数的11.3%。②

随着我国城镇化的快速发展，农村青壮年劳动力大批流入城市，而农村老年人口由于人力资本和物质资本的缺乏，生活习惯与方式以及城乡文化环境的不同，使得农村老年人口很难定居并融入城市生活，而绝大多数留守在农村，再加上农村医疗卫生条件的改善、农民生活水平的提高，农村老年人口的预期寿命将更长，农村人口老龄化必将更加严重。

---

① 陈昱阳：《应对农村人口老龄化——积极构建城乡统筹的社会保障体系》，载《人民日报》，2011年4月29日。
② 陈昱阳：《应对农村人口老龄化——积极构建城乡统筹的社会保障体系》，载《人民日报》，2011年4月29日。

三、中国人口老龄化发展趋势

中国人口老龄化的发展趋势，可以从现实与预测两个角度来反映，从现实的角度把握中国人口老龄化的发展趋势，主要是指从1999年中国进入人口老龄化社会到2012年，这将近15年的中国人口老龄化发展趋势；从预测的角度来审视中国的人口老龄化，主要是利用人口预测技术，预测中国人口老龄化的大致趋势。

从现实的角度来看，中国在1999年60岁及以上的老年人口占总人口中的比重为10%，而《中国老龄事业发展报告（2013）》指出，截止到2012年底，我国老年人口数量已经达到1.94亿，比上年增加891万，占总人口的比重达到14.3%。[1] 从1999年到2012年的14年间，中国人口老龄化程度提高了4.3个百分点，年平均增长率为2.59%。65岁以上人口从2000年的6.96%上升到2012年的9.4%，在13年的时间里提高了2.44个百分点，平均每年的增长率为2.37%。中国人口老龄化的实际发展趋势见表1-3和图1-1。

表1-3 2000-2012年中国人口老龄化程度的变化情况

年份	60岁以上人口	百分比（%）	比上年增长率（%）	65岁以上人口	百分比（%）	比上年增长率（%）
2000			0.88	6.96	0.87	
2001			0.91	7.10	1.45	
2002			0.94	7.30	2.82	
2003			0.97	7.50	2.74	
2004			0.99	7.60	1.33	

---

[1] 吴玉韶：《中国老龄事业发展报告（2013）》，北京：社会科学文献出版社，2013年版。

(续表)

年份	60岁以上人口	百分比（%）	比上年增长率（%）	65岁以上人口	百分比（%）	比上年增长率（%）
2005				1.01	7.70	1.32
2006	1.49	11.3		1.04	7.90	2.60
2007	1.53	11.6	2.66	1.06	8.10	2.53
2008	1.60	12.0	3.50	1.10	8.30	2.47
2009	1.68	12.5	4.20	1.13	8.50	2.41
2010	1.78	13.3	6.40	1.19	8.90	4.71
2011	1.85	13.7	3.01	1.23	9.10	2.25
2012	1.94	14.3	4.40	1.27	9.40	3.30

资料来源：课题组根据国家统计局公布的连续12年的《国民经济与社会发展统计公报》的整理而得。

从表1-3和图1-1可以看出，从2000年-2012年的13年时间里，中国人口老龄化呈现出明显的快速增加趋势。从老年人口总数来看，每年都在递增，而且时间越是向后，增长的数量越大，呈现出加速增长态势；但从增长率来看，每年的增长率却在不停地发生变化，但从总的趋势上来看，也呈现出逐渐增加的趋势。

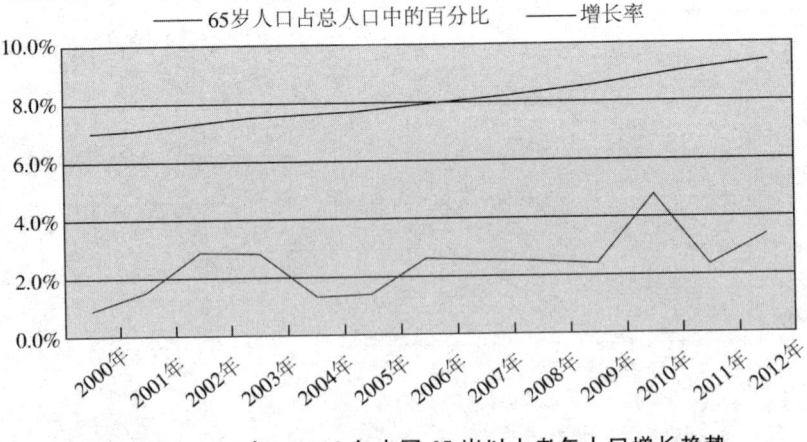

图1-1 2000年-2012年中国65岁以上老年人口增长趋势

第一章 农村人口老龄化与新疆农牧民养老问题

从预测的角度来看,目前关于中国人口老龄化发展趋势的预测,有几种预测结果,一是全国老龄委,预测中国从2001年到2100年这100年间的人口老龄化发展趋势;二是北京大学人口研究所乔晓春教授等利用第四次人口普查数据,预测中国从1998年到2050年这50多年的人口老龄化发展趋势;三是北京大学人口研究所陈卫教授利用第五次人口普查数据,预测中国从2005年到2050年这45年间的人口老龄化发展趋势;四是中国人民大学著名人口学家邬沧萍教授和杜鹏教授利用第四次人口普查数据,对中国从1991年到2050年这60年间的人口老龄化发展趋势进行预测。

从预测的结果来看,不同的数据来源和不同专家学者预测的结果,并不完全相同。但都具有趋势上的相似性。因此,本书并不像——列举所有的预测结果,而只是选择了邬沧萍教授和杜鹏教授对中国人口老龄化60年的预测结果。具体见表1—4。

表1—4 中国人口老龄化未来发展趋势

年份	各年龄组人口数(亿)			老年人口占总人口比例(%)	
	总人口	60岁以上	65岁以上	60岁以上	65岁以上
1991	11.61	1.02	0.66	8.75	5.69
1995	12.31	1.15	0.75	9.30	6.11
2000	13.04	1.28	0.87	9.84	6.71
2005	13.57	1.41	0.98	10.42	7.21
2010	14.00	1.65	1.08	11.77	7.71
2015	14.42	2.04	1.28	14.12	8.84
2020	14.83	2.31	1.61	15.55	10.85
2025	15.13	2.80	1.82	18.47	12.06
2030	15.29	3.35	2.24	21.93	14.64
2035	15.32	3.73	2.70	24.37	17.63
2040	15.28	3.84	2.99	25.11	19.57
2045	15.19	3.93	3.03	25.87	19.97
2050	15.02	4.12	3.07	27.43	20.43

资料来源:杜鹏著:《中国人口老龄化过程研究》,北京:中国社会科学出版社,1994年版,第92页。

从人口老龄化的发展阶段来看，全国老龄委根据人口老龄化的发展速度和老年人口增加的数量，把中国从 2001 到 2100 年这 100 年间的人口老龄化趋势分为三个发展阶段：①

其中，第一阶段是快速老龄化阶段。从时间跨度上来看，是从 2001 年到 2020 年的 20 年时间。在这 20 年时间里，中国平均每年增加老年人口（60 岁及以上）596 万人，平均增速为 3.28%，到 2020 年老年人口总数将达到 2.48 亿人，老龄化程度将上升到 17.17%。与此同时，高龄老人口（80 岁及以上）也将达到 3067 万人，占老年人口总数的 12.37%。

第二阶段为加速老龄化阶段。从时间跨度上来看，是从 2021 年到 2050 年的 30 年时间。这一阶段中国人口老龄化之所以呈现出加速发展态势，主要是 20 世纪 60~70 年代中期第二次人口生育高峰人群逐步进入老年。在这 30 年时间里，中国平均每年增加老年人口 620 万人。到 2050 年，中国老年人口总量将达到 4.0 亿人，老龄化程度将达到 30%以上。高龄老年人口将达到 9448 万，占老年人口的比重将达到 21.78%。

第三阶段为重度老龄化阶段。从时间跨度上来看，是从 2051 年到 2100 年的 50 年。在这 50 年时间里，中国老年人口规模将从 2051 年达到峰值 4.37 亿人以后趋向稳定，老年人口总数将基本稳定在 3~4 亿人，老龄化水平也基本稳定在 31%左右。高龄老年人口占老年人口中的比重将保持在 25%~30%之间。进入一个重度人口老龄化时期。

但也有专家学者从不同的时间跨度，提出中国人口老龄化过程的不同发展阶段论。例如北京大学人口研究所乔晓春教授，将中国从 1964 年到 2060 年这 96 年间的人口老龄化发展过程，划分为四个发展阶段：② 其中，

---

① 全国老龄工作委员会办公室：《中国人口老龄化发展趋势预测研究报告》，中国网，http://www.china.com.cn.
② 乔晓春、陈卫：《中国人口老龄化：世纪末的回顾与展望》，载《人口研究》，1999 年第 6 期，第 28—37 页。

第一阶段为初始老龄化阶段，时间跨度从 1964 年到 1980 年，这一阶段，中国老年人口比重每 10 年提高 0.65 个百分点；第二阶段为低速老龄化阶段，时间跨度从 1980 年到 2010 年，这一阶段，中国老年人口比重每 10 年平均增加 1.12 个百分点；第三阶段为高速老龄化阶段，时间跨度从 2010 年到 2040 年，这一阶段，中国老年人口比重每 10 年平均提高 3.99 个百分点；第四阶段为减缓老龄化阶段，时间跨度从 2040 年到 2060 年，这一阶段中国老年人口比重每 10 年平均提高不到 0.5 个百分点。

第二节　新疆农村人口老龄化现状及其发展趋势

新疆地处中国西北边陲，面积 166 万平方公里，占中国国土面积的六分之一，是一个以农牧业为主的欠发达省区。按照现有的统计资料，与我国其他大多数省市相比，新疆人口老龄化进程要慢于其他省市，老龄化程度也低于其他省市，但由于新疆的经济发展水平相对较低，因此，新疆人口老龄化对新疆养老问题带来的压力并不比其他大多数省市低。

一、新疆农村人口发展的现状

回顾新疆百年发展历史，新疆农村人口的总量一直处在不断快速增长之中。从增长的过程来看，新疆农村人口的增长，主要发生在新中国成立之后和新疆和平解放后。据统计，1908 年新疆总人口为 257 万，其中农村人口占全疆总人口的 96%。① 到 1949 年，新疆总人口才增加到 433.34 万人，其中乡村人口为 380.41 万人，农村人口占新疆总人口的 87.8%。② 前

---

① 阿布力孜·玉素甫：《新疆生态移民研究》，北京：中国经济出版社，2009 年版，第 24—25 页。
② 《新疆五十年》编辑委员会：《新疆五十年》，http://www.xjtj.gov.cn/stats_data/50years/b1/b1-1.htm

后 41 年的时间，新疆人口仅增加了 176 万人。而从 1949 年到 2011 年，62 年时间，新疆总人口增加了 1775 万人，其中农村人口增加了 867 万人。新疆农村人口发展情况见表 1-5。

表 1-5 新疆人口与农村人口发展情况　　单位：万人/%

年份	年末总人口	按性别分				按城乡分			
		男		女		城镇人口		乡村人口	
		人口数	比重	人口数	比重	人口数	比重	人口数	比重
1978	1233.01	630.18	51.11	602.83	48.89	321.4	26.07	911.61	73.93
1980	1283.24	654.9	51.03	628.34	48.97	372.74	29.05	910.50	70.95
1985	1361.14	696.81	51.19	664.33	48.81	582.24	42.78	778.90	57.22
1990	1529.16	785.06	51.34	744.10	48.66	685.96	44.86	843.20	55.14
1995	1661.35	848.12	51.05	813.23	48.95	822.53	49.51	838.82	50.49
1996	1689.29	869.59	51.48	819.70	48.52	846.17	50.09	843.12	49.91
1997	1718.08	883.03	51.40	835.05	48.60	860.76	50.10	857.32	49.90
1998	1747.35	897.90	51.39	849.45	48.61	875.42	50.10	871.93	49.90
1999	1775.00	910.98	51.32	864.02	48.68	929.00	52.34	846.00	47.66
2000	1849.41	957.07	51.75	892.34	48.25	624.18	33.75	1225.23	66.25
2001	1876.19	954.23	50.86	921.96	49.14	633.21	33.75	1242.98	66.25
2002	1905.19	975.46	51.20	929.73	48.80	644.72	33.84	1260.47	66.16
2003	1933.95	994.24	51.41	939.71	48.59	665.11	34.39	1268.84	65.61
2004	1963.11	1008.02	51.30	955.09	48.70	690.11	35.15	1273.00	64.85
2005	2010.35	1029.7	51.22	980.65	48.78	746.85	37.15	1263.50	62.85
2006	2050.00	1050.01	51.22	999.99	48.78	777.77	37.94	1272.23	62.06
2007	2095.19	1072.53	51.19	1022.66	48.81	820.27	39.15	1274.92	60.85
2008	2130.81	1083.94	50.87	1046.87	49.13	844.65	39.64	1286.16	60.36
2009	2158.63	1098.31	50.88	1060.32	49.12	860.21	39.85	1298.42	60.15
2010	2181.58	1127.01	51.66	1054.57	48.34	933.58	42.79	1248.01	57.21
2011	2208.71	1128.75	51.10	1079.96	48.90	961.67	43.54	1247.04	56.46

资料来源：《2012 年新疆统计年鉴》。

从表 1-5 可以看出，从总量上来看，新疆农村人口在 2011 年已经达到1247万人，占新疆总人口中的大多数；从趋势上来看，新疆农村人口占新疆总人口中的比重呈现出动态降低的趋势。这一方面是由于城市人口的增加，另一方面也是最为重要的方面是新疆城镇化的发展和大量农村人口的城市转移。到2012年年底，新疆总人口2232.78万人，其中，城镇人口981.98万人，乡村人口1250.80万人，乡村人口占新疆总人口的56%。①

二、新疆农村人口老龄化现状

新疆人口以农牧业人口为主，新疆农村的人口老龄化程度和速度，对新疆人口老龄化的进程和水平都具有重要影响。从整体来看，据新疆维吾尔自治区老龄办统计，截止到2010年3月份，新疆60岁以上的老年人口已达212.63万，占全区总人口的9.81%，并预计到2010年新疆将开始步入人口老龄化社会。实际情况正如所预计的，根据新疆第六次人口普查统计结果，到2010年年底，新疆60岁及以上的老年人口达到233.54万人，老龄化率达到10.8%。②这表明新疆已经从整体上进入人口老龄化社会。尽管新疆人口老龄化进程比全国整体上晚了10年的时间，老龄化程度也比全国低，但新疆老年人口正以4.5%的速度增长，快于全国平均水平1.3个百分点，并呈现出逐年加快的态势。

据学者预测，2010年新疆65岁及以上的农村老年人口，占新疆农村总人口的比重达到8%。③而新疆第六次人口普查数据显示，新疆65岁以上的老年人口达到141.41万人，占新疆总人口的比重为6.5%。按照这个

---

① 《新疆维吾尔自治区2012年国民经济和社会发展统计公报》，新疆统计信息网，http://www.xjtj.gov.cn/.
② 白萍、袁学海：《人口老龄化背景下加快新疆维吾尔自治区社会养老服务体系建设的思考与建议》，新疆维吾尔自治区信息中心，http://cei.56.org.cn/index/index/showdoc.asp?blockcode=DQXJYJ&filename=201111040916
③ 阿里木江·阿不来提、古丽皮亚·阿比提、刘晖：《新疆农村人口未来发展趋势研究》，载《干旱区资源与环境》，2012年第12期，第33—40页。

统计结果，新疆农村人口老龄化程度高于新疆城镇人口老龄化水平。从农村老年人口的增长速度来看，在2005—2007年之间，新疆农村老年人口年均增长率为14%，比自然增长率超过3%。同时，由于新疆农村社会经济发展水平比较低，新疆农村人口老龄化问题比较突出。

作为一个多民族聚集的地区，新疆农村人口老龄化有其自身的特点。其中，首先表现为民族差异明显。由于少数民族在计划生育政策方面相对较为宽松，这成为新疆农村人口老龄化民族差异的重要原因。据统计，早在新疆尚未从总体上进入人口老龄化社会的2005年，汉族老年人口占汉族人口总数的比例就已经达到了10%。而少数民族人口老龄化水平到2027年才能突破10%，步入老年型人口类型，两者相差至少27年。在未来几十年内，由于汉族和少数民族老年人口增加的幅度并不相同，少数民族人口老龄化水平提升缓慢，而汉族人口老龄化却存在明显的加速期。到2050年时，少数民族老龄化程度在20%以内，汉族人口达到32%以上。①

新疆农村人口老龄化在不同地区之间存在显著差异。东疆、② 北疆③人口老龄化程度高于南疆地区。乌鲁木齐早在2008年就已进入老龄化社会，而南疆部分地区进入人口老龄化社会还需要一段时间。据第六次人口普查统计，2010年石河子全垦区范围内，60岁及以上的老年人口占全垦区常住人口的16.7%，其中市区人口老龄化水平为12.12%，而库尔勒市截止到2011年底，市域内（含兵团）60岁及以上老年人6.76万人，占全市总人口的12.48%，高于自治区1.68个百分点。与此同时，新疆生产建设兵团农牧团场的人口老龄化水平，要明显高于新疆维吾尔自治区的农村人口

---

① 张冬梅、李铁军：《新疆老年人口年增十万》，http://news.163.com/10/0507/10/662SJSI300014AEE.html
② 主要指哈密地区，辖哈密市、巴里坤哈萨克自治县和伊吾县，总面积15.3万平方公里，人口56.78万人。
③ 北疆即新疆的北部。天山山脉将新疆分为南北两大部分，称天山以北为北疆。包括乌鲁木齐、吐鲁番地区、阿勒泰地区、塔城地区、昌吉地区、伊犁、博尔塔拉等地区。

老龄化水平。

"未富先老"也是新疆农村人口老龄化的一个显著特点。据《新疆维吾尔自治区 2010 年国民经济和社会发展统计公报》显示，新疆 2010 年全年实现生产总值（GDP）5418.81 亿元，人均生产总值 24978 元，以当年平均汇率折算，人均 3690 美元，首次突破人均 3000 美元大关。但是新疆农村人口的人均 GDP 尚不足 2000 美元。与国外发达国家和国内发达地区进入人口老龄化社会时的经济发展水平相比，显示出人口老龄化相对于社会经济发展水平而言，具有超前的特征。

农村老年人口增加速度快，是新疆农村人口老龄化的又一个显著特点。在刚刚进入 21 世纪时，有专家预测新疆农村老年人口增速为每年 4.36 个百分点，快于全国平均水平 1.16 个百分点，而最近几年新疆老龄人口呈现出加速发展态势，正以每年 4.5% 的速度递增，新疆农村老年人口也呈现出加速发展态势。

三、新疆农村人口老龄化发展趋势

新疆农村人口老年人口老龄化的发展趋势，也可以从现实情况和预测情况两个方面来反映。由于新疆刚刚跨入人口老龄化，因此，新疆农村人口老龄化的趋势，可以从新疆近几十年来的总的人口老龄化趋势来反映。根据人口普查的数据来看，在 2000 年以前新疆整体上人口老龄化的速度并不快，老年人口占新疆人口总数的比重，并没有表现出明显的增加。从 1964 年到 2000 年的 36 年时间里，新疆 65 岁及以上的老年人口从 29 万人，增加到 86 万人，增加了 57 万，但 65 岁及以上老年人口在新疆总人口中的比重仅仅增加了不到 1%。而从 2000 年到 2010 年的 10 年时间里，新疆 65 岁及以上老年人口在新疆总人口中的比重竟然增加了近 2%，见表 1-6。这说明，新疆老年人口在新的世纪呈现出加速增加趋势。

表 1-6　新疆 65 岁及以上老年人口发展趋势　单位：万人/%

指标	第二次普查（1964年）	第三次普查（1982年）	第四次普查（1990年）	第五次普查（2000年）	第六次普查（2010年）
总人口	727.01	1308.15	1515.69	1845.95	2181.58
0—5 岁	121.86	186.70	218.85	165.12	185.03
6—14 岁	146.77	330.85	282.12	338.18	261.15
15—64 岁	428.73	742.42	955.49	1256.40	1593.99
65 岁及以上	29.65	48.18	59.23	86.25	141.41
人口老龄化水平	4.08	3.68	3.91	4.67	6.48

资料来源：《2012 年新疆统计年鉴》。

从新疆农村人口发展预测的角度来看，新疆师范大学法经学院阿里木江·阿不来提副教授等，在假定人口出生率、性别比等不便的条件下，利用灰色模型和指数平滑模型，预测了新疆未来 60 年内农村人口的变动情况。预测结果（见表 1-7）显示，新疆 2010 年农村 65 岁以上老年人口占总人口的 8.0%，到 2020 年这一比例将达到 14.2%，2040 年将达到 22.8%。

表 1-7　新疆未来 40 年农村人口老龄化发展趋势　单位：%

年龄组	2010 年	2020 年	2030 年	2040 年
0—14 岁（青少年人口）	23.0	18.74	16.48	15.35
15—64 岁（劳动人口）	69.0	67.05	64.01	61.86
65 岁以上（老年人口）	8.0	14.2	19.5	22.78

资料来源：阿里木江·阿不来提、古丽皮亚·阿比提、刘晖：《新疆农村人口未来发展趋势研究》，载《干旱区资源与环境》，2012 年第 12 期，第 33—40 页。

根据他们的预测结果，把新疆未来 60 年农村老龄人口的发展趋势，划分为四个阶段：① 其中，第一阶段为平稳增长阶段，时间从 2009 年到 2014 年，这一阶段新疆 65 岁以上老年人口年均增长 4.98 万人，到 2014 年人口老龄化程度达到 10%；第二阶段为快速增长阶段，时间从 2015 年到 2030 年，在这个期间内，年均增长 6.5 万人，到 2030 年新疆农村人口老龄化水平达到 20%；第三阶段为平稳发展阶段，时间从 2030 年到 2040 年，到 2040 年人口老龄化水平将达到 25%；第四阶段为转变阶段，时间从 2051 年到 2060 年，其中 2050 年以后，新疆城市老年人口超过农村老年人口，农村人口老龄化问题逐步缓解。

关于新疆农村人口老龄化的发展趋势，也有不同的观点，自治区老龄工作委员会副主任宋海渭指出，从 2000 年到 2050 年的 50 年间，新疆人口老龄化可以划分为三个发展阶段：② 其中第一个阶段为缓慢发展阶段，时间为 2000 年到 2020 年；第二阶段为急剧增加阶段，时间是 2020 年到 2040 年；第三阶段为稳步发展阶段，时间从 2040 年到 2050 年。从 2000 年到 2050 年，新疆农村老年人口将增加 525.2 万人，年均增加 10.3 万人，到 2050 年新疆老年人口总量将达到 669.99 万人，人口老龄化程度将达到 33.19%。但略显不足的是，他并没有区分新疆人口老龄化发展阶段的城乡差异。

综合上述观点，我们认为，关于新疆农村人口老龄化的发展趋势，有待利用新的调查数据进行进一步的分析和预测。

第三节 新疆农村人口老龄化与其他省区的比较分析

前文已经分析，人口老龄化统计方法具有多样性，因此，比较不同

---

① 阿里木江·阿不来提、古丽皮亚·阿比提、刘晖：《新疆农村人口未来发展趋势研究》，载《干旱区资源与环境》，2012 年第 12 期，第 33—40 页。

② 张冬梅、李铁军：《新疆老年人口年增十万》，http://news.163.com/10/0507/10/662SJSI300014AEE.html.

地区的人口老龄化现状,也可以从多个角度来加以分析。但是,比较的目的不是为了比较而比较,而是为了突出新疆人口老龄化的特殊性和新疆人口老龄化问题的严重性,因此,本书将从人口老龄化进程、人口老龄化水平和人口老龄化速度等三个方面来比较新疆与其他省份的人口老龄化现状。

中国是一个典型的社会经济发展地区不平衡的国家,因此在选择比较对象时有必要从东、中、西各地区选择一个相对较为有代表的省份进行比较。本书选择了东部地区的江西省,中部地区的湖北省,西部地区的宁夏回族自治区。选择江西作为东部地区的代表省份,一是因为江西以农业为主,农业人口占多数;二是因为,江西进入人口老龄化的时间相对较晚,与新疆进入人口老龄化的时间跨度不是太大。选择湖北作为中部地区的代表,一是因为,湖北是中部地区的农业大省;二是因为,湖北在经济发展水平上居于中部地区之首。选择宁夏作为西部地区的代表,一是因为从地理位置上,宁夏和新疆相距很近,都属于西北地区;二是因为从民族分布上,都属于少数民族聚集的地区;三是从人口老龄化的进程上看,宁夏和新疆都属于相对较晚进入人口老龄化社会的省份。

一、新疆与江西农村人口老龄化现状比较

江西地处中国东南偏中部长江中下游南岸,面积 16.69 万平方公里,是素有"物华天泽,人杰地灵"美誉的中国东部省份之一。根据第六次人口普查显示,2010 年江西国民生产总值为 9451.26 亿元,总人口为 4462.25 万人,人均生产总值 21253 元。① 江西省农村人口为 2496.18 万人,占江西省人口总数的 55.9%。

---

① 江西省统计局:《江西统计年鉴 2011》,http://www.jxstj.gov.cn/resource/nj/2011cd/indexch.htm

从人口老龄化的发展进程来看,江西是在 2005 年已经进入人口老龄化社会,而新疆是 2010 年进入人口老龄化社会的,与新疆相比,江西进入人口老龄化社会的时间提前了 5 年左右。

从人口老龄化的水平来看,新疆人口老龄化水平低于江西人口老龄化的水平。2005 年,江西 60 岁以上的老年人口占江西老年人口总数的 10.63%,65 岁及以上的老年人口占总人口中的 7.35%,按照国际上同行的标准,江西已经进入人口老龄化社会。根据第六次人口普查数据统计,江西 2010 年农村人口 2506.78 万,其中 60 岁及以上的老年人口有 304.81 万人,占农村总人口的比重为 12.16%,65 岁及以上的老年人口有 204.3 万,占农村总人口的比重为 8.15%。① 新疆到 2010 年才刚刚进入人口老龄化社会,也即在 2010 年新疆 60 岁及以上的老年人口才刚刚达到 10%这一国际标准。

从人口老龄化的速度来看,江西慢于新疆的人口老龄化速度。江西 2005 年 60 岁及以上的老年人口占老年人口的比例为 10.63%,而 2010 年 60 岁及以上的老年人口占老年人口的比例已经达到了 12.16%,5 年的时间农村人口老龄化水平提高了 1.53 个百分点。人口老龄化速度达到了 2.73%。而新疆的人口老龄化速度是 4.36%,② 新疆农村的人口老龄化速度也超过了 4%,明显快于江西农村的人口老龄化速度。

二、新疆与湖北农村人口老龄化现状比较

湖北省位于中国中南部,国土面积 18.59 万平方公里,正处于中国地势第二级阶梯向第三级阶梯过渡地带,地貌类型多样,山地、丘陵、岗地

---

① 江西省政府发展研究中心:《江西农村人口老龄化问题及对策研究》,http://www.cncaprc.gov.cn/
② 戴岚:《新疆步入老龄化社会 60 岁以上老年人口逾 200 万》,人民网,http://society.people.com.cn

和平原兼备。经济发展水平居中部地区之首，2011年湖北GDP总量达到19594.19亿元，增速达13.8%，快于全国平均水平4.6个百分点，连续8年来保持两位数的增长。截止到2011年底，湖北省常住人口5758万人，其中，城镇人口2984.4万人，乡村人口2773.6万人，是典型的农业大省之一。

从人口老龄化的进程来看，新疆晚于湖北省将近10年。从湖北省全省来看，2000年湖北省60岁及以上的老年人口数达到537.1万人，占总人口中的比重为9.49%，按照国际上通用的人口老龄化标准，2000年湖北省即将迈入人口老龄化的门槛。而新疆是在2010年才从整体上进入人口老龄化的门槛。

从人口老龄化的速度来看，新疆略快于湖北省。新疆人口老龄化水平虽然低于湖北省，但是新疆人口老龄化的速度却高于湖北省0.6个百分点。新疆人口老龄化正以年均4.36%的速度增加，而湖北省过去10年的人口老龄化速度为年均3.8%。2010年第六次人口普查显示，湖北省60岁及以上的老年人口规模已经达到了779.56万人，比第五次人口普查数据增加了242.46万人，年均增长24.24万人，老龄化程度也从第五次人口普查的不到10%，增加到现在的13.82%，老龄化速度为年均3.79%。

从农村人口老龄化水平来看，湖北省农村人口老龄化要快于新疆农村人口老龄化将近10年的时间。根据第五次人口普查数据显示，湖北省早在2000年，60岁及以上老年人口占农村总人口的比重就已经达到了10.12%，进入人口老龄化社会。而新疆农村进入人口老龄化的门槛，是最近两年的事情，比湖北省晚了将近10年时间。

再从城乡差异的角度来看，湖北省农村人口老龄化明显高于城市和城镇，而新疆人口老龄化的城乡差异并没有湖北省这么明显。2010年第六次人口普查显示，湖北省城乡老龄化系数，按照乡村、城镇和城市的顺序，依次是乡村15.74%、镇12.37%和市10.56%。这也即是说，2010年湖北省的人口老龄化水平，农村高于城市超过5个百分点。而根据现有的统计

第一章　农村人口老龄化与新疆农牧民养老问题

数据，新疆人口老龄化水平的城乡差异并没有这么大。

三、新疆与宁夏农村人口老龄化现状比较

宁夏的全称是宁夏回族自治区，地处中国西北，成立于1958年，面积5.18平方公里，是中国面积最小的省区之一。根据2012年宁夏国民经济与社会发展统计公报显示，2012年宁夏全区国内生产总值实现生产总值2326.64亿元，常住人口647.19万人，其中，乡村人口319.23万人，农村人口占全区人口总数的比例为49.33%。①

从人口老龄化的进程来看，宁夏人口老龄化的进程比新疆提前了将近一年的时间。根据宁夏人口变动情况抽样调查显示，截止到2009年年底，宁夏常住人口为625.2万人。其中，60岁以上老年人口为63.71万人，占总人口的10.19%。② 按照国际上公认的人口老龄化标准，宁夏在2009年已步入人口老龄化社会。而新疆是在2010年跨入人口老龄化社会的门槛的，比宁夏进入人口老龄化的时间晚了一年。

从人口老龄化的水平来看，宁夏农村人口老龄化水平比新疆农村人口老龄化水平略高。新疆2010年时，60岁及以上老年人口占新疆农村总人口的比例已经达到了10.8%，宁夏在2009年进入人口老龄化社会时，农村人口老龄化的水平已经达到了12.4%。宁夏的人口老龄化进程不仅比新疆快，而且宁夏人口老龄化的程度也比新疆快了近三个百分点。

从人口老龄化的速度来看，宁夏人口老龄化速度比新疆人口老龄化速度慢。从1990～2010年的十年时间里，宁夏老年人口的年均增长率为3.2%，高于全国人口老龄化速度0.2个百分点。据有关部门测算，宁夏老

---

① 宁夏统计信息网：《宁夏回族自治区2012年国民经济和社会发展统计公报》，http://www.nxtj.gov.cn/
② 张德智：《宁夏步入老龄化社会呼吁老龄事业同步跟进》，载《宁夏日报》，2010年5月4日。

龄化正在以每年约 3.2% 的速度递增。① 而新疆人口老龄化速度已经达到了 4.5% 左右。

通过新疆与东中西部地区其他省份的比较可以看出，新疆农村人口老龄化的水平比其他省份低，但是新疆农村人口老龄化的速度却明显比其他省份快。同时，新疆也面临着经济发展水平比较低，地域广阔导致的老年人口分散，以及恶劣的生存环境面临的诸多生存风险等问题。因此，新疆农村人口老龄化所带来的新疆农民养老难题并不比其他省份少，新疆农民养老问题值得高度关注。

第四节　新疆农村人口老龄化对农民养老保障的影响

一、农民养老的基本内容

农民养老的实质是指度过老年生活，是一个多维度、多层面的概念，它包括多方面的内容，而一般而言，农民养老的基本内容包括了经济保障、生活照料和精神慰藉等三个主要方面（刘爱玉、杨善华，② 2000；穆光宗，③ 2007；于长久，④ 2011）。

农民养老三个方面的基本内容，随着社会经济发展水平和阶段的不同，而表现出动态性和层次性，在经济发展水平比较低，人口老龄化程度

---

① 魏淑清：《积极应对人口老龄化挑战　推进宁夏社会的和谐发展热》，载《内蒙古科技与经济》，2010 年第 19 期。
② 刘爱玉、杨善华：《社会变迁过程中的老年人家庭支持研究》，载《北京大学学报（社会科学版）》，2000 年第 3 期，第 59—70 页。
③ 穆光宗：《独生子女家庭非经济养老风险及其保障》，载《浙江学刊》，2007 年第 3 期，第 10—16 页。
④ 于长久：《人口老龄化背景下农民的养老风险及其制度需求——基于全国十个省份千户农民的调查数据》，载《农业经济问题》，2011 年第 10 期，第 56—66 页。

比较轻的阶段下,农民养老最为突出的需求是经济保障需求。随着经济发展水平的提高,人口老龄化程度的加深,农村老年人口的健康寿命却在缩短,这个时期,农民养老的生活照料需求,则会更加突出,生活照料保障是这一时期的主要内容。根据马斯洛的需求层次理论,经济发展水平的提高,将使得农民的经济保障问题变得更加容易解决,与此同时,农民在满足了基本生活需求之后,精神方面的需求则变得更加突出,这个时候,农民养老的精神需求,则成为这个时期的关键问题。

农民养老的内容,不仅表现出上述所言的层次性,同时也蕴含着农民养老保障需求的"弹性"和"刚性"的问题。农民养老保障需求的"弹性",主要表现在农民养老保障的需求,可以随着社会经济发展水平的高低,而表现出一定的灵活性和适度性;而农民养老保障需求的"刚性",则主要表现在,农民养老需求表现出的不因农民和社会经济发展水平的高低而表现出的日益增加的趋势性。

农民养老保障需求的"弹性"主要表现在生活保障需求和精神慰藉需求两个方面。生活保障需求的弹性,主要体现在生活保障内容的宽泛性,生活保障包括了基本生活保障、最低生活保障和奢侈生活保障等多个层面,在经济条件非常有限的情况下,农民可以降低自己的生活水平,而去选择过一种基本生活或只能实现一日三餐的最低生活;而当经济条件非常宽裕的情况下,农民可以提高自己的生活水平,而过一种衣食无忧、逍遥自在的比较富裕的生活。但是,农民的生活保障需求,尽管表现出一定的弹性,但其中也蕴含着刚性需求,即农民生活保障需求的弹性的底线是最低生活保障需求,这是农民生活保障需求的"刚性"。

农民养老精神慰藉需求的弹性,主要体现在精神慰藉需求的高层次性和实现路径的多元性。农民养老精神慰藉需求的高层次性,是指精神慰藉需求处在马斯洛需求层次理论中的上端,它是在满足了基本生活需求、生活照料需求之后,才会得到较好满足的需求。作为一个理性小农,农民在未能满足基本生活需求、不能保障生存安全的情况下,他们是很难产生精神慰藉方面的需求的,也即在农民生存安全尚未得到充分满足的情况下,精神慰藉需求是一种可有可无(即弹性)的需求。农民养老精神慰藉需求的弹性,还表现在其实现路径的多元性。在传统社会,农民养老精神慰藉需求的实现,是通过儿孙承膝之欢和邻里互动实现的,而在现代社会,随着信息技术的发展,农民养老精神慰藉需求的实现,则可以借助现代化的通信工具来实现。这种实现方式的多元性,则体现出了灵活性和弹性。

农民养老保障需求的"刚性"主要体现在医疗保障需求和生活照料需求两个方面。农民养老中医疗保障需求的"刚性",主要受两个方面的因素影响:一是随着经济发展水平的提高、医疗技术的进步等,医疗消费的价格呈现出日益增加的趋势;二是随着人口老龄化的发展,农村老年人口的健康寿命在缩短,而在老年生活中,常常是身患多种疾病,这导致农民养老医疗保障需求日益增加。农民养老生活照料需求的"刚性",主要是因为,在老年生活时期,农村老年人口的身体健康状况日益恶化,生活自理能力逐渐下降,进而导致生活照料需求日益增加。

二、新疆农民养老保障的实现路径

农民养老的基本内容在不同的国家和地区,具有相似性,即一般都包含了经济保障、生活照料、精神慰藉和心理关怀等几个大的方面,但是在不同的国家和地区,由于社会经济发展水平的不同以及文化的不同,农民养老保障的实现路径呈现出明显的差异性,具体反映在农民养老保障模式的不同。例如,我国著名社会学家费孝通先生,就曾经提出"接力模式"和"反哺模式"的概念,以区分中国和西方国家养老模式的不同。①

农民养老的内容是多元的,但农民养老的核心内容是经济保障。无论

---

① 费孝通:《家庭结构变动中的老年赡养问题——再论中国家庭结构的变动》,载《北京大学学报(哲学社会科学版)》,1983年第3期,第7-16页。

是对于城市居民,还是农村居民而言,经济保障需求都是人们面临的最基本的养老需求。① 因此,有一些学者从经济保障的角度,来分析农民养老保障的实现路径。但是这种分析,显然是有失偏颇的。因为,尽管养老保障的核心是经济保障,但是生活照料和精神慰藉也是其中的重要内容,特别是在人们的物质生活水平提高,基本生活得到满足的情况下,后两者的需求就更加迫切。因此,从养老保障资源提供者的角度,来界定农民养老保障的实现路径,具有一定的合理性。从养老资源提供者的角度来区分养老保障模式,主要包括家庭养老、社会养老和自我养老三种方式。②

其中养老保障资源,不仅仅包括经济保障资源,还包括生活照料资源和精神慰藉资源两个方面。具体而言,家庭养老就是指依靠家庭成员提供养老保障资源,而社会养老就是由社会提供养老保障资源,而所谓自我养老,在理论上讲,就是既不依靠子女和亲属,又不依靠社会保障的养老方式。③

由于历史和政策方面的原因,中国广大农民在长期处在社会保障的范围之外,只有为数很少的贫困农民,得到了较低水平的社会救助和五保供养制度。尽管进入新的世纪以来,中国农村社会保障制度建设处在高歌猛进的发展阶段,但就目前而言,由于农民的社会保障水平非常有限,因此,中国农民的养老保障实现路径主要是依托于农民所拥有的土地,并通过家庭养老来实现的。据统计资料显示,2004年我国农村老年人口的主要生活来源构成中,靠退休金和社会保险或救济满足生活需求的农民占全部农民总数的比例尚不足8.0%,靠劳动收入的农民所占比例为30.5%,而

---

① 于长永:《依赖与脆弱性:农民养老问题的一个实证分析——基于全国十个省份1000余位农民的调查数据》,载《西北人口》,2013年第6期,第117—122页。
② 穆光宗:《中国传统养老方式的变革与展望》,载《中国人民大学学报》,2000年第5期,第39—44页。
③ 穆光宗、姚远:《探索中国特色的综合解决老龄问题的未来之路——全国家庭养老与社会化养老服务研讨会侧记——中国的养老之路》,北京:中国劳动出版社,1998年版。

依靠子女或亲属供给的比例达到了 59.6%。① 这也即是说，农民养老的主要实现路径是家庭养老。

三、人口老龄化对新疆农民养老保障的影响

人口老龄化对新疆农民养老保障的影响，主要体现在两个方面：一方面是，人口老龄化增加了新疆农民的养老保障需求，包括经济保障需求和非经济保障需求两个大的方面；另一方面人口老龄化降低了新疆农民养老保障资源的供给能力，包括供给主体的减少、供给主体供给能力的相对下降和供给成本的提高等诸多方面。

从养老保障需求的增加角度来看，人口老龄化首先表现出老年人口的增多和老年赡养系数的上升，假定在单位老年人口养老保障需求一定的条件下，新疆人口老龄化程度越高，新疆农民养老保障需求的增加就越多。人口老龄化带来的新疆农民养老保障需求的增加，不仅体现在总量需求的增加，还体现在养老保障需求的结构性增加方面，这种结构性需求的增加主要体现在，随着人口老龄化的发展，新疆农村老年人口的健康保障需求、医疗卫生需求和精神慰藉需求的增加，其中最为明显的需求是医疗保障需求。这是因为，老年人疾病频率指标、疾病严重程度指标，以及门诊、住院医疗服务利用指标都明显比全国平均水平高。②

从养老保障资源供给能力减少的角度来看，人口老龄化意味着新疆农村老年人口增多的同时，伴随着新疆农村劳动年龄人口数量的减少，在劳动力单位生产力水平下，劳动年龄人口数量的减少，则意味着新疆养老保障资源供给总量的减少，既包括经济保障资源的减少，也包括非经济保障

---

① 焦克源、王瑞娟：《我国农村家庭养老的可持续性研究》，载《广西社会科学》，2008 年第 11 期，第 158—161 页。

② 冯学山、王德耀：《中国老年人医疗服务需求量分析》，载《中国卫生经济》，1999 年第 5 期，第 287—289 页。

资源的减少。同时,人口老龄化,也使得新疆农村劳动力的老龄化,调查结果显示,农村劳动力老化现象比较严重和普遍。① 对于新疆农村老年人而言,人口老龄化也意味着老年人自养能力的降低。

与人口老龄化相伴的是少子化问题,少子化主要是由于长期实行的计划生育政策导致的结果。少子化在我国的突出表现是独生子女家庭的日益增多、家庭规模的小型化和家庭结构的核心化现象。据专家估算,我国独生子女人数于2007年末就已超过1.5亿,并且还在以每年约500万的速度递增。② 改革开放以来,特别是20世纪80年代初我国严格实行计划生育政策以来,家庭规模的小型化表现的日益明显。60年代平均每个家庭生育5—6个子女的现象已经被现在每个家庭生育1—2个孩子的现象所代替,即家庭模式从过去的"四代同堂",转变为现代的"三口之家"。家庭结构的核心话,最为突出的表现是"4—2—1家庭结构"的出现和日益增多。

尽管新疆是一个少数民族聚集的地区,国家对少数民族在计划生育政策方面的倾斜,一定程度上减轻了少子化的问题,但家庭规模的缩小时一个长期发展的趋势。据新疆第六次人口普查显示,新疆平均每个家庭户的人口为3.26人,比"五普"的3.71人减少0.45人。家庭规模的减少,意味着养老保障资源供给主体的减少和供给能力的下降。这不仅影响新疆农民养老保障的经济保障资源的提供,也影响新疆农民养老保障的非经济资源的提供。与此同时,随着我国城镇化建设步伐的加快,人口流动的加剧,新疆农民养老保障资源供给主体和养老保障资源接受主体之间的距离拉大了,养老保障资源供给的成本增加了,机会减少了,一定程度上影响了新疆农民"老有所养"的有效实现。

---

① 何小勤:《农业劳动力老龄化研究——基于浙江省农村的调查》,载《人口与经济》,2013年第2期,第69—77页。
② 徐俊、风笑天:《独生子女家庭养老责任与风险研究》,载《人口与发展》,2012年第5期,第2—10页。

第二章 新疆农民养老保障模式及其存在的问题

长期以来，我国农民的养老保障模式主要是建立在"土地保障"基础上的家庭养老，并结合集体养老、社会养老以及商业养老保险保障模式。在不同的时期，不同的养老保障模式所发挥的作用有差异。在自给自足的自然经济条件下，家庭养老是农民的主要养老保障模式；在计划经济时期，土地保障和家庭保障占据主要地位；改革开放以后，家庭养老和社会养老成为农民养老的主要形式。结合新疆的实际来看，新疆农民的养老保障模式主要有家庭养老、社会养老保险、五保供养制度等构成。

第一节 新疆农民家庭养老保障现状与问题

一、家庭养老的基本含义

家庭养老是农村的主要养老保障模式，在自然经济和计划经济时期，家庭养老在农民养老模式中占比达到90%以上，在农村养老中起着绝对的支配地位。但是，随着人口老龄化、城镇化的发展，以及农村社会经济甚至文化环境的变化，农村家庭养老的支配地位有所改变。就目前而言，尽管农村社会养老保险正在从试点向全面铺开，但是农村家庭养老依然是农民养老模式中非常重要的一个方面。据调查，当前有67.3%的受访者倾向于传统家庭养老，其中有74.7%农村受访者倾向于传统家庭养老，高出平均水平7.4个百分点。①

家庭养老的实质就是有家庭成员来赡养老年人。理解家庭养老概念的关键有两点：一是要界定什么是"家庭成员"，二是要界定赡养的内容。家庭成员概念的理解，关键在于如何界定"家庭"，家庭在中国有广义和狭义之分，广义的家庭概念，可以扩展为家族，是比传统社会中的"四世同堂"更加广泛的一种家庭关系。狭义的家庭概念，是指由父母和子女构成的亲子关系。过去比较普遍、现在依然在一些地方存在的"四世同堂""三代同室"可以称之为扩大的家庭关系。赡养的内涵现在已经在学术界和业界形成了一定共识，即赡养老年人既包括经济上的支持，也包括非经济上的支持，具体而言，包括物质支持、生活照料、精神慰藉和心理关怀等几个主要方面。

家庭养老存在的制度基础是，父权的绝对地位和农村经济的资源配置方式。一般认为，家庭养老是在长辈对农业知识和家庭经济具有绝对控制权威的社会中形成的制度性传统，父辈对财产等家庭经济资源的控制地位，是家庭养老赖以获得子孙赡养的主要制度基础。② 在我国计划经济时期，特别是在农业生产合作社时期，特殊的以家庭为单位进行的资源分配，强化了家庭养老存续的经济基础。

家庭养老存在的文化基础是留存几千年的中国"孝"文化。受儒家文化的影响，孝文化在农民养老中起着非常重要的制约作用。孝的含义包括两个方面，一是敬，二是养。评判一个子女对老年人是否孝顺，不仅看他是否满足了老年人的基本生活需求，即是否养老，还看其是否尊敬老年人。其中，敬在养老中占据非常重要的角色。孝文化得以发扬的社会基础是，非正式的社会监督的有效发挥，非正式社会监督作用的有

---

① 杨群：《87.5%，还是赞同"养儿防老"多》，载《解放日报》，2013年9月23日。
② 唐灿、马春华、石金群：《农村家庭养老方式的资源危机》，载《中国党政干部论坛》，2008年第1期，第38—40页。

效发挥，有赖于农村社区成员相对的固定，即人口流动较少、流动频率较慢。

家庭养老存续的现实表现形式是父母与子女之间的代际交换。代际交换多发生在低龄老年人口与子女或孙子女之间。代际交换的关键之一是老年人口拥有必要的健康资本和经济资源，健康资本一方面保证了老年人能够自己照顾好自己，并能够为子女或孙子女提供帮助或照料。代际交换的普遍形式是，成年子女常年外出打工，年龄较小的孙子女留在家里由老年人看护，同时，低龄老年人还要照顾成年子女的家庭事务以及农业生产等。而成年子女为老年人提供养老支持，却以提供经济支持为主。

二、新疆农民家庭养老保障现状

家庭养老是农民主要的养老保障模式，但是，由于新疆地理位置和人文环境比较特殊，那么，对于新疆农民而言是否也是以家庭养老保障模式为主呢？这需要利用调查数据加以说明。

新疆农民的家庭养老保障现状，可以从两个方面加以分析，一是新疆目前的农村老年人口是否以家庭保障作为老年生活的主要来源；二是新疆农村老年人口未来是否以家庭保障为主要保障策略。前一个问题反映的是现实问题，即家庭养老在新疆农民养老保障中的作用，后一个问题反映的是预期问题，即新疆农民有多少农民继续把家庭养老作为其老年生活的主要指靠，可以从侧面反映新疆农民家庭养老保障的实际效果和持续性的问题。

前文已经分析，农民养老的内容主要包括经济保障、生活照料和精神慰藉三个主要方面，由于在老年生活中，居住的问题也是非常重要的问题，因此，本书将从四个方面对新疆农民的家庭养老保障问题进行实证分析。

第二章 新疆农民养老保障模式及其存在的问题

表2-1 新疆农村60岁以上老人的居住方式　　单位：个/%

居住类型	频数	百分比	有效百分比	累计百分比
一个人独住	40	5.5	6.7	6.7
老两口住	233	32.2	38.8	45.5
和子女一起住	323	44.6	53.7	99.2
住养老院	2	0.3	0.3	99.5
其他	3	0.4	0.5	100
合计	601	83.0	100	

从表2-1的统计结构可以看出，新疆农民的居住方式中，排在首位的是和子女一起居住，所占比例达到了53.7%，其次是老年人独住或老两口单独居住，所占比例达到了45.5%。而选择住养老院的新疆农民非常少，所占比例仅为0.3%。上述数据说明，新疆农村老年人的主要居住方式是和子女共住，这既符合农民家庭养老的传统，也为家庭养老提供了条件和便利。但是，老年人独住的比例也相当高，超过了45%，这也反映出，在新疆农村，成年子女结婚成家之后，子女和父母分家是一个相当普遍的现象。这对家庭养老的可持续性带来了消极影响。新疆农民选择住养老院的比例很少，反映的是住养老院依然不是绝大多数农民的选择，而是农村那些"三无老人"的无奈的去处，这也显示出农村传统文化对新疆农民养老的制约作用。

表2-2 新疆农村60岁以上老人的日常生活开支来源

单位：个/%

生活开支来源	频数	百分比	有效百分比	累计百分比
自己种地	147	20.3	24.4	24.4
子女供给	376	51.9	62.5	86.9

(续表)

生活开支来源	频数	百分比	有效百分比	累计百分比
自己种地	147	20.3	24.4	24.4
靠养老保险	46	6.4	7.6	94.5
政府救助	18	2.5	3.0	97.5
其他	15	2.1	2.5	100.0
合计	602	83.1	100.0	

本书用农村老年人的日常生活开支来源,来反映新疆农民的经济保障途径。从表2-2的统计结果可以看出,新疆农村老年人的经济保障,主要来源于子女的供给,所占比例达到了62.5%,依靠自己种地的收入来解决日常生活开支来源的新疆农村老年人所占比例为24.4%,也即是接近四分之一的新疆农村老年人是依靠自己种地满足基本生活,另外依靠政府和制度养老的比例有10.6%。另有2.5%的农村老年人依靠其他方式来满足自己的基本生活。上述数据说明,新疆农村老年人的养老模式形成了以"家庭养老"为主,以"独立养老"为辅,以"社会养老"为补充的"福利三角"框架。

表2-3 新疆农村60岁以上老人的生活照料来源 单位:个/%

生活照料来源	频数	百分比	有效百分比	累计百分比
子女照料	298	41.2	49.7	49.7
自己照料	185	25.6	30.8	80.5
老伴照料	109	15.1	18.2	98.7
养老院照料	5	0.7	0.8	99.5
其他	3	0.4	0.5	100.0
合计	600	82.9	100.0	

表2-3反映的是新疆农村老年人的生活照料来源,从表2-3的统计结果来看,新疆农村老年人生活照料的主要来源依次是子女照料、自己照

料和老伴照料,所占比例分别达到了49.7%,30.8%和18.2%,三者合计所占比例达到98.7%,也即是说依靠养老院等其他主体照料的老年人所占比例非常低。如果把自己照料自己和依靠老伴照料合并为独立养老,那么新疆农村老年人在生活照料方面的主要模式是"独立养老"(包括自己照料和老伴照料)为主,其次才是家庭养老。数据背后的深层意义,一是新疆农村老年人的独立养老意识具有普遍性;二是在人口老龄化和人口流动背景下,依靠自己或老伴照料自己,是一个比较可靠的养老方式,同时,也反映出新疆农村老年人对子女的关心,即在自己能够活动的时候,尽量不给子女增加负担。而依靠养老院照料的比例如此低,从一个侧面反映了新疆农村社区养老服务的缺失。

表2-4 新疆农村60岁以上老人的关心体贴来源 单位:个/%

关心体贴来源	频数	百分比	有效百分比	累计百分比
子女关心	379	52.3	63.0	63.0
老伴陪伴	188	26.0	31.2	94.2
自己想办法	20	2.8	3.3	97.5
政府关心	12	1.7	2.0	99.5
其他	3	0.4	0.5	100.0
合计	602	83.1	100.0	

表2-4反映的是新疆农村老年人的关心体贴来源,反映的是新疆农村老年人的精神赡养问题。从表2-4的统计结果来看,新疆农村老年人的精神赡养主要由子女提供,所占比例达到了63%,其次是由老伴提供,而由自己提供和政府提供的比例合计只有5.3%。这一方面反映了,子女的关心体贴对新疆农村老年人精神风貌起着非常重要的作用,少年夫妻老来伴,在老年时期,能有老伴的陪伴,新疆农村老年人的幸福生活就多了一种较为重要的保障。只有2%的新疆农村老年人是依靠政府的关心体贴来满足自己的精神赡养问题,也同样反映出新疆农村社会养老服务体系建设

的不足。

如果上述四个方面的统计结果反映了新疆农村老年人的养老保障现状的话,那么在理性经纪人的假设条件下,新疆农村老年人的养老保障策略选择,则从一个侧面反映了新疆农村老年人现有的养老保障模式的可持续性。按照农民养老的主要内容,即经济保障、生活照料和精神慰藉三个方面,来分析新疆农民的养老保障策略。

表2-5 新疆农民的经济保障策略　　　单位：个/%

经济保障策略	频数	百分比	有效百分比	累计百分比
靠儿女赡养	243	33.6	35.2	35.2
靠自己（劳动、储蓄或财产）	269	37.2	39.0	74.2
靠养老保险	124	17.1	18.0	92.2
靠老伴	16	2.2	2.3	94.5
靠政府救助	35	4.8	5.1	99.6
其他	3	0.4	0.4	100.0
合计	690	95.3	100.0	

从表2-5的统计结果来看,新疆农民的经济保障策略中,依靠儿女提供的比例为35.2%,即大约三分之一的新疆农民选择依靠家庭养老,依靠自己的农民有39.0%,也即有五分之二左右的新疆农民选择依靠独立养老,选择依靠养老保险的农民18%,选择依靠政府救助的比例有5.1%,选择依靠老伴解决经济来源问题的新疆农民只有2.3%。这一统计结果与新疆农村老年人的经济保障模式有很大的差异,这种差异反映出农民养老的依赖性在降低,而独立养老意识在增强,同时,随着新疆农村社会养老保险的逐步推开,新疆农民对社会养老保险也给予了厚望。

表2-6 新疆农民的生活照料途径　　　　单位：个/%

生活照料途径	频数	百分比	有效百分比	累计百分比
靠儿女照顾	281	38.8	40.5	40.5
雇人照顾	9	1.2	1.3	41.8
进养老院	46	6.4	6.6	48.4
靠老伴	151	20.9	21.8	70.2
靠自己	207	28.6	29.8	100
合计	694	95.9	100	

从表2-6的统计结果可以看出，新疆农民解决生活照料问题的主要措施是依靠儿女提供的帮助，所占比例达到了40.5%，选择依靠自己照料自己的比例达到了29.8%，选择老伴照料的比例为21.8%。而选择进养老院和雇人照顾的比例合计达到了8.0%。与新疆农村老年人解决生活照料问题的现实相比，选择家庭养老的比例有了明显的降低，而选择依靠自己的比例稳定在30%左右，而选择养老机构的比例却有了明显的增加。这说明，在人口老龄化和人口快速流动的背景下，新疆农民已经注意到了传统的家庭养老保障能力的弱化，在理性的驱使下，他们的养老保障策略也进行了相应的调整。选择依靠家庭成员提供照料的比例的降低和选择依靠社会提供生活照料的比例的上升，预示着新疆农村地区发展社会养老服务已经显得非常必要和迫切。

表2-7 新疆农民的精神慰藉途径　　　　单位：个/%

	频数	百分比	有效百分比	累计百分比
靠自己解决	139	19.2	20.0	20.0
靠老伴陪伴	240	33.1	34.5	54.5
靠子女（打电话、陪伴）	202	27.9	29.0	83.5

(续表)

	频数	百分比	有效百分比	累计百分比
找邻居、朋友聊天	60	8.3	8.6	92.1
靠政府提供老年娱乐设施	54	7.5	7.8	99.9
其他	1	0.1	0.1	100.0
合计	696	96.1	100.0	

从表2—7的统计结果可以看出，新疆农民解决精神慰藉的主要途径是依靠老伴，所占比例达到了34.5%，其次是依靠子女提供的慰藉，所占比例为29.0%，再次是选择依靠自己解决，所占比例为20.0%。选择依靠邻里亲朋的比例为8.6%，另有选择依靠政府提供娱乐设施的比例为7.8%。这一统计结果，与新疆农村老年人解决精神慰藉的途径有着巨大的差别，其中依靠子女的比例有了成倍的下降，选择依靠老伴的比例却有了一定的上升，选择依靠政府的比例尽管依然不高，但是与新疆农村老年人的养老现实相比，已经有了大幅度提高。这充分说明了人口老龄化导致的新疆农村家庭养老保障能力的弱化，同时也显示出发展社会养老服务的必要性和紧迫性。

三、新疆农民家庭养老保障存在的问题

家庭养老是新疆农村的主要养老模式。这从新疆农村老年人的主要养老模式的统计结果中，已经得到了充分的验证。从养老保障的效果来看（见表2—8），也是相对较好的。从表2—8的统计结果可以看出，新疆农村老年人口认为养老保障效果好的（包括比较好喝非常好）比例达到了62.5%。而认为不好的比例，只有3.5%。这说明，尽管新疆农民的主要养老模式是家庭养老，但从总体上来看，目前的养老模式所带来的实际效果是令新疆农民满意的，这也是有相当比例的新疆农民在将来依然选择家

第二章 新疆农民养老保障模式及其存在的问题

庭养老模式的基础。

表2-8 新疆农村老年人口的养老保障的总体效果 单位：个/%

	频数	百分比	有效百分比	累计百分比
非常好	63	8.7	10.5	10.5
比较好	311	43.0	52.0	62.5
一般	203	28.0	33.9	96.5
不太好	21	2.9	3.5	100.0
很不好	0	0.0	0.0	100.0
合计	598	82.6	100.0	

但是新疆农村家庭养老的弱化也是一个普遍存在的事实，这从新疆农民当前养老模式的现实与未来养老模式选择策略的比较中，已经得到了充分的证明。一个值得追问的问题是，新疆农民家庭养老弱化的原因是什么呢？到底是由于人口流动导致的代际分离，还是因为农村市场经济的发展，冲击了新疆农民的传统养老文化，抑或是人口老龄化和少子化导致的家庭规模缩小、家庭养老保障资源供给能力的降低呢？

尽管现在交通比较发达，通信设施也非常便捷，但是家庭养老的实现，特别是生活照料和精神慰藉的实现，需要老年人与子女居住在一起来完成。前文的分析中已经表明，新疆农村老年人口与子女一起居住的比例为53.7%，也即只有一半多一点的新疆农村老年人和子女一起居住，另有将近一半的新疆农村老年要么选择独住或住进养老院。同时，新疆农民外出打工的比例超过了30%。① 因此，在城镇化的快速推进、外出务工愈演愈烈的背景下，代际分离加大是新疆农村家庭养老模式弱化的一个重要原因。

在自然经济和计划经济时代，"养儿防老"是中国农民的一种普遍选

---

① 数据来自课题组对新疆13个地州市726位农民的调查。

择，也是新疆农民的重要养老保障策略，"养儿防老"的文化基础也是如家大力倡导的孝文化。随着农村商品经济的发展，传统的孝文化正在受到冲击。从调查数据统计的结果来看，新疆农民中，同意"养儿可以防老"的农民只有49%，也即是持有"养儿防老"观念的农民已经不到一半。农民是理性的，他们之所以不再认同"养儿可以防老"，原因就是看到了"养儿防老"存在的风险和未来的不可持续性。从这一点来说，新疆农村传统养老文化的变迁，是导致新疆农村家庭养老弱化的一个重要原因。

家庭规模的小型化、家庭结构的核心化，也是新疆农村家庭养老弱化的一个重要原因。尽管新疆是一个少数民族聚集的地区，少数民族在计划生育方面得到了国家的政策倾斜，但是随着农民生育观念的变化，从新疆农民的家庭规模来看，家庭规模小型化和家庭结构核心化已经成为新疆农村家庭发展的一个趋势。调查数据显示，新疆农村家庭的平均家庭规模为3.74人，也即是平均一个家庭不到两个孩子。家庭规模的小型化和家庭结构的核心化，一方面会增加代际交换的成本，是农民养老的实现形式受到阻碍；另一方面家庭结构的核心化也导致了"重幼轻老"现象的出现，导致了新疆农村家庭养老保障的弱化。

第二节 新疆农村社会养老保险制度现状与问题

现代意义上的社会保险制度起源于19世纪的德国，至今已经将近150年的发展历史。它是工业化发展的产物，具有明显的历史性。养老社会保险是社会保险制度中的核心内容，它不仅体现在保障对象广，保障范围大，还体现在养老保险基金收支规模大，同时，它也是一种长期的社会保障项目，从参保到领取养老金横跨几十年时间。城市与农村，是几乎每个国家中的两极，因此，社会保险制度也分为城市社会保障，比如在我们国家有城镇职工养老保险、城市居民社会养老保险等和农村社会保障。

一、农村社会养老保险制度的内涵

农村社会养老保险制度是社会保障制度中非常重要的一个组成部分，特别是对于发展中国家且以农业人口居多的国家更是如此。我国是世界上人口最多的发展中大国，从户籍的角度来看，目前我国的农业人口占据绝对多数，从参加新型农村合作医疗的人数来看，我国目前尚有 8.3 亿左右的"农民"。农村社会养老保险制度是国家以立法的形式，规定由国家、农村集体经济组织和农民个人，按照一定的比例承担养老保险缴费义务，为解决农民在达到国家规定的解除劳动义务的年龄界限，或因年老丧失劳动能力退出劳动岗位后的基本生活而建立的一种社会保险制度。①

理解农村社会养老保险制度的内涵，关键有以下几个要点：一是农村社会养老保险制度，是由政府主导的一种正式的制度安排，政府的主导体现在承担筹资责任、负责法律法规以及政策的制定、对制度的实施情况实行监督、成立专门的管理机构、协调管理养老保险中的各项事务等；二是农村社会养老保险制度的保障对象为农民，在西方发达国家，农民更多的是一个职业概念，而在中国更多的是从户籍的角度来说的，即以农业户籍人口为主要保障对象；三是资金来源的多元性。纵观世界各国，农村社会养老保险制度，大多坚持权利与义务相对应的建制原则，即资金来源由政府和农民以及其他组织来共同承担，在中国农村社会养老保险制度实行的是"三方负担"原则，即政府、集体经济组织和农民三方负担。

除了上述三个要点之外，农村社会养老保险制度还牵涉制度模式、管理体制等主要方面。从世界范围来看，社会保障的制度模式主要四种，即国家保障模式，这种模式以苏联和计划时期的中国为代表；福利国家模

---

① 安增龙：《中国农村社会养老保险制度研究》，北京：中国农业出版社，2006 年版，第 36 页。

式,这种模式以北欧国家为代表,又被称之为"斯堪的纳维亚"模式;强制储蓄模式,这种模式以新加坡和智利为代表;社会保险模式,这种模式以法国和美国为代表。改革开放以后,中国进行了社会保障制度的改革,借鉴了新加坡的强制储蓄性养老保障模式和福利国家模式中的现收现付模式,创立了"统账结合"的个人账户和社会统筹账户共存的新型社会保障制度模式。

由于社会保障制度涵盖社会保险、社会救助、社会福利等诸多方面的内容,不同的制度项目其管理体制是不同的,同时,由于社会保障制度在不同的国家制度模式不同,因此社会保障的管理体制也存在一定的差异。在中国,农村社会保障归属于民政部管理,现有管理体制改革讨论中,讨论最多的是新农合的管理体制改革问题,一般建议新农合应该归属人力资源和社会保障管理最为恰当。①

二、新疆农村社会养老保险制度发展现状

新疆农村社会养老保险制度的初步探索,开始于 20 世纪 80 年代初,当时是按照城市的制度模式,在乌鲁木齐和昌吉回族自治州的少数富裕村,探索建立社区型的农村社会养老保险制度②。但是这种探索,不仅范围非常有限,而且也并未取得理想的效果。新疆现代意义上的农村社会养老保险制度的试点,开始于 1991 年,在 1991 年初,乌鲁木齐、米泉、博乐被列为全国农民养老保险试点县市,新疆农村社会养老保险在《新疆建立和实施农村社会养老保险制度基本方案》的指导下,开展试点,并迅速向全疆其他农村地区扩面。

---

① 郑秉文:《人社部门管理医疗保险的十条理由》,载《中国医疗保险》,2013 年第 5 期,第 10—11 页。
② 阿里木江·阿不来提、阿曼古丽·苏丽坦:《新疆农村社会养老保险的现状及对策》,载《郑州轻工业学院学报(社会科学版)》,2009 年第 3 期,第 63—66 页。

据统计,截止到1997年底,全疆13个地州、49个县市的13.44万农民自愿参加了农民养老保险,收缴农村养老保险基金6548.95万元,截至2003年5月底,已为到期的1857名投保人员领发放养老金25.7万元,为去世的396名投保人员发放本息27.8万元。① 但是,新疆农村社会养老保险制度这种良好的发展势头并没有得到延续,由于1998年政府部门机构改革,农村社会养老保险制度由原来的民政部划归到劳动与社会保障部管理,再加上农村社会养老保险制度本身存在的缺陷,这种制度很快陷入了停滞甚至倒退。部分参保农民办理了退保手续,农保干部减少近40%。②

但是,进入新的世纪之后,我国人口老龄化问题日益严重,农村人口老龄化问题更加突出,而且还伴随着高龄化、空巢化和失能化的发展趋势。面对着农村老年人口社会保障方面的制度缺失及其所面临的养老困境,农村社会养老保险制度在停滞了将近10年之后,再次重新启动,2009年我国新型农村社会养老保险制度(简称新农保)正式启动,新疆在2009年也开始了新农保的试点工作,并首批确定了13个试点县市。据新疆人社厅官方网站公布的数据显示,截止到2009年9月,已80.81万人参保,占应参保人数的80%,征缴新农保基金累计达到7710.41万元。在2009年试点的基础上,2010年新疆扩大了养老保险试点范围,把试点县市由2009年的13个,增加到2010年的56个县市,累计参保农民超过了210万人,并决定到2012年实现新疆制度全覆盖。

根据《新疆维吾尔自治区2012年国民经济和社会发展统计公报》公布的数据显示,截止到2012年年底,新疆参加新型农村社会养老保险制度的

---

① 高仲霞:《新疆社会保障问题研究》,乌鲁木齐:新疆人民出版社,2005年版,第149页。
② 阿里木江·阿不来提、阿曼古丽·苏丽坦:《新疆农村社会养老保险的现状及对策》,载《郑州轻工业学院学报(社会科学版)》,2009年第3期,第63—66页。

农民已经达到了 497.09 万人，比上年增加 6.51 万人。①

三、新疆农村社会养老保险制度存在的问题

分析农村社会养老保险制度存在的问题，一般是从制度的覆盖面、保障水平、缴费激励机制、农民的受益程度与满意程度等几个方面来展开的。新疆农村社会养老保险制度存在的问题，也将从上述几个方面展开分析。

从新疆新型农村社会养老保险制度的覆盖面来看，实现应参保农民的全覆盖尚需时日。自治区从 2009 年 12 月正式启动新型农村社会养老保险试点工作，首批 13 个县市纳入全国试点范围。2010 年，按照中央新疆工作座谈会精神，国家将全区边境县、贫困县以及南疆三地州共 43 个县市纳入了全国第二批试点范围。2011 年，国家进一步加大对自治区新农保工作的支持力度，将其余 36 个县市作为第三批全部纳入国家试点范围。至此，自治区比全国其他省区市提前一年实现了新农保制度全覆盖。② 从覆盖的农村人口来看，调查数据现实，截止到 2012 年 1 月份调查时为止，新疆农村老村人口有 65% 的农民参加了新型农村社会养老保险，这说明制度全覆盖，并没有实现应参保农民的全覆盖，新疆农村社会养老保险参保农民的全覆盖水平比较低。

从新疆新型农村社会养老保险制度的保障水平来看，保障水平较低。与传统农村社会养老保险制度不同，新型农村社会养老保险制度明显提高了缴费水平，新疆新型农村社会养老保险制度的参保标准，设置 100 元，200 元，300 元，400 元，500 元，600 元，700 元，800 元，900 元，1000

---

① 新疆统计信息网：《新疆维吾尔自治区 2012 年国民经济和社会发展统计公报》，http://www.xjtj.gov.cn/
② 张昕宇：《新疆率先实现新农保制度全覆盖》，http://news.ts.cn/content/2011-12/12/content_6411809.htm

元,共 10 个缴费档次。缴费标准的多样性,兼顾了农民收入水平低的现实,也兼顾到了农村地区两极分化的问题,给不同收入水平的农民提供了自由选择的机会。政府也根据农民的缴费水平,提供一定的缴费补贴。新疆新型农村社会养老保险制度的保障水平,由基础养老金和个人账户养老金构成,其中基础养老金为 55 元。而从农民的实际缴费选择来看,绝大多数新疆农民选择了 100 元的缴费档次。新疆新型农村社会养老保险制度的保障水平是比较低的。①

从新疆新型农村社会养老保险制度的缴费激励机制来看,目前的激励机制对农民的激励较小。新疆鼓励有条件的县(市、区)可以根据实际情况提高基础养老金标准,所需资金自行负担。对选择 100 元以上档次缴费的,按照每提高一个档次增加不低于 5 元的标准给予补贴,所需资金由县(市、区)负担;对累计缴费超过 15 年的城镇居民(补缴费不计入缴费年限),从第 16 年起,每增加 1 年缴费,月增发不低于 2 元的基础养老金,所需资金由县(市、区)负担。② 但是,由于新农保制度刚刚试点,传统新农保制度失败的经历依然让农民对新农保制度抱有怀疑态度,很多农民对新农保有观望态度,选择缴费比例比较低。再加上新疆不同地区地方政府经济实力的差异,很多地方政府财政无钱为农民多交提供补贴。新疆新型农村社会养老保险制度的缴费激励机制有待完善。

从新疆农民对新型农村社会养老保险制度的满意程度来看,2012 年的调查数据显示(见表 2—9),新疆农民对新型农村社会养老保险制度持非

---

① 假设王先生选择的个人缴费为每年 300 元档次,地方政府每年补贴 50 元(未加提高档次给予的补贴)。他缴费 30 年,假设平均利率为 3%(政策规定:个人账户储蓄额目前每年参考中国人民银行公布的金融机构人民币一年期存款利率计息)。到 60 周岁时,其个人账户累计储存额为 16651 元,除以 139 后,其每月个人账户养老金为 120 元,再加上每月 100 元的基础养老金,他每月应该领取 220 元的养老金。
② 范琼燕:《新疆全面启动城镇居民养老保险惠及逾 90 万人》,http://roll.sohu.com/20110701/n312151996.shtml

常满意态度的所占比例为10.6%,持比较满意态度的农民占47.8%,两项合计占58.4%,这说明新疆农民对新型农村社会养老保险制度的满意度并不高,超过40%的农民对新型农村社会养老保险制度的满意度是一般,另有10.1%的新疆农民对新型农村社会养老保险制度持不满意的态度,这说明新疆新型农村社会养老保险制度的建设效果并不理想。

表2-9 新疆农民对新型农村社会养老保险制度的满意度

单位:个/%

	频数	百分比	有效百分比	累计百分比
非常满意	74	10.2	10.5	10.5
比较满意	263	36.3	37.3	47.8
一般满意	297	41.0	42.1	89.9
不太满意	65	9.0	9.2	99.1
很不满意	6	0.8	0.9	100.0
合计	705	97.4	100.0	

新疆农民对新型农村社会养老保险制度的不满意,可能更主要的是因为新型农村社会养老保险制度的保障水平比较低,发展速度比较慢等问题的存在。因此,新疆新型农村社会养老保险制度的工作重点,应该在加快扩大覆盖面速度的同时,适时地提高新疆新型农村社会养老保险制度的保障水平。

第三节 新疆农村社会救助制度及其存在的问题

社会保障通常被人们称作社会的"安全网"和"减震器",而农村社会救助则可以称之为社会安全网的"网底"。就其含义来说,农村社会救助制度是在传统社会救济制度的基础上发展起来的,它是指国家和集体在立法的基础上,对生活在农村的贫困人口而实施的一种农村社会保障制度。社会救助的形式包括现金救助、物质救助、服务提供以及法律援助等多种类型。农村社会救助包括官方救助、慈善组织救助和民间救助等几种模式,是现代社会保障制度中的重要组成部分。

一、农村社会救助制度的内容

农村社会救助制度的内容,包括农村最低生活保障制度,农村特困户生活救助制度,农村五保供养制度,农村大病医疗救助制度,农村教育救助制度,农村住房保障救济制度以及农村司法救助制度等多个方面。而以农村最低生活保障制度和农村五保供养制度两种社会救助制度为主要内容。

农村五保供养制度,是国家和集体出资对农村"三无"人员,即无劳动能力、无收入来源和无法定赡养人或抚养人的农村贫困老人或未成年人,所实行的一种农村社会救助制度。"五保"供养制度的内容,包括保吃、保穿、保医、保葬(针对60岁以上的老年人)或保教(针对16岁以下的未成年人)五个方面的内容。

在我国,农村五保供养制度起源于建国初期,1956年《高级农业生产合作社示范章程》首次对农村五保制度的内容进行了界定,即保吃、保穿、柴火的供应,保住和保葬五个方面,而现代意义上的农村五保供养制度,其内容已经发展成为保吃、保穿、保住、保医和保葬或保教五个方面。

五保供养制度的资金来源经历了由集体提供到国家财政支持的转变过程。在农村五保供养制度建立一致持续到21世纪初期,农村五保供养制度的资金来源都由农村集体经济组织的"三提五统"资金中予以支付。而随着农业税费体制改革的推进,实行了几千年的农业税废止之后,再加上农村经济体经济的衰弱,农村五保供养制度陷入了发展困境。2006年《农村五保供养条例》颁布实施,农村五保供养资金也由过去的集体提供,转变为政府提供，意味着农村五保供养制度从过去的集体供养，转变为国家供养阶段。

农村最低生活保障制度，是指由地方政府为家庭人均纯收入低于当地最低生活保障标准的农村贫困群众，按最低生活保障标准，提供维持其基本生活物质帮助的一种社会救助制度。

在我国，正式的最低生活保障制度最先起源于城市，1999年《城市居民最低生活保障条例》正式颁布实施，意味着城市居民最低生活保障制度进入规范发展阶段。农村最低生活保障制度晚于城市居民最低生活保障制度，2007年国务院《关于在全国建立农村最低生活保障制度的通知》的出台，意味着农村居民最低生活保障制度进入正式建设阶段。

农村居民最低生活保障制度，由民政部分组织实施，实行差额救助，即农村最低生活保障救助的标准，是对农民的收入水平与农村贫困线的差额。

二、新疆农村社会救助制度发展现状

新疆地处中国西北边陲，自然条件恶劣，经济发展滞后，是各种灾害频发、国家贫困人口较多的省区之一。由于新疆特殊的战略地位，长期以来国家高度重视新疆的贫困人口问题，相继出台了一系列社会救助政策，形成了相对完整的新疆农村社会救助制度体系。从目前来看，新疆农村的社会救助，分为定期定量救助项目和各种临时性救助项目。定期定量救助项目，包括新疆农村五保供养制度、新疆农村最低生活保障制度和新疆特困户救助制度三个方面；临时性救助项目，主要用于解决因突发的自然灾害事故和社会风险事故而导致的新疆农村困难群体的基本生活保障需求。就其具体项目而言，主要有自然灾害救助、大病医疗救助、住房保障救助、教育救助项目等。

由于农村社会救助制度中，五保供养制度和最低生活保障制度是发展较为完善、较为规范的正式社会保障制度，本书以新疆农村五保供养制度和新疆农村最低生活保障制度为重点分析对象，分析新疆农村社会救助制度发展的现状与问题。

首先，分析新疆农村的五保供养制度。新疆五保供养制度是实施时间最长的一项农村社会救助项目。新疆农村五保供养制度的主要对象为无法定抚养人、无劳动能力、无生活来源的"三无"老年人和残疾人以及未成年人。由于受经济发展水平和地方财政实力的限制，新疆农村五保供养制度在2008年《新疆农村五保供养条例》颁布实施之前，五保供养制度发展较为滞后，这体现在"应保尽保"不足和五保供养标准的低水平等方面。据统计结果显示，2005年新疆定期五保供养总计为36122户，共50989人。

2006年以后，特别是2008年《新疆农村五保供养条例》出台实施之后，新疆维吾尔自治区政府大力加快了农村五保供养制度建设，并重点发展了和田、喀什、阿克苏和伊犁州等贫困人口较多地区的农村五保供养制度。截止到2013年10月，新疆纳入农村五保供养对象的农牧民已经达到了107319人，其中，集中供养为16728人，集中供养率为15.6%，分散供养90411人，分散供养率为84.4%。

从新疆农村五保供养标准来看，新疆农村五保供养标准偏低。2012年自治区民政厅规定提高新疆农村五保供养标准，其中，集中供养标准由原来的平均每人每月330元提高到每人每月不低于500元；分散供养标准由原来的平均每人每月183元提高到每人每月不低于300元。截止到2013年10月，新疆全区农村五保对象集中供养标准达到每人每年6240元，分散供养标准达到每人每年3756元。①

其次，分析新疆农村最低生活保障制度现状。新疆农村最低生活保障

---

① 杨英春：《新疆新建26所农村敬老院农村五保对象集中供养率近16%》，载《新疆日报》，2013年10月11日。

制度的试点工作,开始于 1999 年的鄯善县。经过 5 年的试点和探索,2004 年 1 月克拉玛依市也被纳入新疆农村最低生活保障制度的试点范围。2006 年,新疆农村最低生活保障制度的试点范围进一步扩大,试点县市扩大到了 14 个。2007 年新疆农村最低生活保障制度在全疆范围内全面铺开。

新疆农村最低生活保障制度的保障对象为家庭人均纯收入低于当地贫困线的农村家庭。在待遇计发方面,新疆农村最低生活保障制度分为差额享受和全额享受两种类型。其中,全额补贴主要是针对没有家庭收入的贫困户,而差额补贴主要针对家庭有一定收入的贫困户。根据自治区民政厅统计,2005 年全疆农村最低生活保障总支出 20 万元,保障户数 1510 户,户均支出 132 元。① 但这些纳入新疆农村最低生活保障的农民,主要是生活在经济较为发达的新疆农村地区,而国家扶贫县没有个县市开展农村最低生活保障制度试点工作。

从新疆农村最低生活保障的供养标准来看,1999 年鄯善县试点农村最低生活保障时,供养标准确定为每个月 50.9 元,每年供养标准为 610.8 元;昌吉在试点农村最低生活保障制度时,是按照贫困家庭收入水平的差异制定不同的最低生活保障标准,其中年人均纯收入低于 140 元以下的为每个月 60 元,年收入在 140 元-380 元的按照每个月 40 元的标准,年收入在 380 元以上的贫困户按照每个月 20 元的标准。昌吉市的做法,虽然兼顾到了农村最低生活保障制度实施中的公平性问题,但是最低生活保障标准的制定却很困难,增加了管理成本。也有一些地方经济发展较慢,地方财政实力较弱的地区实行的是定额标准,例如福海县、奇台县等实行的是每个月 30 元的定额标准。

从图 2-1 可以清楚地看出,新疆农村最低生活保障标准呈现出逐年增

---

① 《新疆农村社会救助体系》,中国养老金网,http://www.cnpension.net/sbzs/shjz/2010-04-23/1122093_3.html

加的趋势。特别是2008年以后，新疆农村最低生活保障标准每年都有明显的上升。这主要是因为，2007年以后，新疆农村最低生活保障标准在中央财政和自治区财政的大力支持下，进入快速发展阶段。这种变化，不仅体现在新疆最低生活保障标准的提高，还体现在新疆被纳入最低生活保障的贫困人口大量增加，到2011年新疆纳入最低生活保障的农村贫困人口已经达到了13.5万，基本实现了"应保尽保"的工作目标。新疆农村最低生活保障对象的变化趋势如图2-2所示。

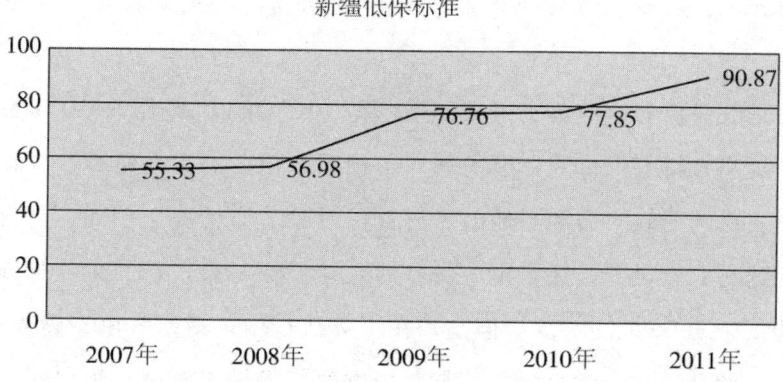

图2-1 2007年－2011年新疆农村最低生活保障标准变化趋势图

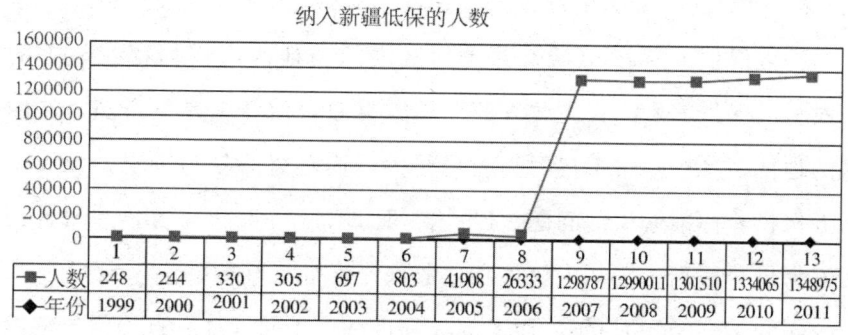

图2-2 1999年－2011年新疆最低生活保障人数的变化趋势图①

---

① 数据来自新疆大学硕士研究生崔道忠的硕士论文《新疆农村最低生活保障制度研究》中提供的数据整理。

三、新疆农村社会救助制度存在的问题

进入新的世纪,特别是 2007 年、2008 年以后,随着中央财政的大力支持和自治区政府的大力推进,新疆农村社会救助体系已经形成了比较完善的制度框架。但是仍存在不少的问题有待解决。下面仍以新疆农村五保供养制度和最低生活保障制度为例进行分析。

首先,新疆农村五保供养制度存在的问题。这主要表现在以下几个方面:

一是五保供养标准落实困难,"应保尽保"难以实现。2010 年自治区提出了提高农村五保供养标准的通知,按照自治区的工作精神,各地州市也根据自己的财政实力和当地的农村五保对象分布情况。例如,昌吉州规定,无论是分散供养,还是集中供养的农村五保对象,新的供养标准规定都不能低于 4000 元/年/人。但是,在实际执行中,很多县由于财力所限,依然执行的是原来的供养标准。有些地方的五保供养资金,不仅用于五保对象,还用在了福利机构的人员工资以及管理费等,难以满足五保对象"吃、穿、住、医、葬"的基本需求。

二是五保供养标准较低,并且地区之间与地区内部均存在显著的差异。农村五保供养资金,主要来源于地方财政,而新疆是一个国家贫困县较多的地区。各个县市不仅财力差异较大,而且财力较为有限,导致了提供的五保供养标准偏低的问题。以昌吉州为例,2009 年昌吉自治州各县市农村五保供养标准中,集中供养和分散供养标准最高的县市,分别为 3500 元/人/年和 1800 元/人/年,而大部分县市都低于此标准,自治州分散供养标准平均只有 1900 元左右,而集中供养标准平均只有 2580 元/年/人。

三是集中供养率偏低,并且地区差异明显。五保对象集中供养率偏低是我国农村五保供养中一个普遍存在的现象,而新疆在这一问题上表现得更加明显。以部分地州市为例,据昌吉州老龄工作委员会的调查报告提供

的数据，2009年昌吉自治州的五保对象的平均集中供养率只有20.7%，而该州木垒县集中供养率只有7%。[①] 2010年，喀什地区疏勒县共有五保对象2090人，其中，集中供养的有231人（老人150人、孤儿81人），分散供养的1859人。集中供养率只有11.1%，而分散供养率却将近90%。

新疆农村五保供养制度，不仅存在上述几个方面的主要问题，还存在机构设施不健全，管理人员素质低下，管理人员缺乏等诸多问题，有待进一步完善。

其次，新疆农村最低生活保障制度存在的问题。主要表现在以下几个方面：

一是新疆农村最低生活保障标准偏低。新疆从2007年全面开始农村最低生活保障试点工作，尽管农村最低生活保障的标准每年都在增加，但是新疆农村最低生活保障标准依然是偏低的，这种偏低比国家贫困线标准还低。新疆农村最低生活保障标准与国家贫困线标准比较如图2-3所示。

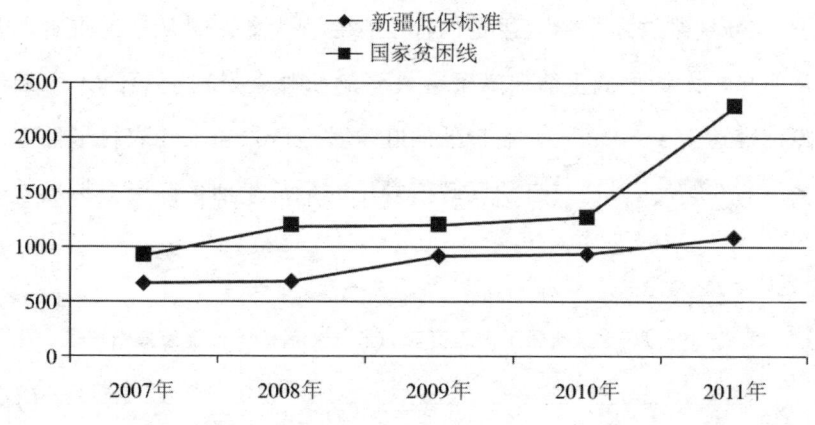

图2-3 新疆农村最低生活保障标准与国家贫困线的比较图

二是不同地区农村最低生活保障标准差异明显。新疆农村最低生活保障制度自从2007年全面开始推广以来，已经基本实现了全覆盖的目标。但

[①] 昌吉州老龄委办公室：《自治州农村五保供养工作情况的视察报告》，新疆昌吉州老龄工作委员会官方网。

是，由于地区经济发展水平的差异以及地方财政实力的差异性。农村最低生活保障标准在地区之间表现出明显的差异性，造成里一定的不公平。新疆农村最低生活保障标准的地区差异性如图2—4所示。

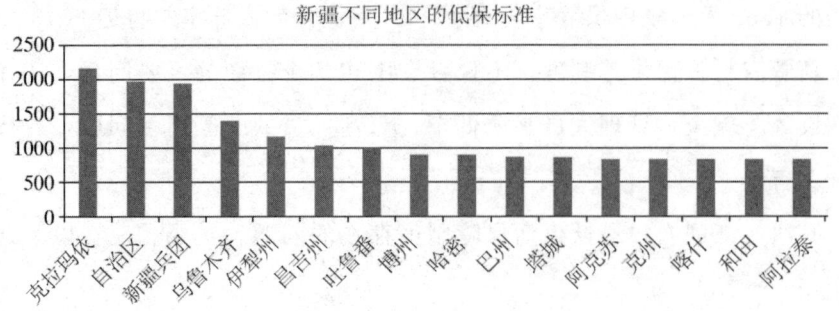

图2—4 新疆不同农村地区的最低生活保障标准

三是新疆农村最低生活保障资金筹集不足，并且地区之间苦乐不均。从表2—10可以看出，2010年新疆农村最低生活保障资金安排明显不足，与2010年新疆维吾尔自治区规定的标准存在很大差距。从地区来看，差距也非常明显，人均最低生活保障资金最多的新疆生产建设兵团人均最低生活保障标准达到了5000元，而最低的吐鲁番地区，年人均农村最低生活保障资金只有52.8元。这与自治区政府规定的最低生活保障资金标准差距极大。

表2—10 2010年新疆不同地区农村最低生活保障资金筹集情况表

单位：人/元

地区	低保人数	低保资金	人均低保金
乌鲁木齐	8411	8708000	1035.311
克拉玛依	123	242000	1967.480
阿拉泰	51927	47484000	914.4376
吐鲁番	28544	1506000	52.76065
阿克苏	137738	131556000	955.1177

（续表）

地区	低保人数	低保资金	人均低保金
昌吉	18780	25405000	1352.769
博州	14079	11785000	837.0623
巴州	39186	31806000	811.6674
哈密	21544	53997000	2506.359
克州	53421	43910000	821.9614
喀什	504537	454309000	900.4473
和田	303898	226431000	745.0888
伊利	107762	100243000	930.2259
塔城	43274	38605000	892.1061
石河子	846	1586000	1874.704
新疆兵团	3	15000	5000.00

资料来源：2011年的《中国民政统计年鉴》。

四是新疆对中央财政依赖性较大，自我发展能力不足。按照《农村五保供养条例》《新疆维吾尔自治区农村五保供养条例》和《国务院关于建立农村最低生活保障制度的通知》的要求，农村最低生活保障制度所需资金主要由地方财政筹集，但是由于新疆经济发展水平比较低，地方财政实力不足，特别是国家重点扶贫县更是难以提供充足的资金用于农村最低生活保障制度的建设。以2007年为例，新疆启动农村最低生活保障制度工作，自治区补贴资金为1亿元，而中央补贴资金达到了6173万元，占自治区补贴资金的60%以上。这充分显示出，自治区在农村最低生活保障制度建设中，对中央财政的依赖性较大，而自身发展能力比较有限。

第四节 新疆农村商业养老保险发展现状与问题

自 1994 年世界银行提出"三支柱"的养老保障体系,① 三支柱分别为:第一支柱是强制性的公共养老金计划,第二支柱是强制性的完全积累养老金计划,第三支柱是自愿性个人储蓄养老金计划。之后,关于养老保险的制度体系问题,成为学界和业界讨论的热点,经过多年的争论,世界银行经过反思与改革,在 2005 年在原来提出的"三支柱"养老保障体系的基础上,提出了"五支柱"的养老保障体系,② 与"三支柱"相比,"五支柱"中,增加了"零支柱"和"第四支柱",其中"零支柱"为非缴费型养老金计划,"第四支柱"为家庭成员之间对老年人的非正式支持。

无论是世界银行在 1994 年提出的"三支柱"养老保障体系,还是在 2005 年提出的"五支柱"养老保障体系,商业养老保险作为一种个人自愿的储蓄型养老金计划,是多层次养老保障体系中的重要内容之一。由于农村经济发展水平较低,农民的收入水平也比较有限,农村商业养老保险在相当长的时间内,可能无法成为农民养老保障的主体,但随着农村经济发展水平和农民收入水平的逐渐提高,农村商业养老保险也将蕴含着巨大的市场潜力,农村商业养老保险市场值得关注和开发。

一、农村商业养老保险的内涵

商业养老保险是一种通过市场化的途径,分散或化解个人养老风险的手段。它建立在个人自愿的基础上,个人根据自己的收入水平和消费能

---

① 世界银行:《防止老龄危机:保护老年人及促进增长的政策》,北京:中国财政经济出版社,1996 年版,第 9—10 页。
② 世界银行:《21 世纪的老年收入保障:养老金制度改革国际比较》,北京:中国劳动社会保障出版社,2006 年版,地 85—88 页。

力，按照市场价格购买保险公司提供的养老保险产品，并享受保险公司提供的售后服务和风险保障，以应对个人在老年时期可能面临的养老风险。

从参与主体上来看，商业养老保险牵涉到四个主体：一是被保险人，它是指个人或法人，其中法人，主要是单位团体保险；二是保险人，是指各种保险公司，是企业法人；三是保险代理人，是指各种代理公司或个人；四是保险经纪人，是指各种经纪公司或个人。保险代理人和保险经纪人，合称为保险中介人。从理论上讲，保险代理人是代表保险公司的利益从事保险业务；而保险经纪人是代表被保险人的利益从事保险业务。

从运行机制上来看，商业养老保险是通过市场机制进行运作的，是一种完全的非政府行为。在运作过程中，保险公司在预期生命表的基础上，按照不同人群的死亡风险概率，设计不同的养老保险产品，并规定不同的养老保险产品价格。与社会养老保险制度相比，保险公司的行为，是一种企业行为；保险产品交易是一种市场行为；个人购买商业养老保险产品，是一种个人消费行为。

从市场分布来看，商业养老保险可以分为针对城市居民而开发的养老保险市场和以农村居民为保障对象而开发的农村养老保险市场。严格来说，两个保险市场并不存在本质的差别，只是由于保障对象个人特征和家庭资源禀赋的不同，而在具体的养老保险产品设计和产品价格上有一定的差异而已。

从产品或商品的属性来看，商业养老保险是一种"奢侈品"，属于一种高消费的商品，而不是一种生活必需品。一般来讲，商业养老保险是一种相对富裕阶层的城乡居民才可以购买的一种商品。也正是从这一点来讲，商业养老保险在短时间内，很难成为农村居民化解养老风险的主要手段。

二、新疆农村商业养老保险发展现状

从全国范围来看,农村商业养老保险市场都比较小。即便是在经济比较发达的上海,2007年农民商业养老保险的参保率也只有4.7%,①在其他地区,这一比例很可能会更低。那么,新疆作为一个经济发展水平比较低,农村贫困人口居多的一个落后省区。农村商业养老保险到底发展的现状是什么呢?本书将从农村商业养老保险市场可及性和新疆农民的商业养老保险意识两个方面,来分析新疆农村商业养老保险发展的现状。

首先,从新疆农村商业养老保险的市场可及性来看。农村商业养老保险的市场可及性,主要体现在两个方面,一是农民是否已经购买了商业养老保险;二是农民是否了解商业养老保险。在自愿原则下,农民是否购买商业养老保险既反映了农民的商业养老保险意识,也反映了农民的商业养老保险购买能力;农民是否了解商业养老保险,反映了商业养老保险的市场推广效果。二者都是农村商业养老保险市场可及性的影响因素,但农民是否了解商业养老保险则是决定农村商业养老保险市场可及性的关键因素。因为,农民是否了解商业养老保险是农民购买商业养老保险的前提,如果农民有购买商业养老保险的能力,但是如果根本就不了解农村商业养老保险,那么,作为一种理性的经济人和风险厌恶者,农民是不会购买商业养老保险产品的。

农民对农村商业养老保险的了解程度见表2—11。

---

① 徐文芳:《我国农村商业养老保险存在的问题与对策探析——基于完善社会保障体系的视角》,载《保险研究》,2009年第8期,第71—76页。

表2—11 新疆农民对商业养老保险的了解程度　单位：个/%

您了解商业养老保险吗	频数	百分比	有效百分比	累计百分比
非常了解	18	2.5	2.5	2.5
比较了解	123	17.0	17.2	19.7
一般了解	326	45.0	45.5	65.2
不太了解	159	22.0	22.2	87.4
很不了解	90	12.4	12.6	100.0
合计	716	98.9	100.0	

从表2—11的统计结果来看，新疆农村商业养老保险的市场可及性是比较差的。新疆十三个地州市被调查的716位农民中，对农村商业养老保险了解（包括非常了解和比较了解）只有22.2%，所占比例不到四分之一，而对农村商业养老保险不了解（包括很不了解和不太了解）的农民有34.8%，所占比例超过了三分之一。另有45.5%的农民对农村商业养老保险只是听说过或偶有所闻。这是新疆农村商业养老保险发展较慢的一个重要原因。

其次，从新疆农民的商业养老保险意识来看。农民的商业养老保险意识，是影响农民是否购买商业养老保险的一个重要制约因素。农民的商业养老保险意识受农民的风险偏好、风险意识和个体特征的影响。那么，如何衡量新疆农民的商业养老保险意识呢？我们认为，新疆农民也符合经典理性人假设，也是一种风险厌恶者。在养老风险面前，新疆农民会根据自己的条件和对商业养老保险的了解程度，来决定是否选择商业养老保险作为自己应对养老风险的一种策略。因此，我们把新疆农民的商业养老保险意识操作化为这样一个指标，即"为了保障老年生活，您愿意购买商业养老保险吗？"答案设置为两个选项，即"愿意购买"和"不愿意购买"。新疆农民的商业养老保险意识见表2—12。

表 2—12 新疆农民的商业养老保险意识　　单位：个/%

您愿意购买商业养老保险吗	频数	百分比	有效百分比	累计百分比
不愿意购买	446	61.6	62.5	62.5
愿意购买	268	37.0	37.5	100.0
合计	714	98.6	100.0	

从表 2—12 的统计结果来看，新疆农民的商业养老保险意识比较差。在被调查的 714 位农民的回答结果来看，选择愿意购买商业养老保险以保障其老年生活的农民只有 37.5%，而有超过 60% 的农民不愿意购买商业养老保险，这充分说明新疆农民的商业养老保险意识还比较差，绝大多数农民还没有树立起商业养老保险意识。这一方面可能是因为农民自己的小农意识决定，也可能是商业保险公司的宣传力度不够，对农村商业养老保险市场开发不够造成的。但是，已经有接近 40% 的新疆农民愿意购买商业养老保险以应对老年时期的养老风险，这是一个非常积极的信号。新疆农村商业养老保险市场值得关注和挖掘。

三、新疆农村商业养老保险存在的问题

由于商业养老保险是一种完全的市场行为而非政府行为，因此，商业养老保险存在的问题，可以从供给和需求的角度来加以分析。从供给的角度，主要分析保险公司存在的问题，主要包括养老保险产品设计、市场宣传与拓展等；从需求的角度，主要分析农民的商业养老保险意识、购买意愿和购买能力等。新疆农村商业养老保险存在的问题，也将从供给与需求两个方面来加以分析。而两个方面存在的问题，最终归结到农民是否愿意购买商业养老保险，以及不愿意购买商业养老保险的原因是什么。因此，本书将从新疆农民不愿意购买商业养老保险的原因，来分析新疆农村商业养老保险发展中存在的问题。见表 2—13。

表2—13的统计结果清晰地显示了农民不愿意购买商业养老保险的原因（多选题）及其最主要原因（单选题）。从农民不愿购买商业养老保险的原因来看，有36.7%的农民选择了没有钱购买，42.1%的农民选择了保险费太高，73.0%的农民选择了不了解保险产品，41.2%的农民选择了不相信保险公司，15.8%的农民选择了没有人销售保险，还有3.9%的农民选择了其他原因。从农民不愿意购买商业保险的最主要原因来看，排在首位的并不是农民没有钱购买，而是农民不了解保险产品，而农民的购买能力只是排在第二位。不相信保险公司、保险费太高分别排在主要原因的第三位和第四位，而认为最主要原因是没有人销售保险和其他原因的农民所占比例很低，只有2%左右。

表2—13 农民不愿意购买商业养老保险的原因及其比例

单位：个/%

问题	选项（多选题）	样本量	比例	问题	选项（单选题）	样本量	比例
不愿意购买商业养老保险的原因	没有钱购买	425	36.7	不愿意购买商业养老保险的最主要原因	没有钱购买	412	22.6
	保险费太高	423	42.1		保险费太高	412	13.3
	不了解保险产品	437	73.0		不了解保险产品	412	44.4
	不相信保险公司	420	41.2		不相信保险公司	412	15.1
	没有人销售保险	416	15.8		没有人销售保险	412	2.7
	其他原因	408	3.9		其他原因	412	1.9

表2—13的统计结果还显示，当农民综合考虑不愿意购买商业养老保险的原因时，没有钱购买、保险费太高、不了解保险产品、不相信保险公司、没有人销售保险及其他原因都被列为其中的重要原因。其中，选择不了解保险产品的人数最多，其次是选择保险费太高，选择不相信保险公司的人数仅次于选择保险费太高的人数，选择没有钱购买的农民的人数只列第四位。而当让农民权衡哪一个是其中的最主要原因时，不了解保险产品仍然被认为是农民不愿意购买商业养老保险的最主要原因，而没有钱购买

这一问题的重要性已经超过了保险费太高和不相信保险公司两个因素。这说明，农民的购买能力问题依然是一个重要制约因素。

综合表2—13的统计信息可以得出：农民不愿意购买商业养老保险的原因是多方面的，其中，主要原因有四个：即没钱购买、保险费太高、不了解保险产品和不相信保险公司。从四个原因的重要性来看，不了解保险产品是阻碍农民购买商业养老保险的最大障碍，其次是没有钱购买，这反映了农民的购买能力问题，不相信保险公司排在了第三位，最后才是保险费太高。这一统计结果，有力地反驳了"阻碍农村商业养老保险发展的关键因素是农民收入水平低"的观点，同时，也对保险公司如何推动农村商业保险的发展提供了一个重要参考。

因此，如何增加农民对商业养老保险的了解程度，如何完善商业保险的公信力是排在保险公司以及政府部门拓展农村商业保险市场的最主要问题。这一问题的解决，再加上合理的保险产品设计以及农民增收政策的配套，农村商业养老保险市场的路必将越走越宽。

第三章 新疆农民养老风险及其影响因素分析

新疆从 2010 年跨入人口老龄化社会的门槛之后，人口老龄化的发展速度明显快于全国平均水平。在经济发展水平比较低，人口老龄化、计划生育政策以及居民生育观念变化的影响下，传统的养老保障能力已经弱化，而现代的社会保障制度又不健全的情况下，新疆农民面临的养老问题是非常严峻的。那么，新疆农民面临着哪些方面的养老风险，什么因素影响了新疆农民的养老风险，是两个迫切需要给予分析和关注的问题。

第一节 新疆农民养老风险及其表现形式

分析新疆农民的养老风险及其表现形式，需要界定什么是"风险"。风险的本质特征是不确定性，它有狭义和广义之分。狭义的风险是指损失发生的不确定性，广义的风险是指既有损失可能又有赢利可能发生的不确定性。我们所指的风险，是指狭义的风险概念，即损失发生的不确定性。

一、农民的养老风险及其测度

农民养老的实质是指度过老年生活。按照风险的定义，即损失发生的不确定性。那么，农民的养老风险，可以界定为农民老无所养发生的不确定性。由于养老是一种到了老年时期才会发生的事情，那么，对于绝大多数没有进入老年时期的农民而言，如何测量农民的养老风险呢？在金融危机施虐的背景下，中国经济曾一度陷入衰退的境地，为了给国民打气，温家宝总理提出了"信心比黄金更重要"的激励理念。著名社会保障专家中国人民大学劳动人事学院教授郑功成教授,提出了"比信心更重要的是为国民提供稳定的安全预期"的社会保障发展理念。我们认为,农民是否拥有稳定的安全预期,在于他们是否担心未来的生活或养老问题。因此,我们把农民的养老风险操作化为"农民对养老问题的担心程度"。

农民的养老风险,包括两个层面的内容:一是农民养老风险的总体情况,二是农民养老的风险形式。我们认为,农民在养老风险面前是理性的,也是风险厌恶者,他们依据自身条件和所处的社会经济环境,对自己未来老年生活安全的理性判断和担心程度,能够比较准确地反映他们面临的养老风险及其形式。基于此,我们把农民的养老风险及其风险形式操作化为两个具体指标。其中,一个指标是"您担心自己的养老问题吗",其答案的选项设计包括:非常担心、比较担心、不知道、不太担心和一点不担心;另一个指标是"您最担心到老年遇到什么方面的问题",其答案的选项设计,按照前文分析的农民养老所涵盖的主要内容,把答案设计为:无收入来源、生活无人照料、精神上孤独空虚、生病得不到治疗和无人临终陪护以及其他。前一个指标的设计,旨在考察农民养老风险的总体情况,后一个指标的设计,旨在考察农民面临的养老风险形式。

二、新疆农民养老风险的总体情况

从表3-1的统计结果来看,新疆农民对养老问题的担心程度并不高,回答担心(包括非常担心和比较担心)的新疆农民所占比例只有49.0%,也即只有不到一半的新疆农民担心自己的养老问题,而且回答非常担心的新疆农民只有不到15%。明确表示不担心(包括不太担心和一点儿不担心)自己的养老问题的新疆农民接近40%,其中,有近8%的新疆农民一点儿都不担心养老问题。这些数据可以充分说明,当前,新疆农民面临的养老问题并不是非常突出。养老问题不是影响新疆农村社会稳定的突出问题。

表 3—1　新疆农民对养老问题的担心程度　　单位：个/%

您担心自己的养老问题吗	频数	百分比	有效百分比	累计百分比
非常担心	102	14.1	14.1	14.1
比较担心	252	34.8	34.9	49.0
一般担心	79	10.9	10.9	59.9
不太担心	237	32.7	32.8	92.7
一点不担心	53	7.3	7.3	100.0
合计	723	99.9	100.0	

由于人口老龄化处于动态发展之中，随着人口老龄化程度的日益加深，农民养老问题必将更加严重。特别是由于长期的计划生育政策导致的家庭结构核心化，家庭规模小型化，以及工业化和城镇化导致的代际分离，再加上农民的生育观念也在发生变化。这些变化弱化了传统的农民养老保障模式。但是，与社会经济发展水平相适应的社会化的养老机制尚未建立起来，而且可能长期处于不断完善之中，因此，农民养老问题将随着人口老龄化程度的加深和传统保障模式的弱化，而变得更加严重。根据国际经验，应对人口老龄化带来的养老问题，需要30年的准备期，那么，作为一个刚刚进入人口老龄化社会的地区，新疆正处在为应对人口老龄化带来的养老困境的关键时期。政府部门应该抓住这个时期，大力发展社会化的养老保障制度和社会服务体系，以避免养老危机。

三、新疆农民养老风险的表现形式

养老问题是人口老龄化带来的老龄问题（problems of the aging）中的一个最突出和最基本的问题。从广义上来说，养老问题几乎涉及了老年人需求问题的全部，而狭义的养老概念指的则是经济保障（或物质保障）、生活保障（生活扶助）、医疗保障和精神保障（刘爱玉、杨善华，① 2000；穆光宗，② 2007；于长久，③ 2011）。上述三个方面，无论哪一个方面存在"老无所养"的不确定性，都会发生相应的养老风险。因此，农民的养老风险也包含三个方面，即经济保障风险、生活照料风险和精神慰藉风险。新疆农民养老的具体风险形式见表3－2。

表3－2　新疆农民对不同养老内容的担心程度　　单位：个/%

您担心哪些方面的养老问题	频数	百分比	有效百分比	累计百分比
缺乏经济来源	203	28.0	40.8	40.8
生活无人照料	137	18.9	27.6	68.4
精神上会孤独空虚	73	10.1	14.7	83.1
生病得不到治疗	69	9.5	13.9	97.0
无人送老人上山	8	1.1	1.6	98.6
其他问题	7	1.0	1.4	100.0
合计	497	68.6	100.0	

从表3－2的统计结果来看，新疆农民担心缺乏经济来源的占40.8%，回答担心生活无人照料的占27.6%，回答精神上会孤独空虚的占14.7%，回答担心生病得不到治疗的占13.9%，回答无人送老人上山的占1.6%，回答其他问题的占1.4%。生病得不到治疗，最主要原因是经济资源的缺乏，可以归入经济保障风险中。无人送老人上山（临终关怀的委婉表达），是农民精神需求难以满足的直接体现，可以归入精神慰藉风险。因此，新疆农民面临的主要养老风险是经济保障风险，即有54.7%的农民担心经济

---

① 刘爱玉、杨善华：《社会变迁过程中的老年人家庭支持研究》，载《北京大学学报（社会科学版）》，2000年第3期，第59－70页。
② 穆光宗：《独生子女家庭非经济养老风险及其保障》，载《浙江学刊》，2007年第3期，第10－16页。
③ 于长久：《人口老龄化背景下农民的养老风险及其制度需求》，载《农业经济问题》，2011年第10期，第56－66页。

保障问题,其次是生活照料风险,有27.6%的农民担心生活照料问题,有16.3%的新疆农民面临精神慰藉风险。

农民养老保障的核心是经济保障,而且,统计数据统计的结果也显示,目前新疆农民的主要养老风险也是经济保障风险,这既凸显了经济保障对农民养老保障的重要性,也反映了在当前农民收入水平普遍不高的情况下,农民在养老中面临的经济保障困境。但是,根据马斯洛的需求层次理论,随着新疆经济的发展,农民收入水平的提高,新疆农民对经济保障的需求必将逐渐下降,而对生活照料和精神慰藉的需求将逐渐增加,特别是随着人口老龄化程度的逐渐加深,新疆农民的非经济保障风险比将日益突出,而且统计数据已经显示,有超过45%的新疆农民面临着非经济保障风险。这是一个需要密切关注的问题。

第二节 新疆农民养老风险的影响因素分析

一、农民养老风险影响因素的研究现状

回顾已有的文献,关于农民养老风险及其制度需求的研究成果,主要体现在:乐章(2005、2006)通过实证研究发现,在农民所面临的多种风险形式中,诸如子女教育、疾病和老年生活保障等问题是最为严重的威胁,政府应该重视农民养老保障问题,不能等到养老问题已经衍生成社会风险并威胁到社会稳定时,再考虑这一问题。[①] 也有学者以农村独生子女为研究对象,基于农民的养老传统以及客观事实变化趋势的分析,认为农

---

① 乐章:《风险与保障:基于农村养老问题的一个实证分析》,载《农业经济问题》,2005年第9期,第68—73页。

村独生子女家庭比非独生子女家庭面临着更大的养老风险（李建民，①2004；段世江、张岭泉，② 2007；于长永，③ 2009）。于长永（2010）通过调查数据的交互分析发现，农民养老风险、策略与期望表现出显著的地区差异。④ 邓大松、陈文娟、王增文（2008）基于农村家庭结构的小型化和土地养老能力下降的分析，认为农民对社会养老保险的需求变得越来越迫切。⑤ 还有一些学者以农民工为研究对象，分析了农民工养老的制度需求（简新华、张建伟，⑥ 2005；李群、吴晓欢、米红，⑦ 2005；董艳芳、刘传江，⑧ 2008；徐德文，⑨ 2009；赵曼、刘鑫宏，⑩ 2010）。

综合来看，已有的研究既丰富了关于农民养老问题的研究成果，也为农民养老保障的制度安排提供了重要的参考价值。但也存在以下不足：第一，从研究的内容上来看，单独考察农民养老风险及其制度需求的文献并不多，更多的研究是关于农村社会保障制度（主要是养老保障制度和医疗

---

① 李健民：《中国农村计划生育夫妇养老问题及其社会养老保障机制研究》，载《中国人口科学》，2004年第3期，第40—49页。

② 段世江、张岭泉：《农村独生子女家庭养老风险分析》，载《西北人口》，2007年第3期，第108—111页。

③ 于长永：《农村独生子女家庭的养老风险及其保障》，载《西北人口》，2009年第6期，第85—90页。

④ 于长永：《农民的养老风险、策略与期望的地区差异分析》，载《人口学刊》，2010年第6期，第23—32页。

⑤ 邓大松、陈文娟、王增文：《论中国的养老风险及其规避》，载《经济评论》，2008年第2期，第87—90页。

⑥ 简新华、张建伟：《构建农民工的社会保障体系》，载《中国人口·资源与环境》，2005年第1期，第116—119页。

⑦ 李群、吴晓欢、米红：《中国沿海地区农民工社会保险的实证研究》，载《中国农村经济》，2005年第3期，第68—74页。

⑧ 董艳芳、刘传江：《农民工社保需求影响因素的实证研究》，载《农业技术经济》，2008年第1期，第45—47页。

⑨ 徐德文：《农民工工伤状况及其参保意愿调查》，载《中国人口科学》，2009年第1期，第97—104页。

⑩ 赵曼、刘鑫宏：《农民工就业与社会保障问题研究》，北京：中国劳动社会保障出版社，2010年版。

保险制度）及其问题的分析；第二，从研究的角度上来看，较多是从客观和供给的角度来研究农民养老问题，而从农民主观认知和需求的角度研究农民养老问题的文献并不多；第三，从研究的方法上来看，较多是采用规范分析而不是通过田野调查的实证研究方法，来研究农民养老问题；第四，已有的关于农民养老问题的实证研究，研究对象更多的是以农民工为研究对象，而以农民整体特别是务农农民为对象的研究文献并不多；第五，模型的选择、指标的设计及其处理上不尽合理，例如民族、新型农村社会养老保险（简称新农保）等一些重要的指标未能纳入模型之中，在变量的处理上更多的是采用强制纳入模型的分析方法，而较少考虑多个自变量回归中的自相关问题等，影响了模型的解释力和研究结论的政策指导性。

基于农民养老问题的重要性以及考察农民养老风险及其制度需求的重要意义，考虑到已有研究的不足，本书拟在以下三个方面有所突破：第一，以农民整体为考察对象，从农民主观认知及其制度需求的角度，实证研究农民养老问题；第二，考察农民养老风险的具体形式，拓展农民养老风险的影响因素指标，探究影响农民养老风险的具体因素有哪些；第三，把研究范围扩展到西部边陲，研究新疆这样一个少数民族集聚地区的农民养老风险问题；第四，优化模型的选择以及指标的处理方法，提高分析过程和研究结论的准确性，考察农民养老的制度需求，为农民养老的制度安排提供借鉴。

二、研究假说、模型构建与变量选择

（一）研究假说

养老的基本含义是指度过老年生活，是一个多维度、多层面的概念，包含了经济保障、生活照料、精神慰藉和心理关怀等多个方面（穆光宗，①

---

① 穆光宗．独生子女家庭非经济养老风险及其保障［J］．《浙江学刊》，2007年第3期，第10—16页。

2007)。养老需求的多元性,决定了农民养老问题的解决需要得到多方面的支持和保障(于长永,① 2010)。而随着人口流动的加剧、人口老龄化的发展以及家庭规模的小型化和核心化趋势,养老问题已经成为人们难以回避的生活风险。风险的本质是不确定性,引申到养老问题层面,也即是养老资源供求的差异性(于长永②,2009)。在养老需求一定的情况下,农民养老风险的有无及其大小就取决于养老资源的供给情况。从社会支持的角度来说,养老资源的供给,体现为正式支持和非正式支持两个方面。从现实层面来看,养老资源的供给主要取决于农民个体层面、家庭层面、社区层面和地区层面四个大类17个指标的基本情况。

从个体层面来看,孔祥智、涂圣伟(2007)认为,女性是农村中的弱势群体,她们的经济安全状况和自我保障能力相对于男性要差一些,因此,女性可能面临着更大的养老风险;年龄越大特别是进入老年阶段后,身体健康状况和生活自理能力将可能会越差,而更可能面临较大的养老风险。③受教育程度越高,人们的风险意识将会增强(吴海盛、江巍,2008),将会更早做好养老的打算,因此,受教育程度越高的新疆农民,越可能不担心养老问题。④健康状况越好,不仅意味着可以通过劳动增加收入,同时自理能力也越强,因此,健康状况越好的新疆农民,可能越不担心养老问题。由于特殊的计划生育政策,少数民族意味着更多的子女,在以家庭养老为主的情况下,少数民族农民可能更不担心养老问题。"少

---

① 于长永.农民的养老风险、策略与期望的地区差异分析[J].《人口学刊》,2010年第6期,第23—32页.

② 于长永.农村独生子女家庭的养老风险及其保障[J].《西北人口》,2009年第6期,第85—90页.

③ 孔祥智,涂圣伟.我国现阶段农民养老意愿探讨——基于福建省永安、邵武、光泽三县(市)抽样调查的实证研究[J].载《中国人民大学学报》,2007年第3期,第71—77页.

④ 吴海盛,江巍.中青年农民养老模式选择意愿的实证分析——以江苏省为例[J].载《中国农村经济》,2008年第11期,第54—66页.

年夫妻，老年伴"，夫妻间的相互照顾，不仅减少了老年农民对社会和家庭及其他成员的生活照料需求，也是老年农民获得精神慰藉的重要情感来源。因此，已婚比"非在婚"（未婚、离婚、丧偶）的新疆农民更可能不担心养老问题。

从家庭层面来看，在广大新疆农村地区，农民是以家庭为单位来处理其所面对的风险的（赵曼、张广科，① 2009）。因此，家庭资源禀赋是影响新疆农民对养老问题担心与否的重要因素。家庭关系的好坏，不仅影响新疆农民用于养老的经济资源的获得，还将影响其用于养老的非经济资源的获得（于长永，② 2011）。因此，家庭关系越好的新疆农民，可能越不担心养老问题。家庭规模越大，一定程度上意味着子女越多和更多的养老资源的提供者。因此，家庭规模越大的新疆农民，可能越不担心养老问题，特别是非经济保障问题。养老的核心是经济保障问题，家庭储蓄越多的新疆农民不仅意味着保障老年基本生活的能力越强，也意味着新疆农民的自我满足感越高，这对于新疆农民的身心都是有益的，因此，不难断言，家庭储蓄越多的新疆农民，可能越不担心养老问题，特别是经济保障问题。

从社区层面来看，法国农村社会学的代表人物孟德拉斯（2005）认为，农村社区是一个互识性社会。③ 在这样一个互相熟识的社会中，人们之间保持着频繁的互动，体现在日常生活互助、生产互助和急重大事情互助等互助行为。因此，邻里关系越好的新疆农民，越可能不担心养老问题。现如今非农收入已经成为新疆农民收入的主要来源，因此，一般情况下，纯农户意味着比农业兼业户和非农户更低的收入水平，也意味着纯农户更可能面临着养老困境。农业劳动更多的是体力劳动，由于新疆农民普

---

① 赵曼，张广科. 新型农村合作医疗保障能力研究［M］. 北京：中国劳动社会保障出版社，2009.
② 于长永. 农民对"养儿防老"观念的态度的影响因素分析［J］. 载《中国农村观察》，2011年第3期，第69—79页.
③ ［法］孟德拉斯. 农民的终结［M］. 北京：中国社会科学出版社，2005.

遍文化程度不高，劳动的科学性较差，平时干活不惜力，常常造成各种"职业病"的频发和身体健康状况欠佳，因此，相对于外出务工、乡镇企业职工和干个体户的新疆农民来说，务农的新疆农民更可能面临着较大的养老风险。社区身份为"管理者"的新疆农民，不仅拥有相应的技术资本和社会资本，同时也因其比普通群众更多更稳定的收入，而更不倾向于担心养老风险。

从地区层面来看，所在村的经济情况好，不仅为村民之间的相互帮助提供了前提，还为社区型养老资源提供了条件。因此，所在村经济情况越好的新疆农民，越可能不担心养老问题。相对于平原地区来说，山区或丘陵地区一般是比较落后的。这种落后不仅仅表现为经济发展水平落后，还体现为社会服务可及性比较差等，因此，山区或丘陵地区的新疆农民可能更担心养老问题。外出便利性的提高，不仅为新疆农民提供了更多的外出就业机会，更多的市场供求信息，还为新疆老年人赶集市提供了便利，因此，外出便利性越高的新疆农民越可能收入越多，获得休闲的机会也越多，因此，外出便利性越好的新疆农民，可能越不担心经济保障问题和精神慰藉问题，而越担心生活照料问题。"如今有了新农保，等于有了半个儿！"（何安瑞，① 2009）的看法和认识，显示制度性因素对农民养老资源供给的影响。因此，参加了新农保的农民，更可能不担心养老问题。

（二）模型构建

我们把新疆农民养老风险的总体情况、养老风险形式及其影响因素，转化为两个因变量，第一个因变量是农民养老风险的总体情况，第二个因变量为新疆农民养老的风险形势。在操作化过程中，第一个因变量的答案设计中的不知道和第二个因变量答案设计中的其他和无人送老上山（临终陪护的委婉表达，既有生活照料的含义，也包含了精神慰藉的内容）选

---

① 何安瑞. 新农保的近喜与远忧 [J]. 载《中国金融》，2009 年第 22 期，第 80—84 页.

项,需要处理掉,不然则会影响模型的解释力。因此,我们把第一个因变量的五个选项转化成二分类变量,即把非常担心和比较担心合并为担心,把不太担心和一点不担心合并为不担心,把不知道设置为缺省;第二个因变量的处理方法是,把无收入来源和生病得不到治疗(生病得不到治疗更多的是经济保障方面的问题)合并为经济保障问题,把生活无人照料设为生活照料问题,把精神孤独空虚设为精神慰藉问题,把其他和无人送老上山设置为缺省。

模型1:新疆农民养老风险模型

由于新疆农民的养老风险因变量是一个二分类变量,不满足线性回归关于因变量必须是连续变量这一基本条件,因此,本书采用Logistic回归来进行分析。其模型构建的基本原理是(杜强等,[①] 2009):

设因变量为 y,取值1表示事件发生,取值0表示事件未发生;影响 y 的 m 个自变量分别记为 x_1,x_2,…,x_m。记事件发生的条件概率为 $p(y=1|x_i)$,得到如下的Logistic回归模型:

$$p_i = \frac{1}{1+e^{-(\alpha+\sum_{i=1}^{m}\beta_i x^i)}} = \frac{e^{\alpha+\sum_{i=1}^{m}\beta_i x^i}}{1+e^{\alpha+\sum_{i=1}^{m}\beta_i x^i}}, 1-p_i = 1-\frac{e^{\alpha+\sum_{i=1}^{m}\beta_i x^i}}{1+e^{\alpha+\sum_{i=1}^{m}\beta_i x^i}} = \frac{1}{1+e^{\alpha+\sum_{i=1}^{m}\beta_i x^i}}$$

其中 p_i 代表在第 i 个观测中事件发生的概率,$1-p_i$ 代表在第 i 个观测中事件未发生的概率,他们都是由自变量 x_i 构成的非线性函数。事件发生与不发生的概率之比 $p_i/1-p_i$ 被称为事件发生比,简写为Odds。Odds一定为正值(因为 $0<p_i<1$),且没有上界,对Odds做对数变换,得到Logistic回归模型的线性表达式:

$$\ln(\frac{p_i}{1-p_i}) = \alpha + \sum_{i=1}^{m}\beta_i x_i$$

在本书中,p_i 表示新疆农民担心养老问题的发生概率,$1-p_i$ 表示新

---

① 杜强等:《Spss统计分析——从入门到精通》,北京:人民邮电出版社,2009年版,第174页。

疆农民不担心养老问题的发生概率，α 为常数项，m 为自变量的个数，其中（$1 \leqslant m \leqslant 17$），$\beta_i$ 为自变量的系数，表示自变量对新疆农民养老风险的影响方向和程度。

模型 2：新疆农民养老风险形式模型

由于新疆农民的养老风险形式因变量是一个多分类无序因变量，因此，本书使用 Multinomial Logistic 回归模型来进行分析。Multinomial Logistic 回归模型的一般表述是，对于有 J＝1，2，KJ 类无序多分类因变量，将第 J 类选项作为参照项，其他 J－1 类发生的概率比可以通过式（1）中的 logit 形式表达为：

$$\ln\left(\frac{y=j \mid x}{y=J \mid x}\right) = a_j + \sum_{i=1}^{m} \beta_{ji} X_i$$

$$i=1, 2, Kk; \quad j=1, 2, KJ-1 \tag{1}$$

结合本书的因变量和所选解释变量，式（1）可以理解为：ln 为自然对数，$j=1, 2, 3$；分别代表依靠子女支持、依靠社会养老保险和依靠社会救助。参照项 $J=3$ 代表精神慰藉风险。P_1，P_2 和 P_3 分别代表新疆农民的经济保障风险、生活照料风险和精神慰藉风险的发生概率。k 为解释变量的个数，$1 \leqslant k \leqslant 17$，$X_i$ 为解释变量，$i=1, 2, \cdots, K, 17$。这样，我们就可以得到两个二分类别的 logistic 模式，以精神慰藉风险为参照组，影响面临经济保障风险概率比的 logistic 回归模型见公式（2），影响面临生活照料风险概率比的 logitic 回归模型见公式（3）。

$$\ln\left(\frac{P_1}{P_3}\right) = \alpha_1 + \sum_{i=1}^{17} \beta_{1i} X_i \tag{2}$$

$$\ln\left(\frac{P_2}{P_3}\right) = \alpha_2 + \sum_{i=1}^{17} \beta_{2i} X_i \tag{3}$$

多项 Logistic 回归模型在解释时，和二元 Logistic 回归模型的解释方法并不相同，多项 Logistic 回归模型的解释，它是以参照项为标准，反映不同个体特征、家庭禀赋以及社会自然环境等特征的农民，所面临的养老风险形式发生的概率比的不同。

（三）变量选择

因变量选择及其统计描述：

本书的因变量包括两个方面：一是新疆农民的养老风险，具体操作化为："根据您自己和家庭的情况，您担心自己的养老问题吗？"变量类型为二分类因变量；二是新疆农民的养老风险形式，具体操作化为："根据自己和家庭的情况，您担心哪些方面的养老问题？"变量类型为多分类无需因变量。新疆农民养老风险因变量及其统计描述见表3-3。

表3-3 新疆农民的养老风险 　　　　　　单位：个/%

您担心自己的养老问题吗？	频数	百分比	有效百分比	累计百分比
担心	290	40.1	45.0	45.0
不担心	354	48.9	55.0	100.0
合计	644	89.0	100.0	

新疆农民养老风险形式因变量及其统计描述见表3-4。

表3-4 新疆农民的养老风险形式 　　　　　单位：个/%

您担心哪方面的养老问题？	频数	百分比	有效百分比	累计百分比
经济保障问题	272	37.6	55.5	55.5
生活照料问题	137	18.9	28.0	83.5
精神慰藉问题	81	11.2	16.5	100.0
合计	490	67.7	100.0	

自变量选择及其统计描述

前文已经分析，新疆农民的养老风险受到他们个体特征、家庭特征、社区特征和地区特征四个层面的因素的影响。因此，本书的自变量也是从上述四个方面来选择的。其中，个体层面的因素包括性别、年龄、健康状况、婚姻状况、民族属性与文化程度六个方面；家庭层面的因素包括家庭关系、家庭存款和家庭规模三个方面；社区层面的因素包括邻里关系、农户类型、职业类型和社区身份四个方面；地区层面的因素包括所在村的地理环境、经济状况、外出交通便利性和是否实行了新农保四个方面。自变量及其统计描述见表3-5。

表3-5 自变量含义及其统计描述

变量类型	变量名称	变量含义与赋值	均值	标准差
个体特征变量	性别	被调查对象的性别。男=1；女=0	0.67	0.47
	年龄	被调查对象的实际年龄（岁），取值范围为18~87	45.62	13.77
	民族	被调查对象所属的民族。少数民族=1；汉族=0	0.54	0.37
	健康状况	非常好=1；比较好好=2；一般=3；不太好=4；很不好=5	2.25	1.04
	婚姻状况	已婚=1；非在婚（包括未婚、离婚、丧偶）=0	0.84	0.37
	受教育程度	没上过学=1；小学=2；初中=3；高中、中专=4；大专以上=5	2.71	1.05
家庭特征变量	家庭关系	非常好=1；比较好=2；一般=3；不太好=4；非常不好=5	1.50	0.66
	家庭规模	被调查对象的家庭实际规模（人），取值范围为1~9	3.74	1.41
	家庭存款数	1万以下=1；1-3万=2；3-6万=3；6-10万=4—10万以上=5	2.15	1.29
社区特征变量	邻里关系	很好=1；比较好=2；一般=3；不太好=4；很不好=5	1.81	0.71
	农户类型	被调查对象所在家庭的类型。纯农户=1；农业兼业户、非农户=0	0.66	0.48
	职业类型	务农=1；外出务工、乡镇企业职工、上学、个体户=0	0.64	0.48
	社区身份	村干部、教师、医生、信贷人员、水电管理员等=1；一般群众=0	0.12	0.32

(续表)

变量类型	变量名称	变量含义与赋值	均值	标准差
地区特征变量	村地理环境	被调查对象所在村的地理环境。山区或丘陵＝1；平原＝0	0.43	0.50
	村经济情况	非常富裕＝1；比较富裕＝2；一般＝3；比较穷＝4；非常贫穷＝5	3.05	0.68
	外出便利性	非常方便＝1；比较方便＝2；一般＝3；不太方便＝4；很不方便＝5	2.55	0.97
	新农保情况	被调查对象是否参加了新型农村养老保险。参加＝1；没有参加＝0	0.65	0.48

从自变量的类型来看，有连续变量、分类变量和定序变量三种类型。其中，农民个体特征中的年龄为连续变量，性别、婚姻状况、民族为虚拟变量，文化程度和健康状况为定序变量；家庭变量中的家庭规模为连续变量，家庭关系、家庭存款为定序变量；社区特征变量中的邻里关系为定序变量，其他三个变量均为虚拟变量；地区特征变量中的村地理环境和新农保的试点情况为虚拟变量，村经济情况和外出便利性为定序变量。由于回归分析中，变量类型要达到定距变量以上层次，因此，本书所选择的自变量均基本满足回归分析的要求。本书用SPSS16.0对其进行统计分析。

在自变量较多的情况下，自变量之间较容易存在自相关问题，如果不能够有效地处理这个问题，将影响模型的回归效果，导致解释力较差。因此，在处理的方法上，为了尽可能避免多个变量之间的自相关问题，采用分布回归技术，首先分析个体特征层面自变量对因变量的影响，其次以个体特征层面自变量为控制变量分析家庭特征层面的影响，再以个体特征层面和家庭特征层面为控制变量，分析社区特征层面的影响，最后以前三个层面的自变量为控制变量，分析地区特征层面的影响；另一个是农民的养老风险形式，即农民最担心什么方面的问题，是一个多分类因变量，由于该因变量中的每一选项都可以看成是一个新的二分类变量，被调查对象选择任何其中一个变量时，即意味着其对其余的选项给予了否定，这样就可以把原来的因变量看成是由三个虚拟变量组成的二分类因变量，模型选择为多项 Logistic 回归模型，在参照项的处理上，首先以精神慰藉问题为参照项分析自变量对经济保障问题的影响，其次再以经济保障问题为参照项，分析自变量对生活照料和精神慰藉问题的影响。模型回归结果见表 3—6 和表 3—7。

三、新疆农民养老风险实证结果及解释

（一）新疆农民养老风险的估计结果

从表 3—6 显示的四个回归模型的拟合效果来看，四个模型的显著性水平为 Sig. = 0.000，四个模型都非常显著。而且，随着自变量的不断加入，模型 1 至模型 4 的伪决定系数逐渐增大，同时，卡方值和 2 倍的 Log 的绝对值也逐渐增大。这说明，四个模型的拟合效果非常好，模型回归结果具有统计学意义。从四个模型的统计结果来看，新疆农民个体特征、家庭特征、社区特征和地区特征四个层面的解释变量，对新疆农民的养老风险有不同程度不同方向的显著影响。统计结果见表 3—6 和表 3—7。

表 3—6 新疆农民的养老风险影响因素的二元 Logistic 回归结果

变量类型	变量名称	模型 1 β	模型 1 $Exp(\beta)$	模型 2 β	模型 2 $Exp(\beta)$	模型 3 β	模型 3 $Exp(\beta)$	模型 4 β	模型 4 $Exp(\beta)$
个体特征变量	性别	−0.007	0.971	−0.026	0.975	−0.022	0.978	0.063	1.066
	年龄	0.003	1.003	0.006	1.006	0.003	1.003	0.000	1.000
	健康状况	0.481***	1.618	0.402***	1.494	0.429***	1.536	0.446***	1.562
	婚姻状况	0.315	1.370	0.425*	1.529	0.308	1.360	0.285	1.329
	民族	0.492***	1.635	0.166	1.180	0.209	1.233	0.303	1.354
	受教育程度	0.058	1.059	0.099	1.104	0.089	1.093	0.090	1.094
家庭特征变量	家庭关系			0.382**	1.465	0.687***	1.988	0.745***	2.107
	家庭存款			−0.468***	0.626	−0.467***	0.627	−0.492***	0.611
	家庭规模			0.123*	1.131	0.114*	1.121	0.139**	1.149

第三章 新疆农民养老风险及其影响因素分析

(续表)

变量类型	变量名称	模型1 β	模型1 Exp(β)	模型2 β	模型2 Exp(β)	模型3 β	模型3 Exp(β)	模型4 β	模型4 Exp(β)
社区特征变量	邻里关系					−0.494***	0.610	−0.614***	0.541
	农户类型					0.411*	1.508	0.382*	1.466
	职业类型					0.234	1.264	0.203	1.225
	社区身份					−0.187	0.830	−0.399	0.671
地区特征变量	村地理环境							0.587	1.798
	村经济情况							−0.117	0.890
	外出便利性							0.372***	1.451
	新农保情况							0.348*	1.461
	常数项	−1.744**	0.175	−1.712***	0.180	−1.474**	0.229	−2.404***	0.090
模型拟合效果	卡方值	44.813		94.695		112.610		136.857	
	自由度	6		9		13		17	
	−2 Log值	784.021		734.139		716.225		691.978	
	伪决定系数	0.096		0.195		0.229		0.272	
	模型显著性	0.000		0.000		0.000		0.000	

注：＊＊＊、＊＊和＊分别表示变量在1％、5％和10％的统计水平上显著。

(二) 对模型估计结果的解释

从各个层面每一个自变量对新疆农民养老风险及其形式的影响来看：

从新疆农民个体特征层面的解释变量来看，健康状况和民族两个解释变量对新疆农民的养老风险有显著影响，从自变量的回归系数来看，两个解释变量对新疆农民养老风险的影响皆为正向。即健康状况越差的新疆农民，越担心养老问题，相对于汉族农民而言，新疆少数民族农民更加担心自己的养老问题。性别、年龄、婚姻状况和受教育程度四个解释变量，对新疆农民的养老风险未表现出显著的影响。这说明，新疆农民的养老风险，在不同性别、不同年龄、不同婚姻状况和不同受教育程度的农民之间的差异，缺乏统计学意义。从农民个体特征变量对新疆农民养老风险形式的影响来看，六个个体特征变量中，只有受教育程度自变量对新疆农民的养老风险形式表现出显著性影响,即相对于精神慰藉风险而言,受教育程度越高的新疆农民越担心经济保障问题;相对于经济保障风险而言,受教育程度越高的新疆农民,越不担心生活照料风险。性别、年龄、民族、健康状况和婚姻状况五个解释变量,对新疆农民的养老风险形式没有表现出显著的影响。这说明,新疆农民养老风险形式在不同性别、年龄、健康状况、婚姻状况、民族特征之间,没有显著的差异。

从新疆农民家庭特征层面的解释变量来看,家庭关系、家庭存款与家庭规模三个解释变量对新疆农民的养老风险有显著的影响,从回归系数来看,家庭存款对新疆农民的养老风险有显著的负影响,家庭关系与家庭规模对新疆农民的养老风险有显著的正向影响。即家庭存款越多的新疆农民,越不担心养老问题,家庭关系越差的新疆农民越担心自己的养老问题,家庭规模越大的新疆农民越担心自己的养老问题。家庭关系与家庭规模对新疆农民养老风险的显著影响,说明了这样一个问题,即家庭关系对新疆农民的老有所养非常重要,但是,由于现代社会、特别是商品经济的发展,家庭规模越大的家庭,家庭关系可能越差,因此家庭规模越大的农民反而越担心自己的养老问题。从影响的具体层面来看,家庭规模越大的新疆农民,越担心自己的经济保障问题,而越不担心生活照料问题。这主要是因为,家庭规模越大,家庭的负担就越大,经济保障问题就更为突出,同时,由于家庭规模越大,意味着新疆农民养老时的生活照料资源就越多,因此,家庭规模越大的新疆农民越不担心生活照料问题。家庭关系和家庭存款对新疆农民的养老风险形式没有表现出显著的差异。

从新疆农民社区特征层面的解释变量来看,邻里关系和农户类型两个自变量对新疆农民的养老风险具有显著的影响。其中,邻里关系对新疆农民的养老风险具有显著的负向影响,农户类型对新疆农民的养老风险具有显著的正向影响。即邻里关系越差的新疆农民,越担心自己的养老问题,农户类型为纯农户的新疆农民越担心自己的养老问题。职业类型和社区身份对新疆农民的养老风险没有表现出显著的影响。这说明,新疆农民的养老风险,在不同职业类型和社区身份的农民之间,没有显著的差异。从社区特征变量对新疆农民养老风险影响的具体层面来看,只有职业类型这一自变量对新疆农民的精神慰藉风险有显著的影响。即职业类型为务农的新疆农民,越不担心自己的精神慰藉问题。这并不能说,新疆务农的农民没有精神慰藉方面的养老需求,可能是由于新疆务农的农民的主要养老需求在经济保障方面,在新疆务农的农民的经济保障尚未得到充分满足的情况下,新疆务农的农民的精神慰藉需求尚未被开发。所以,越是务农的新疆农民越不担心精神慰藉问题。邻里关系的好坏、新疆农民的职业类型和社区身份,对新疆农民的养老风险形式没有表现出显著的影响。这说明,农民的养老风险形式在不同邻里关系、职业类型和社区身份的新疆农民之间没有显著差异。

从新疆农民地区特征层面的解释变量来看,外出便利性和新型农村社会养老保险制度试点情况两个自变量对新疆农民的养老风险表现出显著的影响。并且两个自变量对新疆农民养老风险具有显著的正向影响。即外出便利性越差的新疆农民越担心自己的养老问题,参加了新型农村社会养老保险制度的新疆农民越担心自己的养老问题。外出便利性对新疆农民养老风险的正向显著性影响,主要是因为外出越不方便,新疆农民接触外界的机会就越少,得到的市场信息也越少,越可能从事传统农业劳动,并且越可能受到市场风险的影响。因此,外出便利性越差的新疆农民越可能处于弱势地位,也就越可能担心自己的养老风险。

越是参加了新型农村社会养老保险制度的新疆农民越担心自己的养老问题,可能主要是因为三个原因,一是参加新型农村社会养老保险制度的新疆农民可能是年龄偏大的新疆农民,年龄偏大,健康状况越差,收入状况越差,养老风险就可能越严重;二是参加了新型农村社会养老保险制度的新疆农民,风险意识可能越强,在人口老龄化、代际分离加大、家庭关系逐渐疏远的时代背景下,越有可能更加清楚地认识到养老风险的日益临近;三是新型农村社会养老保险制度的保障水平偏低。所以,参加了新型农村社会养老保险制度的新疆农民越担心养老问题。

从具体的影响层面来看,外出便利性越好的新疆农民,越不担心经济保障问题和精神慰藉问题,而越担心生活照料问题。这主要是因为,外出便利性越好的新疆农民,外出务工或参加集市活动的可能性就越大,越可能获得更多的收入、就业机会和娱乐机会,代际分离的距离也可能越大,因此,越不担心经济保障问题和精神慰藉问题,而越担心生活照料问题。参加了新型农村社会养老保险制度的新疆农民,越担心经济保障问题,这主要是由于新型农村社会养老保险制度的保障水平比较低导致的。村地理情况和村经济情况对新疆农民的养老风险和养老风险形式都没有表现出显著的影响。这说明,农民的养老风险和养老风险形式,在不同的村经济情况和地理情况的新疆农民之间,没有显著的差异性。

表3-7 新疆农民不同层面养老风险影响因素的多项Logistic回归结果

变量类型	最担心到老年遇到什么方面的问题?	1.经济保障问题		2.生活照料问题		3.精神慰藉问题	
		β	$Exp(\beta)$	β	$Exp(\beta)$	β	$Exp(\beta)$
个体特征变量	性别	0.125	1.133	−0.125	0.808	0.066	1.068
	年龄	0.008	1.008	−0.008	0.985	0.018	1.018
	民族	−0.113	0.893	0.113	0.312	−0.198	0.821
	健康状况	0.137	1.147	−0.137	1.190	−0.460	0.631
	婚姻状况	0.109	1.116	−0.109	2.884	−0.032	0.968
	受教育程度	0.232*	1.261	−0.232*	0.898	0.072	1.075
家庭特征变量	家庭关系	0.027	1.027	−0.027	0.690	0.225	1.253
	家庭规模	0.204*	1.226	−0.204*	0.817	0.388***	1.474
	家庭存款数	−0.080	0.923	0.080	1.000	−0.003	0.997
社区特征变量	邻里关系	0.025	1.026	−0.025	1.145	0.342	1.408
	农户类型	0.260	1.297	−0.260	1.176	−0.049	0.952
	职业类型	−0.434	0.648	0.434	1.482	−0.812**	0.444
	社区身份	−0.321	0.076	0.321	0.855	0.502	1.653

（续表）

变量类型	最担心到老年遇到什么方面的问题？	1. 经济保障问题		2. 生活照料问题		3. 精神慰藉问题	
		β	$Exp(\beta)$	β	$Exp(\beta)$	β	$Exp(\beta)$
地区特征变量	村地理环境	0.032	1.033	−0.032	1.196	0.057	1.059
	村经济情况	0.213	1.238	−0.213	0.952	0.300	1.349
	外出便利性	−0.216*	0.806	0.216*	1.597	−0.334*	0.716
	新农保情况	0.505**	1.656	−0.505**	1.095	0.398	1.490
	截距项	−0.674		0.674		−2.350	
	模型拟合效果	−2 Log Likelihood＝886.135；Chi−Square＝51.300；Pseudo R−Square＝0.290；Sig.＝0.029					

注：＊＊＊、＊＊和＊分别表示变量在1％、5％和10％的统计水平上显著。

第三节　研究结论与进一步讨论

本书基于2012年2月份新疆十三个地州市726位农民的调查数据，利用 Binary Logistic 回归模型分析了新疆农民养老风险的总体情况及其影响因素，利用 Multinational Logistic 回归模型分析了自变量对新疆农民不同层面养老风险的影响因素。主要研究结论有如下几个方面。

一、新疆农民养老风险研究的基本结论

首先，从总体上来看，新疆农民的养老风险并不严重。本书从新疆农民对养老问题担心程度的角度，测评了新疆农民的养老风险情况。从数据统计结果来看，总体上而言，新疆农民的养老风险并不严重。只有49％的新疆农民明确表示对未来的养老问题表示担心（包括比较担心和非常担心），也即只有不到一半的新疆农民担心自己的养老问题，明确表示不担心（包括不太担心和一点儿不担心）养老问题的新疆农民也接近40％，其中有近8％的新疆农民表示一点儿都不担心养老问题。如果新疆农民在回

答这个问题时是理性的，那么这一统计结果可以充分说明，新疆农民的养老风险在总体上并不突出，养老问题并不是影响新疆农村社会稳定的主要问题。这为刚刚进入人口老龄化社会的新疆，提供了重要的应对人口老龄化问题的机会窗口。但是，由于新疆刚刚步入人口老龄化社会，目前的人口老龄化问题并不严重，这可能会影响新疆农民对未来养老问题判断的准确性。也即是说，尽管现在新疆农民的养老问题还不严重，农民对养老问题的担心程度也不高，但是随着人口老龄化程度的日益加深，以及与之相伴的城镇化、家庭结构小型化以及传统养老文化的变化，新疆农民的养老问题也将变得日益严重。因此，地方政府部分并不能据此对新疆农民养老问题的严重性掉以轻心，而应该抓住这样一个良好的机会窗口，建立健全社会保障制度，大力发展社会养老服务体系，为应对新疆人口老龄化高峰时期到来时的养老问题做好充分的准备。

其次，从新疆农民的养老风险形式来看，经济保障问题仍然是排在新疆农民面前的第一位的养老风险，因此，"千方百计增加新疆农民收入"依然是解决新疆农民养老问题的主要任务；非经济养老风险（包括生活照料问题和精神慰藉问题）已经比较突出，二者合计的比例接近60%。这提示人们，随着人口老龄化、高龄化和少子化的发展以及代际分离的加大等影响，新疆农民的非经济养老风险可能会日益严重，需要给予密切关注。

再次，新疆农民四个层面的自变量对新疆农民的养老风险有不同程度不同显著水平的显著影响。其中，个体层面的健康状况和民族，家庭层面的家庭关系、家庭存款和家庭规模，社区层面的邻里关系和农户类型，地区层面外出便利性和是否参加新型农村社会养老保险制度等9个自变量对新疆农民的养老风险有显著的影响。其中，家庭存款和邻里关系两个自变量，对新疆农民的养老风险有显著的负影响，即家庭存款越多、邻里关系越差的新疆农民，越担心自己的养老问题；健康状况、民族、家庭关系、家庭规模、农户类型、外出便利性和新农保情况七个解释变量对新疆农民的养老风险具有显著的正向影响。即健康状况越差、少数民族、家庭关系越差、家庭规模越大、纯农户、外出便利性越差和参加了新型农村社会养老保险制度的新疆农民,越担心自己的养老问题。

最后,新疆农民四个层面的解释变量对新疆农民的养老风险形式有不同程度不同显著水平的影响。从经济保障层面来看,受教育程度越高、家庭规模越大、参加了新型农村社会养老保险制度的新疆农民,越担心自己的经济保障问题,所在地区外出便利性越差的新疆农民,越不担心自己的经济保障问题;从生活照料层面来看,受教育程度越高、家庭规模越大、参加了新型农村社会养老保险制度的新疆农民,越不担心自己的生活照料问题,而所在地区外出便利性越差的新疆农民,越担心自己的生活照料问题;从精神慰藉层面来看,家庭规模越大的新疆农民,越担心自己的精神慰藉问题,纯农户和所在地区外出便利性越差的新疆农民,越不担心自己的精神慰藉问题。

二、有待进一步研究的几个问题

本章利用新疆十三个地州市 726 位农民的基线调查数据,实证分析了新疆农民的养老风险及其具体表现形式,对新疆农民养老风险的总体情况及风险形势有了比较清楚的了解,并进一步分析了新疆农民养老风险的影响因素,对新疆农民养老风险的差异性有了总体性的把握。我们认为,下面几个问题有待进一步讨论。

首先,新疆农民的养老风险以及具体表现形式的变化趋势。随着新疆农村人口老龄化的加剧,"三化"(包括工业化、市场化和城镇化)的发展,导致新疆传统养老保障弱化的背景下,新疆农民的养老风险会呈现出怎样的动态发展,新疆农民的养老风险形式又会表现出怎么样的发展趋势,这是一个值得需要进一步分析和研究的问题。研究这个问题,需要做进一步的跟踪调查,利用不同时期的调研数据,进行比较分析和研究,建立新疆农民养老风险的动态发展数据库,监控新疆农民养老风险的发展动态。

其次，新疆农村传统养老保障的弱化程度，如何促进新疆传统养老保障模式的健康发展。土地保障、家庭保障、集体保障是新疆农民传统的养老保障模式，这些传统的农村养老保障模式在解决新疆农民养老问题过程中曾经发挥了巨大作用，维护了新疆农村社会的稳定。但是，随着城镇化的发展和集体经济的衰退，新疆农村的土地保障能力和集体保障能力都出现了弱化，那么一个值得进一步分析的问题，新疆农村的土地保障和集体保障现在弱化到了何种程度，土地保障和集体保障能够在多大程度上解决新疆农民的养老保障需求，集体暴涨在新的时代背景下，能否发挥其自身的优势，创新新疆农民养老保障服务形式呢？中国是一个受儒家文化影响深远的国度，传统的孝文化、养儿防老在中国延续了几千年，但是随着市场经济的发展、代际分离的加大，传统文化的约束力已经严重下降，养儿防老的传统保障模式也难以承继。问题的关键是，目前新疆农村的家庭保障弱化到了何种程度，家庭保障是否存在可持续发展的条件和基础？如何进一步发扬新疆传统农村养老保障模式的优势，这是值得进一步深入探讨和研究的问题。

再次，不同少数民族的新疆农民的养老风险有何差异性。新疆是一个少数民族聚集的地区，据统计资料显示，中国共有56个民族，而新疆的少数民族种类达到了52个，占中国少数民族总数的90%以上。不同的少数民族所信仰的宗教文化是不同的，所面临的社会政策环境也往往存在一定的差异性，不同的宗教文化所带来的生活方式、生育模式以及对生活的基本态度等都是有一定的差异的。那么，在人口老龄化程度日益加深的背景下，新疆少数民族农民之间，对待老年生活的态度呈现出什么样的差异呢？他们在养老风险和养老风险的表现形式上是否体现出民族性的差异呢？如果他们在养老风险面前有差异，那么，这些差异到底是因为不同的宗教文化的影响造成的，还是因为不同少数民族的计划生育政策和生育模式的影响造成的呢？这是一个值得进一步分析和探讨的问题。

最后，新疆农民的养老保障策略及其在不同民族农民之间的差异性。新疆农民的养老保障策略是指新疆农民为了应对养老风险而采取的各种措施或手段。农民是理性的，也是风险厌恶的。在养老风险面前，新疆农民会根据自身的条件、家庭资源禀赋、社会发展环境，选择适合自己的养老保障策略。如果把新疆农民的养老保障策略，从养老资源提供者的角度，划分为自我养老、家庭养老和社会养老三种养老保障策略选择的话，那么，新疆农民的养老保障策略呈现出什么样的策略现状？国家对少数民族往往有很多倾斜性的政策，比如在计划生育政策方面，少数民族可以多生一个孩子，这会对少数民族家庭的家庭结构和家庭规模造成一定的影响，并进而导致少数民族和汉族农民之间所拥有的养老保障资源是不同的。那么，少数民族与汉族农民之间的养老保障策略是否存在显著的差异呢？除此之外，少数民族农民之间，是否也在养老风险及其表现形式上存在明显的差异呢？这也是值得进一步分析和探讨的问题。

第四章　新疆农民的养老保障策略及其影响因素

　　前文已经分析,养老的实质是指由谁来提供养老资源。广义上的养老资源,不仅是指传统意义上的养老资金,还包括国家、社会、家庭个人等养老主体所拥有的能够对养老事业开展带来实际效用,并有助于养老事业建设和发展的一切资源。① 但一般意义上我们所指的养老资源是针对养老的经济保障需求、生活照料需求与精神慰藉需求而提出的概念,包括经济或物质资源、照料资源和精神资源,其中,核心资源是经济资源。从养老资源的提供者这个角度或者从养老的支持力的来源来说,人类只存在三种基本的养老方式或者说模式,即家庭养老、社会养老和自我养老。② 由家庭来提供养老资源的就是"家庭养老",而由社会来提供养老资源的就是"社会养老";而所谓"自我养老",在理论上讲,就是既不依靠子女和亲属,又不依靠社会保障的养老方式。③ 不同的养老方式,导致农民在农村社会变革中受到的冲击不同,面临的养老风险、形式以及风险大小也不同,因此,农民选择的养老策略也将有所差别。

　　国内外对农户内部风险处理的研究结果显示,农户的风险处理策略是理性的,尤其是小规模的农户防范和处理风险的策略是有效的,千百年来中国农户在生产和生活实践中积累了大量行之有效的防范、化解和

---

① 柴效武:《养老资源探析》,载《人口学刊》,2005,02:26—29。
② 穆光宗:《中国传统养老方式的变革和展望》,载《中国人民大学学报》,2000年第5期,第39—44页。
③ 穆光宗:《家庭养老走向何方》,载《中国国情国力》,1998年11期。

应付风险的策略。① 农民养老的主要内容包括三个方面，即经济保障、生活照料和精神慰藉，在上述三个方面不能得到充分满足或满足程度较低时，农民的养老风险便显现出来了。农民会根据自身的条件、家庭资源禀赋和社会发展环境，选择适合自己的养老保障策略。鉴于正式社会支持的严重缺位或不健全，在我国广大农村地区，家庭养老是农民处理养老风险的主要策略，也是国家化解农民养老问题的主要政策趋向。但随着生育成本的增加、家庭结构和人口结构的变化以及农民价值观念的转变等，基于"养儿防老"观念之上的家庭养老功能已经严重弱化，在这种新的形势下，农民养老的策略是否发生了变化呢？根据自身的条件与变化的社会环境，农民在应对当前或未来的养老风险时会采取哪些理性的策略呢？

作为一个具有浓厚的民族特色和社会经济发展水平相对较低的落后省区，新疆农民的养老保障策略是否具有典型的地区特征和民族特征呢？这都是一些值得研究的问题。本章将基于2012年2份新疆十三个地州市726位农民的调查数据，对新疆农民的养老保障策略及其影响因素进行实证研究。

第一节　新疆农民养老保障策略的总体安排

在分析新疆农民养老保障策略之前，有必要明确"策略"的内涵是什么。策略，百度百科的基本解释为"计策"或"谋略"。它一般有三种解释：一是可以实现目标的方案集合；二是根据形势发展而制定的行动方针和斗争方法；三是有斗争艺术，能注意方式方法。三种解释从不同的侧面反映了策略的内涵，第一种解释强调了策略的总体性，第二种、

---

① 丁士军、陈传波：《农户风险处理策略分析》，载《农业现代化研究》，2001，06：346-349。

第三种解释强调了策略的个体性。但是，综合上述三种解释可以看出，三种解释都或明或暗地突出了策略的目的性和方式性。基于此，我们把策略的定义进一步具体化，即策略是指"目的"与"手段"的结合体。

一、农民的养老保障策略及其测量

农民的养老保障策略是指，农民为了能够安度晚年生活、规避养老风险，而采取的各种手段或措施。由于养老的核心是谁来提供养老资源，因此，农民的养老保障策略的内涵可以进一步引申为农民养老资源的提供手段。养老的基本内容包括经济保障、生活照料和精神慰藉三个方面，针对不同的养老保障内容，可以采取不同的养老保障策略。尽管每个农村老人，养老的主要内容都包含经济保障、生活照料和精神慰藉三个方面。但是，由于每个老年人的自身条件、家庭资源禀赋和社会发展环境等的不同，因此，具体到每个农村老年人所面临的养老风险形式是不同的。因此，农民养老的经济保障、生活照料和精神慰藉三个方面的内容，不仅表现出层次性，还表现出彼此的可分离性。

在传统社会，农村老年人主要是依靠家庭成员的支持来度过老年生活的，也即农村老年人的养老主要是通过家庭养老模式来实现的，而农村社会养老保障制度长期处于缺位状态。但是，随着农村社会经济环境的发展变化，农村传统的养老保障模式已经弱化，难以应对农民养老问题，于是在国家财政的支持下，农村也开始建立现代的社会养老保险制度。在这种情况下，不同养老保障资源在保障农民养老的不同方面时既可以集中到某一个方面，也可以是集中到某两个方面，抑或是集中到某三个方面。农民的养老保障策略就呈现出多元组合的态势。农民养老保障内容与保障资源来源的相互关系如下图4—1所示。

从养老保障资源的提供主体与养老保障内容的交叉关系（见图4—1）可以看出，养老的经济保障需求，既可以由家庭成员满足，也可以由社会成员满足，还可以由自己来满足；生活照料需求，也既可以由家庭成员提供，也可以由社会机构来提供，还可以是自己照料自己；精神慰藉需求也是如此，即可以由家庭成员满足，也可以由社会服务提供主体来满足，还可以是由自己寻找其他方式来满足。这样养老保障模式，就不再仅仅局限于传统的三种养老模式，即家庭养老、社会养老和独立养老。而是，出现了三种养老保障内容与三种养老资源提供主体之间的排列组合，即可以产生 15 种不同的养老保障策略。家庭养老和独立养老，在保持传统养老特色的同时，也出现了社会化问题。

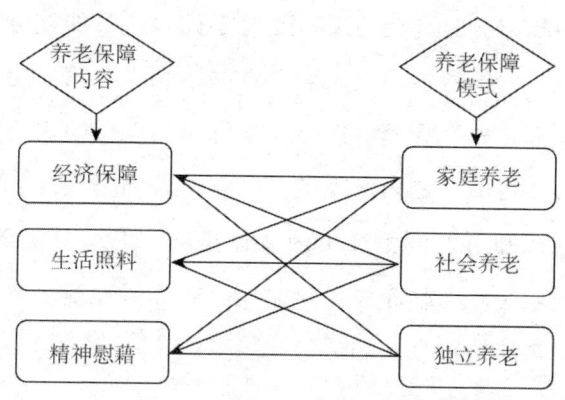

图 4-1　养老资源提供主体与养老保障内容的交叉关系

那么，如何测量农民的养老保障策略呢？由于农民养老保障策略是一个多种策略构成的集合，同时，在这种集合中，不同的农民又各自有他们自己的侧重点。因此，我们引入两组指标来测量农民的养老保障策略。一组指标，用于分别测量新疆农民不同层面的养老保障策略集合和最主要的养老保障策略；另一组指标，用于从总体上来测量农民的养老保障策略集合和最主要指标。第一组指标分别为经济保障指标、生活照料指标和精神慰藉指标三个方面。其中经济指标为："您解决自己老年时期经济需求的途径有哪些，其中最主要的途径是什么？"答案设计为：靠儿女赡养、靠自己（劳动、储蓄和财产）、靠养老保险、靠老伴、靠政府救助和其他途径；生活照料指标为："您到老年时期，解决生活照料问题的途径有哪些，其中最主要的途径是什么？"答案设计为：靠儿女照顾、雇人照顾、进养老院、靠老伴、靠自己、其他途径；精神慰藉指标为："您到老年时期，您满足自己心理关怀和精神慰藉方面需求的途径有哪些，其中，最主要的途径是什么？"答案设计为：靠自己解决、靠老伴陪伴、靠子女（打电话）、找邻居朋友聊天、靠政府提供老年娱乐设施和其他途径。Z

另一组指标是，"为了保障老年生活，您自己的办法是，其中最主要的办法是什么？"答案设计为：多在子女教育上投资、保持劳动能力种地、多储存点钱或多积累点财产、购买商业养老保险、参加社会养老保险和没办法等老了再说。两组指标反映的侧重点并不相同，第一组指标和第二组指标中的具体指标，即"有哪些途径"指标，用以反映农民在面临养老风险时，会采取哪些可能的养老保障策略，它反映的是农民养老保障策略的集合；第一组指标和第二组指标中的总体指标，即"最主要途径是什么"指标，用以反映农民在面临养老风险时，会首先采取哪种策略，它反映的是每种养老保障策略的可靠性和可行性。

二、新疆农民养老的保障策略安排

新疆农民的养老保障策略，包括具体养老内容层面的养老保障策略和总体上的养老保障策略两个大的方面。其中，具体层面的养老保障策略，包括经济保障策略、生活照料保障策略和精神慰藉保障策略三个方面；总体养老保障策略，也就是新疆农民的综合保障策略。

首先，新疆农牧民的具体保障策略

一是新疆农民的经济保障策略，见表4—1。

第四章 新疆农民的养老保障策略及其影响因素

表4-1 新疆农民养老的经济保障策略集合　　单位：个/%

解决经济保障问题的途径	样本量	频数	百分比
靠儿女赡养	704	564	80.1
靠自己	689	520	75.5
靠养老保险	671	417	62.1
靠政府救助	659	175	26.6
其他途径	643	8	1.2

从表4-1的统计结果可以看出，新疆农民解决自己老年时期经济保障问题的主要策略包括靠儿女赡养、靠自己解决、靠养老保险、靠政府救助四个方面，而靠其他途径解决的农民很少，所占比例只有1.2%。新疆农民解决经济保障问题的四个策略中，有80.1%的新疆农民把儿女赡养作为解决其经济保障问题的重要策略，有75.5%的新疆农民把依靠自己作为解决老年时期经济保障问题的主要策略，有62.1%的新疆农民把政府提供的新型农村社会养老保险制度作为解决老年时期经济保障的主要策略，有26.6%的新疆农民把依靠政府救助作为应对老年时期经济保障问题的主要策略。不同的选择策略，既反映了不同养老保障策略对于新疆农民的重要性程度，也反映了不同养老保障策略的可靠性程度。家庭养老、独立养老和政府养老保险，是新疆农民经济保障策略集合中最主要的策略集合。

那么，新疆农民最主要的经济保障策略是什么呢？见表4-2。

表4-2 新疆农民解决经济保障的最重要策略　　单位：个/%

解决经济来源的最重要途径	频数	百分比	有效百分比	累计百分比
靠儿女赡养	243	33.6	35.2	35.2
靠自己（劳动、储蓄、财产）	269	37.2	39.0	74.2
靠社会养老保险	124	17.1	18.0	92.2
靠老伴	16	2.2	2.3	94.5

（续表）

解决经济来源的最重要途径	频数	百分比	有效百分比	累计百分比
靠政府救助	35	4.8	5.1	99.6
其他途径	3	0.4	0.4	100.0
合计	690	95.3	100.0	

从表4-2的统计结果来看，新疆农民解决经济保障问题的最重要的策略是依靠自己，所占比例为39.0%，其次是依靠家庭（包括儿女和老伴），所占比例为37.5%，选择依靠社会养老保险制度的农民占18.0%。这说明，尽管有超过80%的新疆农民把依靠儿女作为解决老年时期的主要策略之一，但是，依靠儿女并不是新疆农民应对经济保障问题的最重要策略。这一方面说明新疆农民家庭养老的弱化和未来发展的不可持续性，同时，也反映了新疆农民独立养老意识的增强，反映了新疆农民在养老风险面前的理性和实践性。依靠新型农村社会养老保险制度的新疆农民占18.0%，这说明新型农村社会养老保险制度在新疆的试点取得了明显的成效，尽管新型农村社会养老保险制度的保障水平还比较低，但是，新型农村社会养老保险制度，作为一种解决经济保障问题的途径正在为新疆农民所接受。家庭养老作为一种传统的经济保障资源的提供模式，尽管其保障能力已经出现弱化，但是在相当长的时期内，这种模式依然会发挥重要的基础作用。

二是新疆农民的生活照料策略，见表4-3。

表4-3 新疆农民养老的生活照料策略集合　　　单位：个/%

解决生活照料问题的途径	样本量	频数	百分比
靠儿女照顾	709	597	84.2
雇人照顾	644	69	10.7
进养老院	656	132	20.1
靠老伴	687	443	64.5
靠自己	679	475	70.0
其他途径	645	9	1.4

第四章 新疆农民的养老保障策略及其影响因素

从表4－3的统计结果来看，新疆农民解决生活照料问题的策略集合中，有84.2%的新疆农民把依靠儿女照顾，作为老年时期解决生活照料问题的主要途径，有70.0%的新疆农民把依靠自己，作为解决老年时期生活照料的主要途径，有64.5%的新疆农民把依靠老伴，作为解决老年时期的主要策略，有20.1%的新疆农民把进养老院，作为解决老年时期生活照料的主要策略，还有10.7%的新疆农民把依靠雇人照顾作为解决老年时期生活照料的主要策略，选择其他途径解决老年时期生活照料问题的农民很少，所占比例只有1.4%。统计结果显示出，新疆农民解决生活照料问题的主要策略集合是依靠儿女、依靠自己和依靠老伴三种，另外，也有超过30%的新疆农民把依靠社会化的养老服务作为解决老年时期的主要策略，这说明，新疆农民解决老年时期生活照料问题的主要策略依然是比较传统的，但是对社会化的养老服务需求，也逐渐表现出强烈的渴望。

表4－3的统计结果显示，新疆农民解决生活照料问题的策略集合已经比较清晰。那么，新疆农民解决老年时期生活照料问题的策略选择的优先顺序是什么呢？见表4－4。

表4－4 新疆农民解决生活照料的最重要策略　　单位：个/%

解决生活照料的最重要途径	频数	百分比	有效百分比	累计百分比
靠儿女照顾	281	38.8	40.5	40.5
雇人照顾	9	1.2	1.3	41.8
进养老院	46	6.4	6.6	48.4
靠老伴	151	20.9	21.8	70.2
靠自己	207	28.6	29.8	100.0
合计	694	95.9	100.0	

从表4－4的统计结果来看，新疆农民解决老年时期生活照料问题的最主要途径是依靠儿女照顾，这既可能是新疆农民传统养老观念的惯性使

然,也可能体现了新疆老年农民对儿女亲情的渴望,同时也反映了新疆农民社会化的生活照料服务体系建设的不足,统计结果中只有不到8%的农民选择依靠社会化的养老服务来解决老年时期的生活照料问题,便是对上述推论的一个有力证明。除了最主要依靠儿女照顾之外,新疆农民在生活照料方面的独立意识也在增强,选择依靠自己解决老年时期的生活照料问题的新疆农民接近30%,重要性仅次于依靠儿女照顾。另有21.8%的新疆农民选择依靠老伴提供的照顾,来解决老年时期的生活照料问题。依靠社会化的生活照料服务(包括养老院提供和雇人照顾)尽管所占比例不高,但是也有近8%的新疆农民选择了这一策略,这提示人们,在人口老龄化快速推进的背景下,传统养老服务能力的弱化,需要社会化的养老服务体系来填补。

三是新疆农民的精神慰藉保障策略,见表4-5。

表4-5 新疆农民解决精神赡养问题的策略集合 单位:个/%

解决精神赡养问题的途径	样本量	频数	百分比
靠自己解决	679	380	56.0
靠老伴陪伴	696	537	77.2
靠子女(陪伴、打电话)	707	576	81.5
找邻居、朋友聊天	682	379	55.6
靠政府提供老年娱乐设施	666	207	31.1
其他途径	642	15	2.3

从表4-5的统计结果来看,新疆农民解决养老中的精神赡养问题的主要策略集合中,有81.5%新疆农民把依靠自己的陪伴或打电话作为解决精神赡养问题的主要策略,有77.2%的新疆农民把依靠老伴的陪伴作为解决精神赡养问题的主要策略,有56.0%的新疆农民把依靠自己作为解决精神赡养问题的主要策略,有55.6%的新疆农民把找邻居、朋友聊天作为解决精神赡养问题的主要策略,有31.1%的新疆农民把依靠政府提供老年娱乐

第四章　新疆农民的养老保障策略及其影响因素

设施作为解决精神赡养问题的主要策略，另有2.3%的新疆农民是通过其他方式来解决精神赡养问题。统计结果反映了新疆农民解决精神赡养问题的策略具有多元性，但这种策略集合仍然以血缘关系、亲缘关系提供的精神慰藉资源为主体。值得注意的是，有31.1%的新疆农民把依靠政府提供老年娱乐设施作为解决精神赡养问题的主要策略，这提示我们，在人口老龄化背景下，大力发展农村老年娱乐服务设施，将有助于降低新疆农民面临的精神慰藉风险，促进新疆农民老有所养和老有所乐目标的实现。

表4－6　新疆农民解决精神赡养问题的最重要策略　单位：个/%

解决精神赡养的最重要途径	频数	百分比	有效百分比	累计百分比
靠自己解决	139	19.2	20.0	20.0
靠老伴陪伴	240	33.1	34.5	54.5
靠子女（陪伴、打电话）	202	27.9	29.0	83.5
找邻居、朋友聊天	60	8.3	8.6	92.1
靠政府提供老年娱乐设施	54	7.5	7.8	99.9
其他途径	1	0.1	0.1	100.0
合计	696	96.1	100.0	

表4－6的统计结果反映了新疆农民解决精神赡养问题的最主要保障策略。从表4－6的统计结果来看，新疆农民解决老年时期精神赡养问题的最主要策略是依靠老伴，这一统计结果印证了一句术语，即"少年夫妻，老来伴"，老伴在解决新疆农村老年人的精神慰藉风险，防止新疆农村老年人晚年时期生活孤独、内心苦闷、郁郁寡欢等问题，具有非常重要的意义。除了依靠老伴的陪伴之外，有接近30%的新疆农民把依靠子女提供的帮助，作为解决精神慰藉问题的重要策略，其重要性仅次于依靠老伴，这说明新疆老年农民精神赡养需求，更多的是一种情感需求和亲情需求。有20.0%的新疆农民认为，解决老年时期精神赡养问题的最主要策略是依靠自己，这既反映了一部分农民的独立养老意识，也可能反映的是这部分新

疆农民在面对精神赡养问题时的无奈选择。有接近8%的新疆农民渴望通过政府提供的老年娱乐设施,来解决精神赡养问题,这一方面反映的是农村贫困老人特别是"三无"的真实诉求,也为政府大力加强农村老年服务设施建设提供了现实基础。

其次,新疆农民的总体保障策略

新疆农民总体养老保障策略集合,见表4—7。

表4—7　新疆农民保障老年生活的策略集合　　单位:个/%

保障老年生活的途径	样本量	频数	百分比
多生儿子	650	88	56.2
加大子女教育投资	696	424	60.9
保持劳动能力种地	661	245	37.1
多储存点钱或财产	693	491	70.9
购买商业养老保险	648	82	12.7
参加社会养老保险	682	469	68.8
没办法,老了再说	647	70	10.8

从表4—7的统计结果来看,新疆农民的养老保障策略集合中,有70.9%的新疆农民把多存点钱或财产作为自己老年生活的主要指靠,有68.8%的新疆农民把参加社会养老保险制度作为实现老有所养的主要策略,有60.9%的新疆农民把加大子女教育投资作为老年生活的主要保障策略,同时,有56.2%的新疆农民的养老保障策略是多生育儿子,选择保持劳动能力种地的新疆农民有37.1%,所占比例并不高,这说明老年时期,新疆农民往往健康状况在恶化,劳动能力不济,依靠保持劳动力种地来解决老年生活保障,显得不够现实,特别是在高龄阶段时,更加不可行,因此,选择依靠保持劳动力种地并不是大多数人的备选方案之一。选择购买商业养老保险来解决养老问题的新疆农民有12.7%,这一比例不算高,但

是与 2005 年全国商业养老保险调查数据相比，显然新疆农民的商业养老保险购买意愿是更高的，这一统计信息值得保险公司关注，并积极挖掘农村商业养老保险市场。

尽管新疆农民在应对老年生活问题时的保障策略呈现出多元性特点，但是一个非常明显的信息是，有接近 70% 的新疆农民把参加新型农村社会养老保险制度作为解决老年生活的主要策略，这不难断言，新疆新型农村社会养老保险制度的建设取得了比较好的成效，新疆农村社会养老保险制度作为一种应对新疆农民养老风险的策略之一，正在被广大的新疆农民所接受，为新疆农民的晚年生活提供了较为可靠的安全预期。新疆农民的养老保障策略中，多存点钱或多积累点财产所显示出的重要性，提示我们，应该加大新疆农民的资产积累力度。解决新疆农村大学生的就业问题，有利于提高新疆农民养老策略中的子女教育投资策略的有效性。有 10.8% 的新疆农民认为，在面临养老问题时，没有策略可选，只能走一步说一步。这反映出，新疆农村一部分贫困老年人的养老困境，政府应该重点关注这部分人群，避免贫困老人陷入老年生存困境。

表 4-8　新疆农民解决养老问题的最重要策略　　单位：个/%

保障老年生活的最重要途径	频数	百分比	有效百分比	累计百分比
多生儿子	28	3.9	4.0	4.0
加大子女教育投资	133	18.4	19.1	23.1
保持劳动能力种地	65	9.0	9.3	32.5
多储存点钱或财产	237	32.7	34.1	66.5
购买商业养老保险	16	2.2	2.3	68.8
参加社会养老保险	198	27.3	28.4	97.3
没办法，老了再说	19	2.6	2.7	100.0
合计	696	96.1	100.0	

表4—8反映的是新疆农民最重要的养老保障策略。从表4—8的统计结果来看,新疆农民的最重要的养老保障策略是多储存点钱或多积累点财产,所占比例达到了34.1%,其次是参加社会养老保险,所占比例为28.4%,加大子女教育投资排在第三位,所占比例为19.1%。从新疆农民的养老保障策略安排来看,依然是体现出"独立养老""家庭养老"和"社会养老保险"的福利三角框架,其中新疆农民的独立养老意识已经非常明显,过去那种"多子多福,养儿防老"的传统观念,尽管在新疆农村地区依然存在,但已经不是主流。比较表4—7和表4—8的统计结果可以发现,尽管有接近70%的新疆农民愿意把新型农村社会养老保险制度作为一个重要的养老保障策略,但由于新型农村社会养老保险制度的保障水平比较低,只有不到三分之一的新疆农民把新型农村社会养老保险制度作为其最重要的保障策略。选择购买商业养老保险作为最重要的养老保障策略的新疆农民只有2.3%,这说明新疆农村商业养老保险发展中存在着农民有效需求不足的障碍,大力发展新疆农村商业养老保险的关键在于提高新疆农民的收入水平。

三、新疆农民养老保障策略的特点

新疆农民的养老保障策略,体现出以下几个突出的特点。

一是新疆农民总体养老保障策略的多元性和分散化。中国当前处在一个风险多元化的社会背景之下,自然风险、市场风险、社会风险、健康风险等各种风险呈现出多发趋势,新疆地处西北边陲,不仅经济发展水平比较低,雨雪自然灾害风险频繁发生,社会发展也存在一些不稳定因素。在这种背景下,新疆农民作为一种理性的经济人和风险厌恶者,他们的养老保障策略也应该随着社会经济环境的动态发展而呈现出适应性才是比较合理的。来自新疆各地十三州726位农民的基线调查数据已经充分地说明了这一问题。无论是新疆农民总体养老保障的策略集合,还是新疆农民的最主要养老保障策略,都出现了多元化和分散化的特点。也即,新疆农民的养老保障策略,并没有压倒性地集中在某一种策略上,而是多种策略均衡发展,表现出多元化和分散性的特点,这种养老保障策略,体现了新疆农民的生存安全伦理,印证了一个金融投资领域中的一个投资策略,即"不要把鸡蛋放在一个篮子里"。从养老保障策略的具体提供主体的分类来看,主要是由家庭养老保障策略、独立养老保障策略和社会养老保障策略组成的"福利三角"框架。

二是独立养老保障策略是新疆农民养老保障策略中的一个重要选择。中国农民一个最大的特点就是勤劳。农村老年人只要身体健康允许,一般会干到不能再劳动为止。[①] 这种勤劳不仅仅出于生存的需要,它还体现出了老年人对于子女、孙子女的一种责任伦理,他们理解子女的不易,因此,尽管从年龄上可能已经到了退休的年龄,该是乐享晚年的时候,但是,为了减轻子女的负担,他们并不想在自己还能劳动的时候,就过上依赖的生活。经济基础决定上层建筑的原理,不仅适用于宏大的国家、社会制度等方面,也适用于农民日常的生活琐事。由于社会经济环境的变化,传统文化的衰退,农村老年人一旦丧失收入来源,他们的父权地位将不再,老年人在家庭中的地位将严重下降。很多老年人在家庭生活中,成为子女矛盾的出气筒,生活水平下降,甚至自尊受到伤害。因此,很多农村老年人即便是到了退休的年龄,但只要身体条件允许,他们依然忙碌在田间地头,依靠自食其力解决老年生活问题。统计数据也证明了这一点,新疆农民的养老保障策略中,无论是每个具体养老内容的保障策略,还是总体的养老保障策略,依靠自己解决,都是其中一个非常重要的选择。

三是新疆农民的非经济养老保障策略,更多体现的是一种亲情需求。

[①] 乐章:《风险与保障:基于农村养老问题的一个实证分析》,载《农业经济问题》,2005年第9期,第68—73页。

新疆农民的非经济养老保障策略，主要包括生活照料保障策略和精神慰藉保障策略两个方面。由于中国是一个受儒家文化影响深远的国家，在"孝文化"的约束下，农村长期以来都是由家庭成员提供各种养老保障资源，帮助老年人度过晚年生活，如果哪一个家庭的子女对老年人不好，不仅被邻居耻笑，也会在社会交往中受到限制？尽管随着市场经济在农村的深入发展，商品经济社会人们的经济理性被得到最大限度的鼓励，"认钱不认人"的现象不断在农村出现，一定程度上冲击了农民的传统养老文化。但是，人是一种感情和思想的融合体，农村老人依然对亲情的需要、对"儿孙绕膝"的渴望依然强烈。统计结果也证实了这一结论，即新疆农民的生活照料保障策略和精神慰藉保障策略，更多的是选择依靠子女、依靠老伴等来解决，表现出的是一种对于亲情的需要。

四是新疆农民养老保障策略的社会化需求已经显现。新疆农民养老保障策略的社会需求，不仅体现在经济保障策略方面，还体现在生活照料和精神慰藉方面。统计数据显示，新疆农民的经济保障策略集合中，依靠新型农村社会养老保险制度是新疆农民养老的一个非常重要的保障策略，有接近70%的新疆农民把新型农村社会养老保险制度作为自己解决老年经济保障问题的养老策略，但是最主要策略选择中，只有三分之一的新疆农民把新型农村社会养老保险制度作为自己的最主要养老保障策略，这说明新疆的新型农村社会养老保险制度的保障水平还比较低，还不足以满足新疆农民养老保障的需求。在新疆农民的非经济保障策略中，一部分农民愿意选择雇人照顾，来解决生活照料问题，也有一部分新疆农民选择进养老院，来解决生活照料问题。在新疆农民的精神慰藉保障策略中，有超过30%的新疆农民希望政府提供老年娱乐设施，来满足老年人的精神慰藉需求。这些统计数据，已经比较充分地说明了，新疆农村老年人养老保障策略的社会化需求已经显现。

第二节　新疆农民养老保障策略的影响因素

养老的实质是指度过老年生活，是生计的一个重要方面。人们在分析农民养老保障策略时，往往从更宽的视域内来讨论，即把农民养老保障策略放在农民的生计策略分析框架。但是，随着人口老龄化的快速发展，以及城镇化、工业化、市场化和人口流动导致农民传统养老保障模式的保障能力弱化的背景下，农民的养老风险与保障策略成为当前社会关注的焦点问题之一。新疆农民，作为一个有着特殊生产与生活环境、文化特色鲜明的群体，他们的养老保障策略是什么样的，这是一个很有意思、又值得研究的问题。

一、农民养老保障策略影响因素的研究现状

回顾已有的研究文献，目前，国内鲜有对农民养老保障策略的研究，对农民养老保障策略的实证研究更是缺乏。李文政（2009）对农民养老保障策略的分析，是置于中国人口老龄化背景下，并在分析农民现有养老保障模式及其困境的基础上，对农民养老保障策略的对策性分析。[①] 已有的文献，主要集中在农民生计策略及其影响因素的分析上。例如，苏芳等（2009）以甘肃省张掖市甘州区为例，利用小样本调查，对农民的生计之本与生计策略的关系进行了实证分析，结果显示，农民的主要体现在物质资本和人力资本上，而金融资本和自然资本比较缺乏，但是，农民的自然资本和金融资本等生计之本对生计策略具有显著性影响，而社会资本、物质资本和人力资本对农民的生计

---

① 李文政：《老龄化背景下农村养老保障策略与路径》，载《重庆社会科学》，2009年第1期，第44—47页。

策略并没有显著影响。①

蒙吉军等（2013）以内蒙古鄂尔多斯市乌审旗为例，利用小样本调查，实证分析了农牧民的可持续生计资产与农牧民生计策略的关系，研究结果显示，内蒙古鄂尔多斯市乌审旗的农牧民的主要生计资产是草场面积、信贷情况、家庭收入和牲畜数，社会资产和人力资产比较匮乏，进而导致金融资产和自然资产利用率低。从生计资产对生计策略的影响来看，人力资产和物力资产对农牧民的生计策略有显著的影响，而自然资产、社会资产和金融资产对农牧民的生计策略没有显著性影响。

许汉石、乐章（2012）利用全国十个省份1032份农民的调查数据，实证分析了农民的生计资产与农民的生计风险的关系，研究结果显示，当前我国农户主要面临大病风险、子女受教育风险和养老风险三种主要风险，农户所拥有的生计资本对他们所面临的生计风险具有极其复杂的影响关系。他们认为，生计风险的大小还与农户在利用生计资本基础上所选择的资本搭配及生计策略有着密切关系。② 与前几位学者的研究不同，许汉石等的研究，并没有分析生计资产与生计策略的关系，而只是分析了农民的生计资产对农民生计风险的影响，仅在结论与政策建议中，提到了要根据农民生计的策略选择，有针对性的增加农民的生计之本，应对农民的生计风险。

从文献研究的结果来看，农民的生计之本与生计策略的关系，尽管有些学者使用的方法相同，样本量大小近似，但是，研究结论却完全相反。例如，苏芳等和蒙吉军等。这种差异，到底是研究对象的地域不同造成

---

① 苏芳、浦欣冬、徐中民、王立安：《生计之本与生计策略关系研究——以张掖市甘州区为例》，载《中国人口资源与环境》，2009年第6期，第119－125页。
② 许汉石、乐章：《生计资本、生计风险与农户的生计策略》，载《农业经济问题》，2012年第10期，第100－105页。

的，还是调查样本量的大小决定的，尚有待进一步验证。但是，不管如何，研究结论的差异，至少说明了一个很明显的问题，即当前对于农民生计资本与生计策略的关系，生计资本与生计风险的关系并未得到足够重视。关于农民养老保障策略的研究更显得非常欠缺。这也是本书要突破的一个重点和创新之处。从研究的思路上，本书将着重分析新疆农民的养老资源与养老策略的关系，以期弥补现有研究的不足，并为政策制定提供参考。

二、新疆农民养老保障策略的个体特征差异

与其他省市区的农民相比，新疆农民在个体特征差异方面具有独特性。这种独特性，主要是因为新疆是一个多民族聚居的地方，少数民族之间和少数民族与汉族农民之间，由于宗教信仰、文化的不同，可以推断在养老保障策略方面，应该表现出一定的差异性。但这种推断是否成立，需要利用数据进行实证检验。这是本书分析新疆农民养老保障策略的个体特征差异的意义所在。

个体特征，一般来讲主要包括性别、年龄、文化程度、健康状况、婚姻状况、政治面貌、民族等多个方面，更多的是从人口学特征来说的。本书主要从性别、年龄、文化程度和民族四个方面来分析新疆农民养老保障策略的个体特征差异，以体现新疆农民的地域特色和民族特色。具体分析如下：

首先，新疆农民的性别特征与养老保障策略，见表4—9。

表4-9 新疆农民养老保障策略的性别差异

		为了解决老年生活，您自己最主要的办法是？				合计
		依靠子女	依靠自己	依靠社保	没办法，老了再说	
性别	女性	44	121	62	4	231
		19.0%	52.4%	26.8%	1.7%	100.0%
		27.3%	38.1%	31.3%	21.1%	33.2%
		6.3%	17.4%	8.9%	0.6%	33.2%
	男性	117	197	136	15	465
		25.2%	42.4%	29.2%	3.2%	100.0%
		72.7%	61.9%	68.7%	78.9%	66.8%
		16.8%	28.3%	19.5%	2.2%	66.8%
合计		161	318	198	19	696
		23.1%	45.7%	28.4%	2.7%	100.0%
		100.0%	100.0%	100.0%	100.0%	100.0%
		23.1%	45.7%	28.4%	2.7%	100.0%

注：Pearson Chi-Square=7.46，Asymp. Sig. =0.059。

从表4-9的统计结果来看，新疆农民的养老保障策略中，有23.1%的农民选择了依靠子女养老，有45.7%的农民选择了依靠自己养老，即独立养老，有28.4%的农民选了依靠社会养老保险制度，另有2.7%的农民认为"没办法，等老了再说"。从性别差异的角度来看（见图4-2），无论是男性新疆农民，还是女性新疆农民，他们的养老策略最主要的都是依靠自己，即独立养老，其次是依靠社会养老保险，而依靠子女这一策略排在第三位。这可以一定程度上说明，新疆农民的家庭养老观念已经发生了变化，变化的方向是独立养老和依靠社会养老保险。从具体策略上的性别差异来看，新疆男性农民比女性农民更倾向于依靠子女，而新疆女性农民比男性农民更倾向于依靠自己,在依靠社会养老保险这一策略中,男性农民多于女性农民。从卡方检验的结果来看,显著水平为 10% (Sig. = 0.059),这说明,新疆农民养老保障策略的性别差异在总体中是客观存在的。

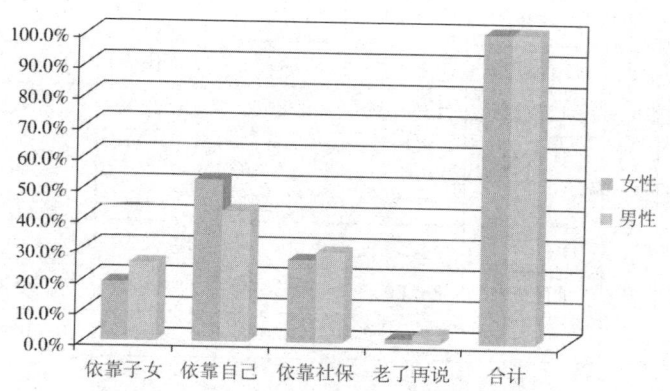

图 4-2 新疆农民养老策略的性别差异图

表 4-9 和图 4-2 统计结果显示,只有有 1.7% 的女性新疆女性农民和 3.2% 的新疆男性农民,在面对养老问题时,选择了"没办法,老了再说"这一策略。这说明,新疆农民的养老保障策略是非常明确的,过去那种认为"养老是未来的事情,顾不了那么多"观念已经不再多数农民无奈的选择。新疆农民养老保障策略的性别差异,既说明了女性农民和男性农民的养老风险意识已经觉醒,也说明了他们在养老风险面前的理性。

其次,新疆农民养老保障策略的代际差异,见表 4-10。

表 4—10 新疆农民养老保障策略的代际差异

分组年龄			为了解决老年生活，您自己最主要的办法是？				合计
			依靠子女	依靠自己	依靠社保	老了再说	
	80年代以后 (18—32岁)	频数	26	66	32	2	126
		行百分比	20.60%	52.40%	25.40%	1.60%	100.00%
		列百分比	16.10%	20.80%	16.20%	10.50%	18.10%
		合计百分比	3.70%	9.50%	4.60%	0.30%	18.10%
	70年代 (33—42岁)	频数	39	85	36	4	164
		行百分比	23.80%	51.80%	22.00%	2.40%	100.00%
		列百分比	24.20%	26.80%	18.20%	21.10%	23.60%
		合计	5.60%	12.20%	5.20%	0.60%	23.60%
	60年代 (43—52岁)	频数	53	91	63	6	213
		行百分比	24.90%	42.70%	29.60%	2.80%	100.00%
		列百分比	32.90%	28.70%	31.80%	31.60%	30.60%
		合计	7.60%	13.10%	9.10%	0.90%	30.60%
	50年代 (53—62岁)	频数	28	40	33	5	106
		行百分比	26.40%	37.70%	31.10%	4.70%	100.00%
		列百分比	17.40%	12.60%	16.70%	26.30%	15.30%
		合计	4.00%	5.80%	4.70%	0.70%	15.30%
	40年代以前 (63—87岁)	频数	15	35	34	2	86
		行百分比	17.40%	40.70%	39.50%	2.30%	100.00%
		列百分比	9.30%	11.00%	17.20%	10.50%	12.40%
		合计	2.20%	5.00%	4.90%	0.30%	12.40%
合计		频数	161	317	198	19	695
		行百分比	23.20%	45.60%	28.50%	2.70%	100.00%
		列百分比	100.00%	100.00%	100.00%	100.00%	100.00%
		合计	23.20%	45.60%	28.50%	2.70%	100.00%

注：Pearson Chi-Square=16.444，Asymp. Sig.=0.172。

从表 4—10 的统计结果来看，80 年代以后出生的新疆农民的养老保障策略中,有 20.6% 的农民选择依靠子女,有 52.4% 的农民选择依靠自己,有 25.4% 的农民选择依靠社会养老保险制度,另有 1.6% 的农民选择"没办法,老了再说";70 年代出生的新疆农民的养老保障策略中,有 23.8% 的农民选择依靠子女,有 51.8% 的农民选择依靠自己,有 22.0% 的农民选择依靠社会养老保险制度,另有 2.4% 的农民选择"没办法,老了再说";60 年代出生的新疆农民的养老保障策略中,有 24.9% 的农民选择依靠子女,有 42.7% 的农民选择依靠自己,有 29.6 的农民选择依靠社会养老保险制度,另有 2.8% 的农民选择"没办法,老了再说";50 年代出生的新疆农民的养老保障策略中,有 26.4% 的农民选择依靠子女,有 37.7% 的农民选择依靠自己,有 31.1% 的农民选择依靠社会养老保险制度,另有 4.7% 的农民选择"没办法,老了再说";40 年代以前出生的新疆农民的养老保障策略中,有 17.4% 的农民选择依靠子女,有 40.7% 的农民选择依靠自己,有 39.5% 的农民选择依靠社会养老保险制度,另有 2.3% 的农民选择"没办法,老了再说"。从养老保障策略的侧重点来看,无论是 80 年代,还是 70 年代、60 年代、50 年代,还是 40 年代,新疆农民的最主要养老保障策略都是选择依靠自己,而选择依靠子女的比例在五个历史年代,都是最低的。

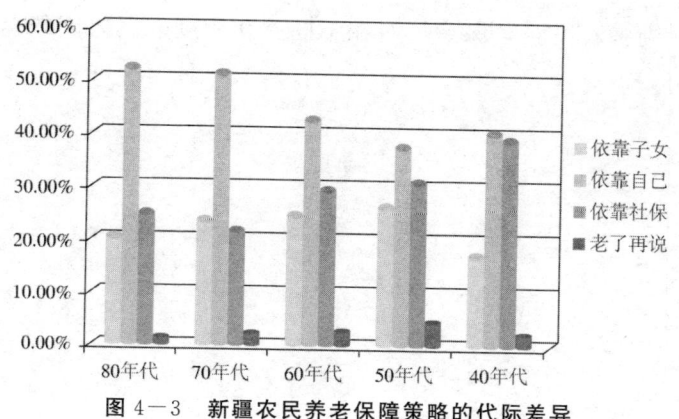

图 4—3 新疆农民养老保障策略的代际差异

从不同年代农民养老策略的变化趋势来看（见表 4—10 和图 4—3），随着时代的发展，从 40 年代到 80 年代，新疆农民养老的独立养老意识在逐渐增强，而依靠社会养老保险和依靠子女的比例呈现出逐渐下降的趋势。但是，与 70 年代的农民相比，80 年代以后出生的新疆农民，选择依靠社会养老保险制度的新疆农民所占比例又出现了增加。这可能主要是因为新型农村社会养老保险制度的保障水平比较低造成的，对于 70 年代的农民来说，在有生之年，新型农村社会养老保险制度的保障水平，很难达到应付他们晚年生活的程度，所以相对于 80 年代的新疆农民，70 年代的新疆农民把新型农村社会养老保险制度作为自己养老策略的比例出现了下降。从 40 年代到 80 年代，选择"没办法，老了再说"的新疆农民所占比例，呈现出逐渐下降的趋势。从卡方检验的结果来看，这种差异在总体中并不显著。也即这种差异，只是体现在所调查的样本中的差异。新疆农民养老保障策略的代际差异，在总体中是否存在仍需要进一步验证。如果农民的选择是理性的，那么，农民选择"没办法，老了再说"的比例在不同代际之间的差异，说明了这样一个事实，相对于 80 年代、70 年代和 40 年代出生的新疆农民，50 年代和 60 年代出生的新疆农民，在养老策略方面，显得更加无助和无奈。这两个年代出生的新疆农村老人，应该成为政府重点关注的对象。

第三，新疆农民养老保障策略在不同文化程度农民之间的差异，见表 4—11。

表 4－11　不同文化程度的新疆农民养老保障策略差异

			为了解决老年生活，您自己最主要的办法是？				合计
			依靠子女	依靠自己	依靠社保	老了再说	
文化程度	没上过学	频数	15	46	26	5	92
		行百分比	16.3%	50.0%	28.3%	5.4%	100.0%
		列百分比	9.3%	14.5%	13.1%	26.3%	13.2%
		合计	2.2%	6.6%	3.7%	0.7%	13.2%
	小学水平	频数	52	84	57	8	201
		行百分比	25.9%	41.8%	28.4%	4.0%	100.0%
		列百分比	32.3%	26.4%	28.8%	42.1%	28.9%
		合计	7.5%	12.1%	8.2%	1.1%	28.9%
	中学水平	频数	59	124	72	3	258
		行百分比	22.9%	48.1%	27.9%	1.2%	100.0%
		列百分比	36.6%	39.0%	36.4%	15.8%	37.1%
		合计	8.5%	17.8%	10.3%	0.4%	37.1%
	高中、中专水平	频数	33	41	33	3	110
		行百分比	30.0%	37.3%	30.0%	2.7%	100.0%
		列百分比	20.5%	12.9%	16.7%	15.8%	15.8%
		合计	4.7%	5.9%	4.7%	0.4%	15.8%
	大专及以上水平	频数	2	23	10	0	35
		行百分比	5.7%	65.7%	28.6%	0.0%	100.0%
		列百分比	1.2%	7.2%	5.1%	0.0%	5.0%
		合计	0.3%	3.3%	1.4%	0.0%	5.0%
合计		频数	161	161	318	198	19
		行百分比	23.20%	23.1%	45.7%	28.4%	2.7%
		列百分比	100.00%	100.0%	100.0%	100.0%	100.0%
		合计	23.20%	23.1%	45.7%	28.4%	2.7%

注释：Pearson Chi-Square=22.499，Asymp. Sig.=0.032。

从表 4－11 的统计结果来看，没有上过学的新疆农民的养老保障策略中，有16.3%的农民选择依靠子女，有50.0%的农民选择依靠自己，有28.3%的农民选择依靠社会养老保险制度，另有5.4%的农民选择"没办法，老了再说"；小学文化程度的新疆农民的养老保障策略中，有25.9%的农民选择依靠子女，有41.8%的农民选择依靠自己，有28.4%的农民选择依靠社会养老保险制度，另有4.0%的农民选择"没办法，老了再说"；初中文化程度的新疆农民的养老保障策略中，有22.9%的农民选择依靠子女，有48.1%的农民选择依靠自己，有27.9%的农民选择依靠社会养老保险制度，另有1.2%的农民选择"没办法，老了再说"；高中文化程度的新疆农民的养老保障策略中，有30.0%的农民选择依靠子女，有37.3%的农民选择依靠自己，有30.0%的农民选址依靠社会养老保险制度，另有2.7%的农民选择"没有办法，老了再说"；大专及以上文化程度的新疆农民的养老保障策略中，有5.7%的农民选择依靠子女，有65.7%的农民选择依靠自己，有26.6%的农民选择依靠社会养老保险制度，文化程度为大专以上的新疆农民，没有人选择"没办法，老了再说"。

从养老保障策略的重要性程度来看，无论是文盲的新疆农民，还是大专以上文化程度的新疆农民，抑或是其他文化程度的新疆农民，其最重要的养老保障策略是依靠自己，即独立养老，而不是依赖养老。不同文化程度的新疆农民对选择依靠社会养老保险制度的差异性尽管存在，但是差异非常小，即社会养老保险制度作为一种保障新疆农民养老风险的策略，尽管选择这一策略的新疆农民所占比例不大，但其重要性仅次于依靠自己这一策略。

从不同文化程度选择养老策略的规律性来看（见图4-4），随着新疆农民文化程度的提高，选择依靠自己作为养老保障策略的农民所占比例呈现出上升的趋势，而依靠社会养老保险制度的农民所占比例基本稳定在28%左右，选择"没办法，老了再说"的农民所占比例呈现出明显的逐渐下降趋势。选择依靠子女的农民所占比例，并没有随着农民文化程度的变化,而表现出明显的规律性。

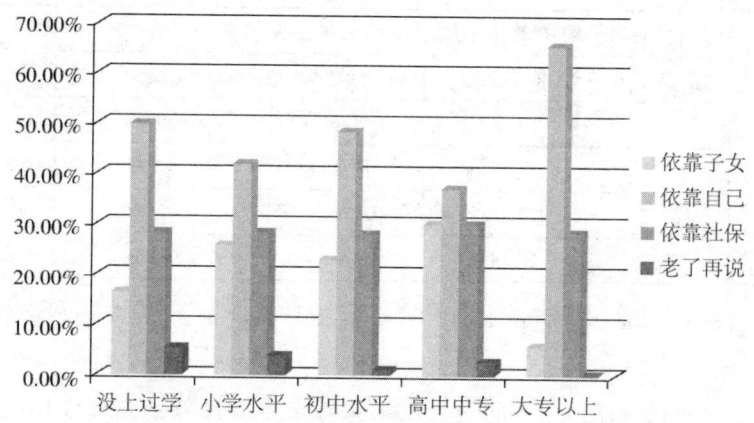

图 4-4 不同文化程度的新疆农民的养老策略差异图

从卡方检验的结果来看,不同文化程度的新疆农民的养老保障策略在 5%(Sig.＝0.032)的显著性水平下体现出差异,而且这种差异不仅仅体现在所调查的新疆农民的养老保障策略的差异,这种差异在新疆所有农民中都是存在的。也即新疆农民养老保障策略,在不同文化程度的新疆农民之间存在显著的差异。

第四,新疆农民养老保障策略的民族差异,见表 4-12。

表 4-12 新疆农民养老保障策略的民族差异

		为了解决老年生活,您自己最主要的办法是?				合计
		依靠子女	依靠自己	依靠社保	没办法,老了再说	
性别	汉族	73	158	90	10	331
		22.1%	47.7%	27.2%	3.0%	100.0%
		45.3%	49.7%	45.5%	52.6%	47.6%
		10.5%	22.7%	12.9%	1.4%	47.6%
	少数民族	88	160	108	9	365
		24.1%	43.8%	29.6%	2.5%	100.0%
		54.7%	50.3%	54.5%	47.4%	52.4%
		12.6%	23.0%	15.5%	1.3%	52.4%

(续表)

合计	为了解决老年生活,您自己最主要的办法是?				合计
	依靠子女	依靠自己	依靠社保	没办法,老了再说	
	161	161	318	198	19
	23.1%	23.1%	45.7%	28.4%	2.7%
	100.0%	100.0%	100.0%	100.0%	100.0%
	23.1%	23.1%	45.7%	28.4%	2.7%

注:Pearson Chi-Square=1.442,Asymp. Sig.=0.696。

从表4-12和图4-5的统计结果来看,不同民族的新疆农民的养老保障策略中,有22.1%的汉族农民选择依靠子女,有47.7%的汉族农民选择依靠自己,有27.2%的汉族农民选择依靠社会养老保险制度,另有3.0%的汉族农民选择"没办法,老了再说";有24.1%的少数民族农民选择依靠子女,有43.8%的少数民族农民选择依靠自己,有29.6%的少数民族农民选择依靠社会养老保险制度,另有2.5%的少数民族选择"没办法,老了再说"。

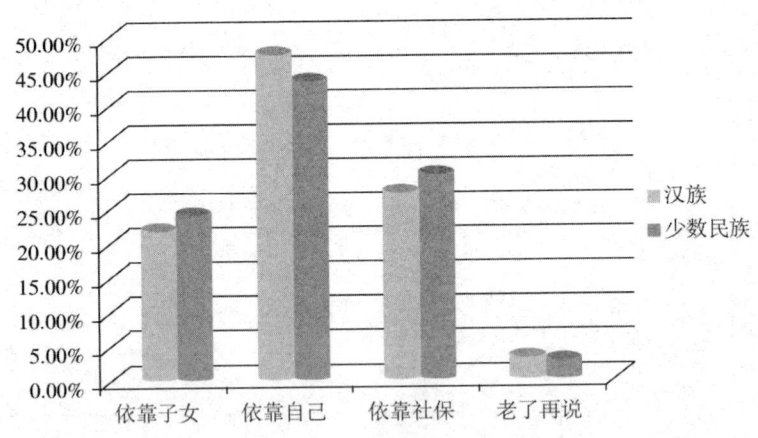

图4-5 新疆农民养老保障策略的民族差异图

从新疆农民养老保障策略的总量上来看,无论是少数民族的新疆农民,还是汉族新疆农民,在所有的养老保障策略的集合中,选择依靠自己作为老年保障策略的农民所占比例都是最多的,但是汉族农民选择依靠自己的比例,要大于少数民族依靠自己的比例。依靠社会养老保险制度和依靠子女是新疆汉族农民和少数民族农民养老保障策略的另外两个重要策略,且少数民族农民选择这两种养老保障策略的比例,要高于汉族农民选择这两种养老保障策略的比例。无论是少数民族农民,还是汉族农民,选择"没办法,老了再说"的农民都是比较少的。从卡方检验的结果来看,新疆农民养老保障策略的民族差异并不显著。即新疆农民养老保障策略的差异,只是体现在所调查地区的农民所选择的养老保障策略的差异性上,但总体中这种差异并不存在。

三、新疆农民养老保障策略的影响因素分析

农民的养老保障分为经济保障、生活照料和精神慰藉三个主要方面,针对不同的方面,农民由于个体特征、家庭资源禀赋以及社会经济发展环境的不同,而所选择的养老保障策略也体现出一定的差异性。因此,分析农民的养老保障策略及其影响因素,应该针对具体的养老保障内容,来选择相应的解释变量对其进行实证分析。本书分析新疆农民的养老保障策略及其影响因素,也是按照上述的分析逻辑来进行的。

养老保障的核心问题是由谁来提供养老资源。由于养老的主要内容涉及经济保障、生活照料和精神慰藉,因此,养老资源也就相应的包括经济保障资源、生活照料资源和精神慰藉资源三个方面。尽管养老的主要内容包括经济保障、生活照料和精神慰藉三个方面,但是这三个方面在养老中的作用,并不是等同的,而是体现出侧重点。从对社会生活的实践观察来看,经济保障问题是养老中的最为核心的问题,经济保障能否实现及其实现程度,不仅决定了人们能否实现老有所养,更为关键的是生活照料和精神慰藉的实现,也需要经济保障作为后盾。经济保障不足,往往也会造成生活照料和精神慰藉资源的匮乏,导致人们非经济养

老问题的显性化。

对于新疆农民而言,由于新疆经济发展水平还比较低,新疆农民的收入水平还比较低,经济满足程度比较差。这个时候,新疆农民关注的可能更多的是经济保障需求,而对生活照料和精神慰藉的需求尚未得到充分释放,进而会弱化经济保障的实现程度对于非经济保障需求的约束作用,也即经济保障资源情况对新疆农民非经济养老保障策略的影响就显得较弱。在这种情况下,分析新疆农民的养老保障策略需要从具体的养老保障资源的角度,进行针对性的分析。也即在分析新疆农民的养老保障策略的影响因素时,主要分析经济保障资源对于新疆农民经济保障策略的影响,生活照料保障资源对生活照料保障策略的影响,精神慰藉保障资源对精神慰藉保障策略的影响。

新疆农民养老的经济保障资源,主要体现在家庭收入水平、家庭存款情况、家庭住房的现值、家庭拥有的土地规模以及是否参加了新型农村社会养老保险制度五个方面。其中,家庭收入是指去年全家总收入,没有扣除支出也没有扣除生产成本;家庭存款是指家庭储蓄总额,减去负债部分;家庭住房现值,不是指原来建造的房子扣除折价后的值,而是指现在再次建造这样的房子值多少钱;家庭拥有的土地规模,不是指家庭理论上的土地规模,而是实际耕种的土地数量,这当中包括了农民土地流入与流出数量;是否参加了新型农村社会养老保险制度,是指被访问者是否参加了新型农村社会养老保险制度,而不是指户主。

新疆农民养老的经济保障策略,主要是从经济保障资源的提供来源来划分的,共分为:依靠自己,依靠子女和依靠社会(国家)三种养老经济保障策略。

新疆农民养老的生活照料保障资源,主要体现在人力资源的提供上,而养老保障的人力资源主要有家庭的儿子数量和女儿数量以及老伴构成,有时候还会有孙子女。但是,由于年龄过小的孙子女不仅不能照料老年人,还需要老年人照顾,不能把他们划入生活照料资源的提供主体,年龄稍大的孙子女有需要上学，而且一般都要寄宿学校，也很少能提供生活照料。因此，新疆农民的生活照料资源提供主体，主要有儿子数量、女儿数量、老伴三个方面，其中老伴以被调查农民的婚姻状况来反映。拥有必要的生活照料资源，是新疆农民实现生活照料需求的的必要条件，但并不是充分条件，也即是说，生活照料需求的实现，不仅要有必要的生活照料资源，还要保持代际关系的和谐，如果代际关系不好或很差，或者代际之间的距离拉大，那么来自代际之间的生活照料需求与供给就很难达到均衡。因此，本书选择了家庭关系和是否外出务工两个自变量作为生活照料需求实现的一种关系资源。

新疆农民养老的生活照料保障策略，主要是从生活照料资源的提供主体来源来划分的，共分为：依靠家庭，依靠自己和依靠社会（国家）三种养老的生活照料保障策略。

新疆农民养老的精神慰藉资源，即体现在人力资源上，也体现在关系资源和工具性资源上。人力资源主要表现在子女的数量，老伴是否健在以及邻里朋友数量；关系资源主要体现在社会关系的优劣，良好的关系资源，不仅为新疆农民获得精神慰藉提供了可能，还能让新疆农民心理上有一种满足感和幸福感，提高精神生活质量，成为一种无形的潜在的精神慰藉资源，相当于穆光宗（2007）所说的父母对于子女的"成就安心"的一种满足感。工具性资源，主要是指新疆农民日常生活中的人情关系往来，这种人际关系往来为新疆农民获得精神慰藉提供了可能。日常生活中的外出便利性，对新疆农民精神慰藉资源的获得和精神慰藉需求的实现，都有重要的影响。因为，外出便利性越好，也就为新疆农民外出逛街、赶集、逛庙会以及参加宗教或社团等活动，提供了可能和便利，增加了新疆农民精神慰藉需求实现的路径。因此，本书在分析新疆农民养老保障的精神慰藉策略时，把新疆农民的子女数量、外出便利性、人情支出、社会参与和邻里关系等自变量纳入了模型分析范畴。

由于不同个体特征的新疆农民，其认识水平、文化背景、养老观念、人力资本含量，以及就业技能与就业机会等很多方面，都存在很大的差异。这些差异会影响到新疆养老农民的经济保障策略、精神慰藉策略和生活保障策略的需求水平和实现路径。因此，为了分理出由于新疆农民个体特征差异所带来的新疆农民养老保障策略的差异，本书把新疆农民的性别、年龄、婚姻状况、健康状况以及民族状况六个自变量纳入了回归模型。

一般来说，女性农民在农村社会中处于弱势地位，他们的依赖性较强，在条件允许的情况下，他们更倾向于依赖他人养老，因此，女性新疆农民的独立养老意识可能会比较差，男性则相反。中国是在 20 世纪 80 年代初左右，才开始实行严格的计划生育政策，在之前农民的生育水平都比较高，因此对于现在的老年人，特别是 60 岁以上的老年人，他们的子女数量是比较多的，但他们自己的经济保障资源和健康资源都比较少，因此这一群体可能更倾向于依赖他人养老，包括依靠家庭或国家与社会，年龄较轻的新疆农民则可能相反。健康状况越好和文化程度越高的农民，也即是人力资本水平越高的新疆农民，越有可能找到就业机会，劳动收入水平可能越高，自我照料的可能性也越大，社会参与的机会也可能越多，等等，可以推断，健康状况越好的新疆农民，可能在他们养老的三个方面都更倾向于独立养老，而对他人的依赖性就较低。由于大多数少数民族农民生活在经济发展水平较差的农村地区，当地经济贫困，资源匮乏，生活单一，那么，少数民族农民，更倾向于依赖养老，而不倾向于独立养老。但是，由于少数民族在计划生育政策、宗教参与等方面有着特殊的优势。因此，他们在非经济养老的策略方面，更多的可能是依赖养老而不是独立养老。

农民的养老保障资源与农民养老保障策略的对应关系见表 4-13。

表 4－13 新疆农民养老资源与养老策略的对应关系

变量分类	变量性质	具体指标	影响方面	变量序号
解释变量	经济保障资源	家庭收入	经济策略	X1
		家庭存款		X2
		住房现值		X3
		新型农保		X4
		土地数量		X5
	生活照料资源	儿子数量	照料策略	X6
		女儿数量		X7
		外出务工		X8
		家庭关系		X9
	精神慰藉资源	外出便利	慰藉策略	X10
		人情支出		X11
		社会参与		X12
		邻里关系		X13
控制变量	个体特征	性别	个体差异	X14
		文化程度		X15
		健康状况		X16
		婚姻状况		X17
		年龄		X18
		民族		X19

首先，新疆农民的个体特征对养老保障策略的影响，这包括个体特征对经济保障策略的影响，个体特征对生活照料策略的影响和个体特征对精神慰藉保障策略的影响三个方面。个体特征自变量及其统计描述见表4－14。

表 4－14 新疆农民的个体特征变量及其统计描述

变量类型	变量名称	变量含义与赋值	最大值	最小值	平均值	标准差
农民个体特征变量	性别	被调查人员的性别。男＝1；女＝0	1	0	0.67	0.47
	年龄	被调查人员的年龄。18—87岁	87	18	45.7	13.7
	文化程度	被调查人员的文化程度。1＝没上过学；2＝小学；3＝初中；4＝高中、中专、中职等；5＝大专及以上	5	1	2.71	1.05
	健康状况	农民的健康自评状况。非常健康＝1；比较健康＝2；一般＝3；不太健康＝4；很不健康＝5	5	1	2.25	1.04
	婚姻状况	被调查人员的婚姻状况。0＝未婚、离异、丧偶；1＝已婚	1	0	0.84	0.37
	民族	被调查人员的民族分类。汉族＝0；少数民族＝1	1	0	0.54	0.50

从表4－15的统计结果来看，个体特征对新疆农民养老的经济保障策略有着显著的影响。相对于依靠社会养老保障策略而言，文化程度越高的新疆农民，在经济保障策略方面越不倾向于依靠家庭养老，同时，也更不倾向于以来独立养老，而是更倾向于依靠社会养老保险。这说明文化程度对于新疆农民选择社会养老保险制度作为自己的养老保障策略具有重要的影响文化程度越高的新疆农民，越容易丢弃传统养老观念，越容易接受新事物（新农保）。相对于依靠社会养老保险制度而言，健康状况越差的新疆农民在经济保障策略方面，越不倾向于依靠独立养老，而更倾向于依赖

他人养老。新疆农民的经济保障策略在不同性别、民族、婚姻状况之间没有表现出显著的差异。

表 4-15 个体特征与新疆农民养老的经济策略

参照项：3＝社会养老	家庭养老		独立养老	
	B	Exp（B）	B	Exp（B）
性别	0.033	1.034	0.008	1.008
年龄	0.000	1.000	－0.024**	0.976
婚姻状况	0.333	1.396	0.002	1.002
健康状况	－0.078	0.925	－0.345***	0.709
民族	0.045	1.046	－0.16	0.852
文化程度	－0.342***	0.710	－0.207*	0.813
常数项	1.255*		2.998***	
模型拟合信息	－2LL＝1353.538；Chi－Square＝57.376；sig.＝0.000			

注：*代表显著性水平为 10%；**代表显著性水平为 5%；***代表显著性水平为 1%。

从表 4-16 的统计结果来看，个体特征对新疆农民养老的生活照料策略有显著的影响。具体而言，相对于自己照料（独立养老）的养老策略而言，婚姻状况为已婚的新疆农民更倾向于依靠家庭成员（包括老伴）的照料。相对于自己照料自己而言，年龄越大的新疆农民更倾向于依靠社会机构来解决生活照料问题，年龄每增加一岁，新疆农民选择由社会机构来解决生活照料这一策略的概率发生比将提高 3.7%。相对于依靠自己照料自己而言，文化程度越高的新疆农民越不倾向于依靠家庭成员的照料，而更多的选择自己照料自己。这可能由于文化程度越高的新疆农民，越有可能保持良好的饮食、运动习惯，身体健康状况越好，进而导致文化程度越高的新疆农民越倾向于自己照料自己。相对于依靠自己照料自己而言，少数民族新疆农民更倾向于依靠社会机构来解决生活照料问题。这一问题与研究假设以及一般的社会观察是不相同的，可能的解释是特殊的少数民族政策，导致了新疆少数民族的依靠思想。所以，导致少数民族农民更加期望由社会机构来解决生活照料问题的现象。新疆农民的生活照料策略在不同性别、健康状况的农民之间没有表现出显著性差异。

表 4-16 个体特征与新疆农民养老的生活照料策略

参照项：3＝自己照料	家庭照料		社会照料	
	B	Exp (B)	B	Exp (B)
性别	－0.142	0.454	－0.151	0.860
年龄	0.006	1.006	0.037**	1.037
婚姻状况	0.570**	1.768	－0.103	0.903
健康状况	0.030	1.031	－0.077	0.926
民族	0.253	1.288	0.723**	2.060
文化程度	－0.1842*	0.833	0.221	1.248
常数项	0.406		－3.680***	
模型拟合信息	－2LL＝1093.577；Chi－Square＝30.158；sig.＝0.003			

注：*代表显著性水平为10%；**代表显著性水平为5%；***代表显著性水平为1%。

从表 4-17 的统计结果来看，相对于自己解决自己老年时期的精神孤独、空虚问题而言，婚姻状况为已婚的新疆农民更倾向于依靠家庭成员（包括老伴）来解决老年时期的精神慰藉问题。不同性别、年龄、健康状况、民族和文化程度的新疆农民在依靠家庭支持解决老年时期的精神慰藉问题没有明显的差异。从模型的统计结果和不同自变量的显著性检验来看，相对于依靠自己解决老年时期的精神慰藉问题而言，不同性别、年龄、婚姻状况、民族、文化程度和健康状况的新疆农民在选择依靠社会支持来解决老年时期的精神慰藉问题上没有显著的差异。这也即是说，不同个体特征的新疆农民在精神慰藉策略方面的差异，主要体现在婚姻状况这一因素上。

表4—17 个体特征与新疆农民养老的精神慰藉策略

参照项：3＝自己照料	家庭支持		社会支持	
	B	Exp（B）	B	Exp（B）
性别	－0.046	0.955	0.075	1.078
年龄	0.003	1.003	0.019	1.019
婚姻状况	0.970***	2.637	0.694	2.002
健康状况	－0.084	0.919	－0.010	0.990
民族	0.017	1.018	0.255	1.291
文化程度	－0.002	0.998	0.151	1.163
常数项	0.100		－3.330	
模型拟合信息	－2LL＝1087.161；Chi－Square＝24.362；sig.＝0.018			

注：＊代表显著性水平为10％；＊＊代表显著性水平为5％；＊＊＊代表显著性水平为1％。

由于养老资源对新疆农民养老保障策略的影响有时候并不是独立的，例如新疆农民的经济保障策略的影响因素，除了受到来自新疆农民的家庭收入水平、存款规模、土地拥有规模以及新型农村社会养老保险制度的影响之外，还可能受到子女数量、家庭关系等因素的影响。因为，子女数量的多寡，也会影响到家庭的财富积累状况，并进而影响到新疆农民的养老保障策略。养老资源与养老保障策略的匹配，需要通过家庭关系这个"桥梁"来连接。良好的家庭关系不仅决定了养老保障资源用于老年人的数量，还会影响到老年人的生活质量和精神面貌。因此，家庭关系也是一个非常重要的养老资源，并影响着新疆农民的经济保障策略。新疆农民的生活照料保障策略和精神慰藉保障策略，也会受到类似的因素的影响。因此，为了避免在选择解释变量时导致的主要变量的丢失，本书把代表三个方面养老保障资源的13个解释变量全部纳入回归模型之中。同时，回来避免多个自变量纳入模型所带来的多重共线性问题，本书采用逐步回归分析的方法，以消除自变量之间的相互影响。新疆农民的养老保障资源及其统计描述见表4-18。

表4-18　新疆农民的养老资源及其统计描述

变量分类	变量名称	变量含义与赋值	最大值	最小值	均值	标准差
经济保障资源	家庭收入	被调查对象2011年家庭总收入（元）。	200000	0	55253.0	40335.0
	家庭存款	被调查对象的家庭存款总量（元）。	5	1	2.15	1.29
	住房现值	被调查农民的住房现值（元）。	290000	0	61577.2	54303.2
	新型农保	被调查对象是否参加了新农保制度。1＝参加了；0＝没有参加。	1	0	0.65	0.48
	土地数量	被调查对象的家庭拥有土地规模。	500	0	31.0	48.6
生活照料资源	儿子数量	被调查农民有几个儿子。	7	0	1.21	1.01
	女儿数量	被调查农民有几个女儿。	5	0	1.16	1.00
	外出务工	被调查对象2011年是否外出务工。1＝外出务工；0＝没有外出务工。	1	0	0.23	0.42
	家庭关系	被调查农民的家庭关系。1＝非常好；2＝比较好；3＝一般；4＝不太好；5＝很不好。	5	1	1.50	0.66

第四章　新疆农民的养老保障策略及其影响因素

（续表）

变量分类	变量名称	变量含义与赋值	最大值	最小值	均值	标准差
精神慰藉资源	外出便利	被调查农民外出交通便利性。1＝非常方便；2＝比较方便；3＝一般；4＝不太方便；5＝很不方便。	5	1	2.55	0.97
	人情支出	被调查农民去年用于人情往来上的总支出（元）。	21000	0	1760.3	2399.3
	社会参与	被调查对象是否参加农业协会或农业组织。参加了＝1；没有参加＝0。	1	0	0.30	0.46
	邻里关系	被调查对象与邻居之间的关系。1＝非常好；2＝比较好；3＝一般；4＝不太好；5＝很不好。	5	1	1.81	0.71

　　从变量的类型来看，新型农保、外出务工和社会参与是虚拟变量；家庭收入、家庭去年总收入、儿子数量、女儿数量和土地规模是连续变量；其他自变量均为有序多分类自变量。在社会科学研究中，由于定序多分类自变量比较多，研究者为了统计方便，也常常把有序多分类自变量近似的当成是连续变量来处理。①②③ 因此，本书的自变量均满足回归分析的基本要求。同时，由于因变量是多分类无序因变量，因此，本书使用的回归模

---

① 柯惠新：《调查研究中的统计分析法》，北京：北京广播学院出版社，1992 年版，第 176 页。
② 乐章：《他们在担心什么：风险与保障视角中的农民问题》，载《农业经济问题》，2006 年第 2 期，第 26－35 页。
③ 于长久：《人口老龄化背景下农民的养老风险及其制度需求——基于全国十个省份千户农民的调查数据》，载《农业经济问题》，2011 年第 10 期，第 56－66 页。

型为多项 Logistic 回归模型。回归分析结果见表 4—19。

表 4—19 养老资源与新疆农民养老的经济保障策略

参照项：3＝社会养老	家庭养老		独立养老	
	B	Exp（B）	B	Exp（B）
儿子数量	0.216*	1.241	0.057	0.983
女儿数量	0.030	1.030	0.791**	0.759
外出便利性	0.275**	1.317	0.026*	1.232
邻里关系	－0.127	0.881	0.434***	0.598
土地规模	0.005	1.005	0.163***	1.010
人情支出	0.000***	1.000	0.010**	1.000
常数项	－0.141		0.741***	
模型拟合信息	－2LL＝1238.989；Chi－Square＝53.381；sig.＝0.000			

注：*代表显著性水平为 10％；＊＊代表显著性水平为 5％；＊＊＊代表显著性水平为 1％。

从表 4—19 的统计结果来看，相对于社会养老保障策略而言，儿子数量越多、外出便利性越差和人情支出越多的新疆农民，在经济保障方面更倾向于选择家庭养老保障策略。中国农民的传统养老观念就是"养儿防老"，儿子数量越多不仅为新疆农民依靠家庭养老提供了条件，同时，它还说明新疆农民对儿子或家庭其他成员的期望比较高，因此更容易选择家庭养老保障策略。外出便利性越差，家庭成员外出务工以及获得其他养老资源的机会将越少，外出务工和获得其他养老资源的可能性也将越低，因此，外出便利性越差的新疆农民更不倾向于依靠家庭养老保障策略。人情支出越多，说明这个家庭的社会关系比较复杂，社会支持网络比较大，在过去，扩大的家庭成员或者说家族成员，也是农民养老资源的提供主体之一，尽管新时代的家庭结构已经小型化，但是扩大的家庭关系，在农村地区依然存在。因此，人情支出越多的新疆农民更倾向于选择家庭养老保障策略。

表 4-19 的统计结果还说明,相对于依靠社会养老保障策略而言,女儿数量越多、外出便利性越差、邻里关系越差、土地规模越大和人情支出越多的新疆农民,在养老的经济保障策略方面,更倾向于依靠独立养老保障策略。这不难理解,女儿数量越多的新疆农民越倾向于依靠独立养老,主要是由于在农村"嫁出去的女儿,泼出去的水",女儿一般是不承担养老义务的,特别是随着农村交通的便利性的增加,外出务工机会的增多,以及农村女性长期在外务工,过去那种"近亲结婚"(即邻村或同乡之间的婚姻关系)已经被跨地区、跨省甚至跨国的婚姻关系所取代,因此,女儿数量多,一方面增添了老年人的抚养负担,另一方面在养老方面又因为上述原因而很难实现,因此,女儿越多的新疆农民更倾向于依靠独立养老保障策略。

农村是一个熟人社会,邻里之间的互助是农民获得养老支持的一个重要途径。法国农村社会学的代表人物孟德拉斯认为,农村社区是一个互识性社会。[1] 在这样一个互相熟识的社会中,人们之间保持着频繁的互动,体现在日常生活互助、生产互助和急事、重大事情互助等互助行为。邻里关系越差,说明新疆农民获得邻里互助的可能性越低,在其他养老资源可及性较差时,只能选择依靠独立养老保障策略。人情支出越多的新疆农民家族关系越广,拥有的养老资源越多,为独立养老提供了良好的条件,再加上现在的社会养老保险制度不完善,社会养老服务体系非常欠缺,因此相对于依靠社会养老保障策略而言,人情支出越多的新疆农民选择依靠独立养老保障策略的概率越大。

在农村,土地是农民的重要养老资源。传统意义上的家庭养老,正是基于"土地基础"上的家庭养老。"土地是农民的命根子",印证了土地对农民的重要性这一论断。尽管从 2009 年开始,新疆开始在全疆范围内开展新型农村社会养老保险制度的试点工作,但是新型农村社会养老保险制

---

[1] [法]孟德拉斯:《农民的终结》,北京:中国社会科学出版社,2005 年版。

度,不管是在当前,还是在相当长的时间内,都很难达到足够高的水平,其养老保障能力是非常有限的。因此,土地依然是新疆农民的重要养老保障资源。实证研究结果也证实了这一点,即相对于依靠社会养老保障策略而言,土地规模越大的新疆农民,越倾向于依靠独立养老保障策略。

表4—20的统计结果为养老资源与新疆农民养老的生活照料保障策略的关系。

表4—20 养老资源与新疆农民养老的生活照料保障策略

参照项:3=自己照料	家庭照料		社会照料	
	B	Exp(B)	B	Exp(B)
女儿数量	0.338***	1.403	0.619***	1.858
家庭存款	0.058	1.060	−0.363**	0.695
新型农保	0.537	1.711	0.668	1.950
人情支出	0.000	1.000	0.000***	1.000
常数项	−0.103		0.690***	
模型拟合信息	−2LL=919.823;Chi−Square=62.917;sig.=0.000			

注:*代表显著性水平为10%;**代表显著性水平为5%;***代表显著性水平为1%。

从表4—20的统计结果来看,相对于依靠自己解决老年时期的生活照料策略而言,女儿数量越多的新疆农民,越倾向于选择依靠家庭保障策略来解决生活照料问题,女儿数量每增加一个人,相对于依靠自己照料的新疆农民来说,选择依靠家庭照料策略来解决老年时期的生活照料问题的概率发生比,也即可能性,将提高40.3%。这与一些学者的研究结论相符,即女儿更多的是非经济保障方面的支持。大多数研究认为,儿子通常是经济和家务帮助的主要提供者,而女儿更多提供的是情感支持和生活起居方面的帮助。①②③④⑤⑥ 不同家庭存款、是否参加新农保、人情支出多少的新疆农民，在选择自己照料保障策略与家庭照料保障策略之间没有表现出显著的差异。

表 4-21 的统计结果显示了养老保障资源与新疆农民养老的精神慰藉保障策略的关系。

表 4-21　养老资源与新疆农民养老的精神慰藉保障策略

参照项：3=社会支持	家庭支持		自己支持	
	B	Exp（B）	B	Exp（B）
儿子数量	0.381*	1.463	0.430**	1.537
女儿数量	－0.387**	0.679	－0.024	0.976
村经济情况	0.371	1.449	0.181	1.198
外出便利性	0.162	1.175	0.206	1.229
家庭关系	－0.365	0.694	－0.605**	0.546
邻里关系	－0.315	0.730	0.072	1.075
外出打工	0.508	1.661	0.722	2.508
家庭收入	0.000	1.000	0.000	1.000
家庭存款	0.221	1.247	0.356**	1.428

---

① Eggebeen, D. J., and D. P. Hogan. *Giving between Generations in American Families* [J]. Human Nature. 1990，(1)：211－32.

② Stoller, Eleanor Palo. *Why Women Care：Gender and the Organization of Lay Care in E. Stoller and R. Gibson (eds.). Worlds of Difference：Inequality in the Aging Experience Thousand Oaks* [M]. Pine Forge Press，1994：187－193.

③ 熊跃根：《成年子女对照顾老人的看法》，载《社会学研究》，1998年第5期，第76－80页。

④ Liu. T. William & Kendig Hal (eds.). *Who Should Care for the Elderly?. An East－West Value Divide* [M]. Singapore：Singapore University Press & World Scientific. 2000，136－142.

⑤ 谢桂华：《老年人的居住模式与子女的赡养行为》，载《社会》，2009年第5期，第149－168页。

⑥ 梁丽霞：《"照顾责任女性化"及其理论探讨》，载《妇女研究论丛》，2011年第2期，第12－18页。

（续表）

参照项：3＝社会支持	家庭支持		自己支持	
	B	Exp（B）	B	Exp（B）
房屋现值	0.000	1.000	0.000	1.000
社会参与	0.239	1.271	－0.059	0.943
土地规模	－0.009	0.991	－0.006	0.994
新型农保	0.001	1.001	－0.011	0.989
人情支出	0.000***	1.000	0.000***	1.000
常数项	0.654			
模型拟合信息	－2LL＝917.612；Chi－Square＝56.930；sig.＝0.001			

注：*代表显著性水平为10%；**代表显著性水平为5%；***代表显著性水平为1%。

从表4－21的统计结果来看，相对于依靠社会支持养老保障策略而言，儿子数量越多、人情支出越多的新疆农民更倾向于依靠家庭支持来解决老年时期的精神慰藉问题，而女儿数量越多的农民，相对于靠社会支持保障策略而言，新疆农民更不倾向于依靠家庭支持保障策略。这一结果还是与新疆农民的养老观念有关，即依靠儿子养老，嫁出去的女儿，如泼出去的水，女儿并不承担养老责任，同时由于女儿出家以后，特别是嫁到较远的外地以后，老年人从女儿那里获得精神慰藉的可能性和可得性都明显下降，因此，在现代社会背景下，女儿数量越多的新疆农民，并不把获得精神慰藉的期望寄托在家庭养老身上。不同村经济情况、不同外出便利性、家庭关系好坏、邻里关系好坏、是否外出打工、家庭收入规模、家庭存款数量、是否社会参与、土地规模数量以及是否参加新农合的新疆农民，在精神慰藉保障策略方面，是更倾向于依靠社会支持还是更倾向于依靠家庭支持之间，并没有表现出明显的不同。

表4－21的统计结果还显示出，相对于依靠社会支持养老保障策略而言，儿子数量越多、家庭存款越多和人情支出越多的新疆农民，在精神慰

藉保障策略方面,更倾向于选择依靠自己支持这一保障策略。这不难理解,儿子数量越多和人情支出越多的新疆农民,有一个共同的特点,就是家族势力比较大,这样的家庭所拥有的养老资源越多,老年人通过自己解决精神慰藉的可能性也就越大。同时,家庭关系越差的新疆农民,在获得精神慰藉的途径上,相对于依靠社会支持保障策略而言,更不倾向于选择依靠自己支持保障策略。也就是说,家庭关系越差的新疆农民,在精神慰藉的实现上,更多的把期望寄托在社会或国家提供的支持上。不同女儿数量、不同村经济情况、外出便利性好坏、邻里关系好坏、是否外出打工、家庭收入多少、房屋现值几何、是否社会参与、土地规模多少和是否参加新型农保的新疆农民,在精神慰藉实现途径上,是更倾向于选择社会支持保障策略,还是更倾向于选择自己支持保障策略,并没有表现出明显的差异。

第三节 研究结论与进一步讨论

本章利用 2012 年 2 月份新疆十三个地州市 726 位农民的调查数据,利用交互分析、描述性统计分析和二元 Logistic 回归模型和多项 Logistic 回归模型方法,实证分析了新疆农民的养老保障策略,主要结论与有待进一步研究的问题如下所述。

一、新疆农民养老保障策略研究的基本结论

新疆农民养老保障策略研究的基本结论包括新疆农民养老保障策略的概括性结论、新疆农民养老保障策略差异的研究结论以及新疆农民养老保障策略影响因素的研究结论三个主要方面。

首先,新疆农民养老保障策略的概括性研究结论

一是新疆农民总体养老保障策略的多元性和分散化。来自新疆各地十

三州726位农民的基线调查结果表明，无论是新疆农民总体养老保障的策略集合，还是新疆农民的最主要养老保障策略，都出现了多元化和分散化的特点。也即新疆农民的养老保障策略，并没有压倒性地集中在某一种策略上，而是多种策略均衡发展，表现出多元化和分散性的特点，这种养老保障策略，体现了新疆农民的生存安全伦理。从新疆农民养老保障策略的分类来看，主要由家庭养老保障策略、独立养老保障策略和社会养老保障策略所组成的"福利三角"框架。

二是独立养老保障策略是新疆农民养老保障策略中的一个重要选择。勤劳是中国农民的一个明显特点。农村老年人只要身体健康允许，一般会干到不能再劳动为止。① 这种勤劳不仅仅处于生存的需要，它还体现出了老年人对于子女孙子女的一种责任伦理。因此，很多农村老年人即便是到了退休的年龄，但只要身体条件允许，他们依然忙碌在田间地头，依靠自食其力解决老年生活问题。统计数据也证明了这一点，新疆农民的养老保障策略中，无论是每个具体养老内容的保障策略，还是总体的养老保障策略，依靠自己解决，都是其中一个非常重要的选择。

三是新疆农民的非经济养老保障策略，更多体现的是一种亲情需求。中国是一个受儒家文化影响深远的国家，尽管随着市场经济在农村的深入发展，商品经济社会人们的经济理性被得到最大限度的鼓励，但在"孝文化"的约束下，农村老人依然对亲情的需要、对"儿孙绕膝"的渴望依然强烈。统计结果也证实了这一结论，即新疆农民的生活照料保障策略和精神慰藉保障策略，更多的是选择依靠子女、依靠老伴等来解决，表现出的是一种对于亲情的需要。

四是新疆农民养老保障策略的社会化需求已经显现。新疆农民养老保障策略的社会需求，不仅体现在经济保障策略方面，还体现在生活照料和

---

① 乐章：《风险与保障：基于农村养老问题的一个实证分析》，载《农业经济问题》，2005年第9期，第68—73页。

精神慰藉方面。统计数据显示，新疆农民的经济保障策略集合中，依靠新型农村社会养老保险制度是新疆农民养老的一个非常重要的保障策略，有接近70%的新疆农民把新型农村社会养老保险制度作为自己解决老年经济保障问题的养老策略。在新疆农民的非经济保障策略中，一部分农民愿意选择雇人照顾，也有一部分新疆农民选择进养老院。在新疆农民的精神慰藉保障策略中，有超过30%的新疆农民希望政府提供老年娱乐设施，来满足老年人的精神慰藉需求。这些统计数据，已经比较充分地说明了，新疆农村老年人养老保障策略的社会化需求已经显现。

其次，新疆农民养老保障策略的相似性与差异性

新疆农民养老保障策略的相似性体现在，独立养老是新疆农民养老的主要保障策略，这一特点在不同个体特征农民之间具有相似性；新疆农民养老保障策略的差异性，主要体现在新疆农民的养老保障策略在不同性别、文化程度的农民之间存在显著的差异。相对于男性新疆农民而言，女性新疆农民更倾向于依靠独立养老，而男性新疆农民更倾向于依赖养老，包括依靠子女和社会保障制度。不同文化程度之间的新疆农民，在养老保障策略的选择上存在显著的差异，但这种差异并没有表现出明显的规律性。依靠社保是新疆农民的一个养老保障策略，尽管不同文化程度的农民之间存在差异，但差异非常小。接近70%的大专以上文化程度的新疆农民，选择独立养老保障策略。

不同代际、不同民族的新疆农民，在养老保障策略上也存在明显的差异，但从卡方检验的结果显示，这种差异只是存在于所调查的地区，在总体中并不存在。随着年龄的增加，新疆农民选择依靠社会保障制度这一养老保障策略的比例呈现出逐渐上升的趋势，而选择依靠自己这一养老保障策略的比例呈现出明显的下降趋势。少数民族与汉族新疆农民在养老保障策略选择上具有相似性，即无论是少数民族新疆农民，还是汉族新疆农民都是以独立养老为主，以依赖养老为辅。

再次,新疆农民养老保障策略的影响因素

个体特征对新疆农民的养老保障策略有着显著的影响。从经济保障策略来看,相对于依靠社会养老保障策略而言,文化程度越高的新疆农民,在经济保障策略方面越不倾向于依靠家庭养老,同时,也更不倾向于以来独立养老,而是更倾向于依靠社会养老保险。相对于依靠社会养老保险制度而言,健康状况越差的新疆农民在经济保障策略方面,越不倾向于依靠独立养老,而更倾向于依赖他人养老。从生活照料策略来看,相对于自己照料(独立养老)的养老策略而言,婚姻状况为已婚的新疆农民更倾向于依靠家庭成员(包括老伴)的照料。相对于自己照料自己而言,年龄越大的新疆农民更倾向于依靠社会机构来解决生活照料问题,年龄每增加一岁,新疆农民选择由社会机构来解决生活照料这一策略的概率发生比将提高 3.7%。相对于依靠自己照料自己而言,文化程度越高的新疆农民越不倾向于依靠家庭成员的照料,而更多的选择自己照料自己。相对于依靠自己照料自己而言,少数民族新疆农民更倾向于依靠社会机构来解决生活照料问题。从精神慰藉策略来看,相对于自己解决自己老年时期的精神孤独、空虚问题而言,婚姻状况为已婚的新疆农民更倾向于依靠家庭成员(包括老伴)来解决老年时期的精神慰藉问题。

养老保障资源对新疆农民的养老保障策略有显著的影响。从经济保障策略来看,相对于社会养老保障策略而言,儿子数量越多、外出便利性越差和人情支出越多的新疆农民,在经济保障方面更倾向于选择家庭养老保障策略。相对于依靠社会养老保障策略而言,女儿数量越多、外出便利性越差、邻里关系越差、土地规模越大和人情支出越多的新疆农民,在养老的经济保障策略方面,更倾向于依靠独立养老保障策略。从生活照料策略来看,相对于依靠自己解决老年时期的生活照料策略而言,女儿数量越多的新疆农民,越倾向于选择依靠家庭保障策略来解决生活照料问题,女儿数量每增加一个人,相对于依靠自己照料的新疆农民来说,选择依靠家庭照料策略来解决老年时期的生活照料问题的概率发生比,也即可能性,将提高40.3%。相对于依靠社会支持养老保障策略而言，儿子数量越多、人情支出越多的新疆农民更倾向于依靠家庭支持来解决老年时期的精神慰藉问题，而女儿数量越多的农民，相对于靠社会支持保障策略而言，新疆农民更不倾向于依靠家庭支持保障策略。从精神慰藉策略来看，相对于依靠社会支持养老保障策略而言，儿子数量越多、家庭存款越多和人情支出越多的新疆农民，在精神慰藉保障策略方面，更倾向于选择依靠自己支持这一保障策略。

二、有待进一步探索的问题

本章利用新疆13个地州市726位农民的调查数据，实证分析了新疆农民的养老保障策略及其影响因素，对新疆农民的养老保障策略有了一个比较清晰的印象，如果说新疆农民的养老保障策略是出于生存伦理指导下的理性选择，那么从供求均衡的视角，新疆地方政府针对新疆农民养老保障问题的政策安排，需要充分考虑新疆农民的意愿和需求。但是，由于新疆人口老龄化是一个动态发展的社会问题，新疆农民的理性判断也并不一定都是准确和有效的，因此，在对新疆农民的养老保障策略有了较为清晰地了解之后，为了构建有效的新疆农民养老保障体系，当地政府还应该在以下几个方面进行跟踪研究。

一是新疆农民养老保障策略的动态发展趋势是什么。随机性的或偶然性的养老行为，并不能为合意的政策构建带来有效的参考价值，只有带有趋势性的、规律性的养老行为，才能为合意的政策制定带来借鉴和参考。本章的研究结论，只是基于新疆一个时点的调查，研究的结论尽管具有足够的可信度和准确性，但是也同时具有一定的偶然性。因此，在没有结合动态数据进行纵向比较的情况下，这样的结论很难用其去推断新疆农民未来养老保障策略的发展趋势。尽管本章也把不同年龄的新疆农民的养老保障策略进行了代际之间的差异性比较，但是这种差异性比较的背景是：新疆农村地区尚未进入人口老龄化社会，人口老龄化所带来的养老问题，尚未成为新疆农民必须面对的养老难题。再加上，没有证据说明，新疆农民的养老保障策略是一种富有远见的养老保障策略，那么，新疆农民基于当前的社会经济背景所做出的策略选择，也很可能是一种短期性行为，很可能具有一定的误导性。因此，动态跟踪研究新疆农民的养老保障策略，具有重要的现实与理论意义。动态跟踪新疆农民的养老保障策略，需要连续地做跟踪调查，这需要后续的研究工作继续跟进。

二是新疆农民的养老保障策略与其他省份农民的养老保障策略是否存在显著差异。中国是一个多民族集聚的国家，全国有56个民族，新疆是中国多民族集聚特色的一个典型缩影，聚居52个民族的人口。特殊的地理位置，特殊的文化氛围，以及特殊的自然气候等，新疆农民的养老保障策略，在不同民族之间理论上应该表现出明显的差异。但是，本次的研究结论并不支持这一推断。一个值得追问的问题是，新疆农民养老保障策略在不同民族之间没有表现出显著差异的原因是什么？是由于调查数据样本量不够，还是因为事实就是如此，这是有待验证的问题。同时，由于新疆地理位置特殊，文化环境也非常特殊，那么，新疆农民的养老保障策略与其他省份的农民养老保障策略之间是否存在明显的差异呢？这也是一个值得追问的问题。不同国家和不同地区之间的社会政策是可以移植和借鉴的，但是这种移植和借鉴的前提是，不同国家和地区的社会经济文化环境具有一定的相似性，并且这种相似性并不是表面上的相似性，而是具有内在核心的相似性，这是保证政策具有移植和借鉴价值的重要条件。新疆作为一个地理位置特殊、文化环境特殊以及自然气候特殊的地区，新疆农民的养老保障政策与其他省份农民的社会保障政策是否应该体现出明显的差异性、独特性，以及在什么地方体现出差异性和独特性，都需要进一步调查研究新疆农民的养老保障策略与其他省份农民的养老保障策略的差异性问题。

三是新疆农民的养老保障策略是否具有明显的地域特色。新疆是一个少数民族聚集的后发展地区，社会经济发展水平比较低，人口老龄化程度不高，农村人口占据多数，农民的生计来源以农牧业为主，经济发展以绿洲经济为主，这些都是新疆农民的地域特色。那么同样是社会经济发展水平比较低，人口老龄化水平比较低，农村人口占据多数，生计来源以农牧业为主的西藏、青海、宁夏等西部省份，这些落后地区的省份之间，农民养老保障策略是否具有相似性呢？如果具有相似性，那么，在哪些方面具有相似性呢？这也是一个值得追问的问题，清楚地了解这些省份之间农民养老保障策略的差异性和相似性，有助于国家针对西部地区农民养老保障问题的政策制定，有助于提高政策决策的有效性，降低政策决策的成本和执行中可能带来的偏差和低效率。

第五章　新疆农民的缴费能力、参保意愿与制度需求

新疆农民的参保意愿，受到新疆农民缴费能力的影响和制约，而新疆农民养老的制度需求，不仅受到新疆农民的参保意愿、缴费能力的影响和制约之外，还受到新疆农民面临的养老风险情况与保障策略的选择两个因素。新疆农民养老的制度需求，既体现出一种社会保障权利意识的觉醒，也从一个侧面反映了新疆农民所面临的养老风险的一个理性应对行为。本章将利用新疆统计年鉴和课题组的实地调查数据，实证分析新疆农民的缴费能力、参保意愿和养老的制度需求，以期对新疆农民上述三个方面的情况有一个比较清楚的了解。

第一节　新疆农民的收支结构、水平及其发展趋势

新疆农民的收支结构影响着新疆农民的收支水平，新疆农民的收支水平及其发展趋势，影响着新疆农民的缴费能力。本章将从两个方面来考察新疆农民的收支结构和收支水平，一是利用新疆统计年鉴公布的数据，来考察新疆农民的收支水平和发展趋势，二是利用课题组的调查数据，来分析新疆农民的收支结构和收支水平。两个方面相互映照，相互补充，能够比较清楚地反映新疆农民收入支出的实际情况。

一、新疆农民的收支结构

首先，新疆农民的收入结构。新疆农民的收入结构，包括外出务工收

第五章 新疆农民的缴费能力、参保意愿与制度需求

入、农业劳动收入和转移性收入三个方面的收入。其中，外出务工收入又包括外地打工收入和本地打工收入等，农业劳动收入包括种植业收入和养殖业收入等，转移性收入包括农业补贴收入、赠送收入和经商服务收入等。从表5-1的统计结果来看，新疆农民的收入结构中（没有扣除生产成本的毛收入），总收入为82648.7元，其中，外出务工收入总计为13736.3元，占收入总额中的16.6%；农业劳动收入为58476.7元，占家庭收入总额的70.8%；转移性收入为10435.7元，占家庭收入总额的12.6%。从新疆农民的收入结构来看，新疆农民的收入来源中，占第一位的是农业劳动收入，其次是外出务工收入，转移性收入占家庭收入总额的10%左右。这一统计结果，与新疆农民的外出务工经历所占比例比较低的现实相符。

表5-1 2011年新疆农民的收入结构情况表

务工收入	收入规模（元）	农业收入	收入规模（元）	转移收入	收入规模（元）
外地打工收入	3414.2	种植业收入	48705.9	补贴赠送收入	1063.0
本地打工收入	8438.2	养殖业收入	9096.4	经商服务收入	8067.6
其他工资收入	1883.9	其他收入	674.4	其他转移收入	1305.1
务工收入合计	13736.3	农业收入合计	58476.7	转移收入合计	10435.7
占总收入比重	16.6%	占总收入比重	70.8%	占总收入比重	12.6%

注：数据来自新疆13个地州市726位农民的基线调查。

新疆农民的收入结构尽管也表现出了多元化的特点，收入来源的总类包括外地务工收入、本地务工收入、种植业收入、养殖业收入、补贴收入、赠送收入、经商买卖收入以及服务收入等近10个方面，但是从不同收入占家庭总收入的比重来看，新疆农民的收入依然是比较单一的，即新疆农民的主要收入来源是农业收入，占去了家庭总收入的70%以上。在风险

多元化的社会，新疆农民收入来源的相对单一性，预示着新疆农民的收入结构是一种风险结构，在自然风险与市场风险的双重夹击下，新疆农民很容易陷入收入困境和基本生存困境。

其次，新疆农民的支出结构。新疆农民的支出结构，包括生产经营支出、生活保障支出和社会福利支出等几个重要方面，其中，生产经营支出包括种植业生产支出、养殖业生产支出、经商买卖支出等；生活保障支出包括衣服食品支出、电话通信支出、外出交通支出等；社会福利支出包括子女教育支出、医疗保健支出和人情往来支出等。从表5-2的统计结果来看，新疆农民的支出结构中，支出总的规模为62713元，其中，生产经营支出为40820元，占家庭支出总额的20.3%；生活保障支出为12705.1元，占家庭支出总额的65.1%；社会福利支出为9187.4元，占家庭支出总额的14.6%。

表5-2 2011年新疆农民的支出结构情况表

生产支出	支出规模（元）	生活支出	支出规模（元）	社会福利支出	支出规模（元）
种植生产支出	26836.2	衣服食品支出	10264.2	子女教育支出	4058.1
养殖生产支出	7557.5	电话通讯支出	1272.1	医疗保健支出	2633.0
经商买卖支出	3685.2	外出交通支出	1010.1	人情往来支出	1826.7
其他生产支出	2741.6	其他生活支出	158.7	其他社会支出	669.6
生产支出合计	40820.5	生活支出合计	12705.1	社会支出合计	9187.4
占总支出比重	20.3%	占总支出合计	65.1%	占总支出比重	14.6%

注：数据来自新疆13个地州市726位农民的基线调查。

从新疆农民的支出结构来看，新疆农民的支出结构也表现出多元化特点，并且从某一方面的支出总额占总支出中所占的绝对比例来看，新疆农民家庭支出的多元化比新疆农民家庭收入的多元化更加明显。如果家庭收入来源的多元化是一种抗风险能力提高的表现,那么家庭支出结构的多元化则是一种生产与生活风险增加的表现。新疆农民家庭收入的相对单一化与新疆农民家庭支出结构的更加多元化,预示着新疆农民面临着一定的生产与生活风险。如果这两种发展趋势得以扩大,那么将把新疆农民家庭推向一个更加脆弱的境地。在风险多元化的社会,新疆农民家庭支出的多元化是一个比较难以控制的问题,而新疆农民家庭收入的多元化则可以通过多种途径加以改变。从风险治理的角度而言,新疆地方政府可以加大农村社会保障制度建设力度,加大农村劳动力非农就业转移的力度等措施,增加新疆农民家庭收入的多元化,并进而降低新疆农民面临的生存风险。

第三,新疆农民家庭收支结构的合理性。新疆农民收支结构的合理性,首先取决于本次调查数据的质量和可靠性。从新疆农民的收支差额来看,新疆农民的净收入为19935.7元。而本次调查的数据显示,新疆农民的家庭规模为3.74人。计算可得,2011年调查所得的新疆农民人均纯收入为5330.4元。新疆统计局公布的调查数据显示,2011年新疆农村居民人均纯收入5442元。两个调查数据的差异很小,只有100元左右。这可以从一个侧面说明,本次调查数据的质量;同时也说明了新疆农民家庭收入与支出结构的合理性。

二、新疆农民的收支水平

新疆农民的收支水平水平包括三个方面的内容:一是收支水平的总体规模,代表总量目标;二是收支水平的增长趋势,代表收支水平的发展趋向;三是收支水平的增长速度。从新疆农民的收支水平来看(见表5-3),2012年新疆农民家庭的人均纯收入为6394元,而课题组调查的结果是2011年新疆农民的人均纯收入为5330.4元(新疆统计局的调查结果为5400元左右);2012年新疆农民家庭的人均生活消费支出水平为5245元,而课题组的调查结果显示,2011年新疆农民家庭的人均生活消费支出水平为4768.6元。国家统计局公布的数据显示,2012年中国农村居民人均纯收入7917元,[①]很明显新疆农民的人均纯收入水平显著低于全国平均水平。

表5-3 新疆农民的收支水平与生活质量

农村居民收支水平	年份			
	2000	2005	2010	2012
农村居民家庭的人均纯收入（元）	1618	2482	4643	6394
农村居民人均生活消费支出（元）	1236	1924	3458	5245
农村居民人均收入结余数额（元）	382	558	1095	1149
农村居民家庭的恩格尔系数（％）	50	41.8	40.3	36.1

注：数据来自《新疆统计年鉴－2013》。

从新疆农民收支水平的增长趋势来看（见表5-4和图5-1），新疆农民家庭的人均纯收入呈现出逐年快速增长的趋势，新疆农民家庭的人均纯收入水平，从2000年的1618元增长到2012年的6394元，12年间的年均增长率为12.1%；新疆农民家庭的人均生活消费支出，从2000年的1236元，增长到2012年的5245元，12年间的年均增长率为12.8%。新疆农民家庭的人均生活消费支出增长率明显快于新疆农民家庭的人均纯收入的增加水平。如果再考虑人口老龄化水平的日益提高及其所带来的日益严重的养老保障需求问题，那么新疆农民在未来将面临基本生存风险。

[①] 国家统计局：《2012年中国农村居民人均纯收入7917元，比上年增长13.5%》，http://www.stats.gov.cn/

表 5-4 新疆城乡居民的家庭收入及增长趋势

年份	农村居民		城镇居民	
	人均纯收入（元）	增长速度（%）	人均纯收入（元）	增长速度（%）
2005 年	2482	10.6	8100	8.0
2006 年	2737	10.3	8871	11.0
2007 年	3183	16.3	10313	16.3
2008 年	3503	10.1	11432	10.9
2009 年	3883	10.8	12258	7.2
2010 年	4643	19.6	13644	11.3
2011 年	5442	17.2	15514	13.7
2012 年	6394	17.5	17921	15.5

注：数据来自《新疆统计年鉴-2012》，《新疆国民经济与社会发展统计公报-2013》。

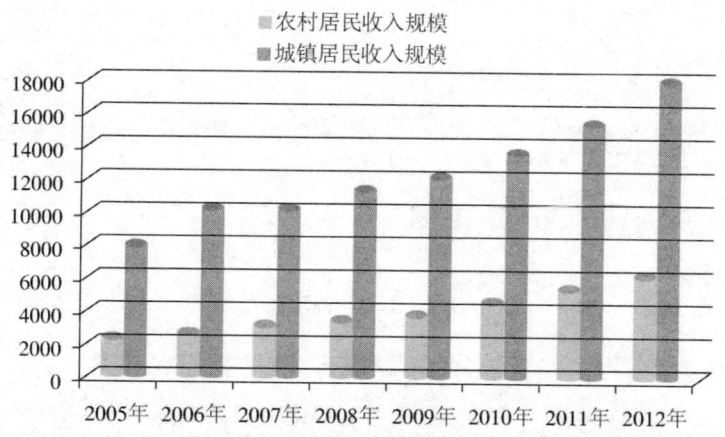

图 5-1 新疆城乡居民家庭人均纯收入水平的增长趋势图

注：数据来自《新疆统计年鉴-2012》，《新疆国民经济与社会发展统计公报-2013》。

从城乡比较的角度来看，新疆城镇居民家庭的人均纯收入水平远远高于新疆农村居民家庭的人均纯收入水平。在 2005 年，新疆城镇居民家庭的人均纯收入水平是新疆农村居民家庭人均纯收入水平的 3.26 倍，到 2012

年，新疆城镇居民家庭的人均纯收入水平是新疆农村居民家庭的人均纯收入水平的2.80倍。尽管城乡差距有所缩小，但是城镇居民收入水平的绝对量远远大于农村居民收入水平的绝对量。

从新疆城乡居民人均纯收入增长速度的总体上而言，新疆城乡居民家庭的人均纯收入水平呈现出波动性增加趋势，在2007年－2009年，新疆城乡居民家庭的人均纯收入增长速度不仅没有表现出增长，反而呈现出下降趋势，这说明在这三年里，新疆城乡居民家庭人均纯收入的增长趋势放缓了。进入2009年以后，新疆城乡居民家庭的人均纯收入经历了几年快速的增长，在2011年以后农村居民家庭的收入增长速度增速放缓，而城镇居民家庭的人均纯收入增长趋势却依然强劲。

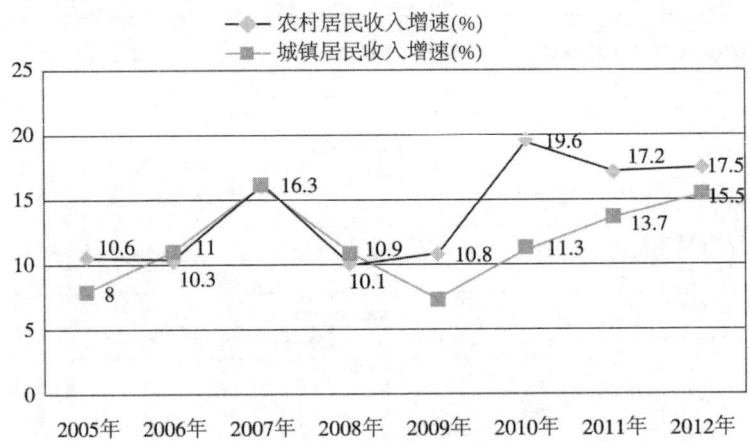

图5－2 新疆城乡居民家庭人均纯收入的增长速度

注：数据来自《新疆统计年鉴－2012》，《新疆国民经济与社会发展统计公报－2013》。

从新疆城乡居民家庭人均纯收入的年度增长变化情况来看，在2008年之前，新疆城镇居民家庭人均纯收入的增长速度基本上与新疆农村居民家庭人均纯收入的增长速度基本相同。而到2008年以后，随着国家惠农政策的连续出台以及新疆地方政府对农村社会经济发展的大力支持，新疆农村居民家庭的人均纯收入的增长速度开始快于新疆城镇居民家庭人均纯收入的增长速度。

第五章 新疆农民的缴费能力、参保意愿与制度需求

三、新疆农民的缴费能力

新疆农民的缴费能力包括两个方面，一是实际缴费能力；二是意愿缴费能力，是指在现有制度设计和安排下，新疆农民参加新型农村社会养老保险制度所愿意缴纳的最高缴费水平。前一个指标取决于新疆农民的收支水平、收支水平的变化趋势以及新疆农民个体养老资本与家庭养老资源禀赋情况。后一个指标则不仅取决于新疆农民个体、家庭的养老资源情况及其增长趋势，还受到新疆新型农村社会养老保险制度设计优劣的影响。也就是说，新疆农民实际缴费能力是新疆农民参保缴费的必要条件，而不是充分条件，在新疆农民有能力缴费时，如果新疆新型农村社会养老保险制度的设计缺乏吸引力，那么新疆农民则不愿参保缴费或者只愿意选择缴费水平很低的标准参保，这就是新疆农民的意愿缴费能力。

新疆农民的实际缴费能力尽管受到多个方面因素的制约，但是最为核心的是家庭人均收入水平及其增长趋势。从新疆农民家庭的人均纯收入的增长变化趋势来看，从2005年到2012年的8年时间里，新疆农民家庭的人均纯收入一直呈现出快速增长的趋势。这为新疆农民的参保缴费提供了良好的物质基础。一定程度上意味着新疆农民的实际缴费能力在逐渐增强。但是，新疆农民家庭的人均生活消费支出也呈现出逐渐的增加，而且人均生活消费支出增长的速度却快于新疆居民家庭的人均纯收入增长速度。这又在一定程度上限制了新疆农民的参保缴费能力。同时，由于新疆农民的总体收入水平不高，因此，新疆农民的实际缴费能力是比较低的。

从新疆农民的意愿缴费能力来看，调查数据显示，超过50%的新疆农民的缴费标准为100元，超过80%的新疆农民的缴费标准在700元以下。缴费标准超过1000元的新疆农民不到10%。这可以在一定程度上说明，新疆农民的意愿缴费能力很低。造成新疆农民意愿缴费能力比较低的原因

有两个,一是新疆农民的实际缴费能力确实很低;二是新疆农民对新型农村社会养老保险制度的稳定性存在观望态度;三是新疆新型农村社会养老保险制度的制度设计缺乏吸引力。从政策实践来看,这三个因素都影响着新疆农民的参加新型农村社会养老保险制度的意愿缴费能力。但其主要原因是新疆农民的实际缴费能力比较低。从这个角度来看,扩大新疆新型农村社会养老保险制度的覆盖面,提高新疆农民的参保缴费水平的关键是要大力提高新疆农民的收入水平。同时要进一步完善新疆新型农村社会养老保险制度的制度设计,增加新型农村社会养老保险制度的制度吸引力。

第二节 新疆农民社会养老保险参与意愿

新型农村社会养老保险制度实行的是农民自愿参加原则,新疆农民的参与意愿不仅影响新疆农民从该项制度中受益的情况,还将影响该项制度的发展速度,并进而制约新疆新型农村社会养老保险制度政策目标的实现程度。因此,研究新疆农民的社会养老保险参与意愿及其影响因素具有重要的实践借鉴价值。

鉴于农民对新型农村社会养老保险制度参与意愿的重要意义,目前,关于农民参加农村社会养老保险制度的意愿及其影响因素,国内学者已经有了一些研究成果。本书选取不同研究范围的重要文献加以综合分析。

石绍宾等利用山东省10市16县163个农户的调查数据,对农民参加新型农村社会养老保险的影响因素进行了实证分析。Probit回归分析结果表明,农民是否参加新型农村社会养老保险制度,主要受农民身体健康状况及子女养老能力等个体特征、家庭中儿子的数量及是否拥有党员等家庭特征、社区区位特征、农民的未来预期以及周围邻居行为等因素的影响。但没有证据表明农民的性别、年龄、教育程度等个体特征变量,家庭土地面积、家庭收入等家庭特征变量，村庄类型、有无村集体补助、信息对称性等变量对农民是否参加新型农村社会养老保险制度具有显著性影响。①

林淑周在福州市永泰县大洋镇各村调查的基础上，通过构建 Logistic 回归模型，从农民的个体层面、意识层面和制度层面三个维度，实证考察了影响农民参与新型农村社会养老保险的因素。研究结果发现：（1）除了农民的经济收入因素以外，农民的其他个体特征对农民参加新型农村社会养老保险制度的意愿和行为的影响并不显著，与中等收入水平的农民相比，收入较低以及收入较高的农民都更不愿意参加新型农村社会养老保险制度；（2）"养儿防老""土地保障"的传统养老意识，对农民参加新型农村社会养老保险制度的意愿和行为仍有重要影响，赞同这些想法的农民更不愿意参加新型农村社会养老保险制度；（3）农民对新型农村社会养老保险制度的认同程度以及农民对政府的信任程度，对农民参与新型农村社会养老保险行为有正向的显著影响。②

张朝华基于广东珠海斗门、茂名茂南的调查研究结果表明，在其他条件不变的情况下，农户户主受教育的年限越长、农户家庭纯收入越高，农户参保的意愿就越强；农户家庭的人口数与土地面积越多、农户的年龄越大、农户户主的务农年限越长、非农收入所占的比重越高，农户参保的意愿就越弱；而在愿意参保的农户中，农户选取个人缴费基数的档次与家庭规模、户主的年龄、户主的务农年限成反比，而与户均耕地面积、户主的文化程度、农户家庭的纯收入与非农收入所占的比例正

---

① 石绍宾、樊丽明、王媛：《影响农民参加新型农村社会养老保险的因素——来自山东省入户调查的证据》，载《财贸经济》，2009年第11期，第42—48页。
② 林淑周：《农民参与新型农村社会养老保险意愿研究——基于福州市大洋镇的调查》，载《东南学术》，2010年第4期，第74—80页。

相关。①

王媛利用全国 20 个省份 68 个村 1942 户农民的调查数据,通过 Logistic 回归模型,对农民参加新型农村社会养老保险制度的意愿及其影响因素进行了实证分析。研究结果表明:农民参加新型农村社会养老保险制度的意愿受到农民从事的职业类型的显著正向影响,农民个体特征变量中的性别、年龄、子女数量等解释变量对农民参加新型农村社会养老保险制度的意愿具有显著的负向影响,农民所在的地理区域也是显著影响农民参加新型农村社会养老保险制度意愿的影响因素。②

肖应钊等通过对山东省新型农村社会养老保险制度试点地区农村居民进行问卷调查,运用二元 Logistic 回归模型,对山东省农民参加新型农村社会养老保险制度的意愿及其影响因素进行了实证分析,研究结果表明:子女个数、农民希望的养老方式、为家庭考虑是否参保、是否参加商业养老保险以及对新型农村社会养老保险制度的总体评价等因素对农民参保意愿具有较强影响。③

总结上述研究文献,主要存在以下几点不足:一是现有的实证研究所采用的调查,大多局限于某一个省份或某一个省份的某一个或几个地区,调查数据样本规模偏小,有的甚至只有 100 多份问卷,严重影响模型拟合效果,导致模型所得出的结论具有一定的误差;二是所得出的研究结论缺乏统一性,例如,石绍宾等利用山东省 10 市 16 县 163 个农户的调查研究结果表明,农民的性别、年龄、教育程度等个体特征变量对农民参加新型

---

① 张朝华:《农户参加新农保的意愿及其影响因素——基于广东珠海斗门、茂名茂南的调查》,载《农业技术经济》,2010 年第 6 期,第 4—10 页。
② 王媛:《"新农保"参保影响因素分析——基于农户调查的 Logistic 回归模型》,载《农村经济》,2011 年第 7 期,第 85—88 页。
③ 肖应钊、李登旺、李茜茜、耿焕瑞、厉昌习:《农村居民参加新型农村社会养老保险意愿影响因素的实证分析》,载《社会保障研究》,2011 年第 5 期,第 40—50 页。

农村社会养老保险制度的意愿没有显著影响,①而王媛利用全国20个省份68个村1942户农民的调查研究结果表明,农民个体特征变量中的性别、年龄、子女数量等解释变量对农民参加新型农村社会养老保险制度的意愿具有显著的负向影响。②有待于对农民参加新型农村社会养老保险制度的意愿及其影响因素进行更加深入的分析。

一、新疆农民社会养老保险参与意愿的理论分析

农民对新型农村社会养老保险制度的参与意愿,主要有以下四种可能:一是有能力参加而不愿意参加;二是有能力参加也愿意参加;三是没有能力参加,但是愿意参加;四是没有能力参加,自己也不愿意参加。农民愿意参加新型农村社会养老保险制度,一方面受新型农村社会养老保险制度的政策设计对农民有明显的福利性,另一方面也受到农民个体条件及其生存环境等的因素影响;农民不愿意参加新型农村社会养老保险制度,一方面受到农民个体条件及其资源拥有情况的影响,也可能是新型农村社会养老保险制度的政策设计缺乏吸引力导致的。因此,从理论上来说,农民对新型农村社会养老保险制度的参与意愿受到三个大的方面的因素影响,一是农民的个体特征因素;二是农民的生存环境因素,包括农民的家庭特征因素、地区特征因素、社区特征因素、邻里行为因素等;三是新型农村社会养老保险制度的政策环境因素,包括政策设计因素、政策执行因素等。详见图5—3。

农民的个体特征因素,主要包括农民的性别特征因素、年龄特征因素、健康状况因素、婚姻状况因素、文化程度特征因素、政治面貌特征因

---

① 石绍宾、樊丽明、王媛:《影响农民参加新型农村社会养老保险的因素——来自山东省入户调查的证据》,载《财贸经济》,2009年第11期,第42—48页。
② 王媛:《"新农保"参保影响因素分析——基于农户调查的Logistic回归模型》,载《农村经济》,2011年第7期,第85—88页。

图 5—3 农民参加新型农村社会养老保险制度的影响因素

素以及民族特征因素等。一般来说,不同性别、不同年龄以及不同受教育程度的农民,其所拥有的社会经验和理论知识千差万别,对当前的新型农村社会养老保险必然会形成不同的价值判断,进而影响其最终决策。[①] 不同的婚姻状况、健康状况、政治面貌以及民族特征的农民,也意味着其所拥有的个体养老资本是不同的,对农民的参保决策也会带来一定程度的影响。因此,理论上来说,农民上述七个方面的个体特征因素,都有可能在一定程度上影响农民的参保决策。而在实践中这些因素是否真正影响了农民的参保决策以及影响的程度与方向,需要通过调查数据进行检验。

农民的家庭特征因素,主要包括家庭存款情况、家庭往年收入情况、家庭资产情况、家庭关系情况、家庭规模大小、是否有儿子以及儿子数量、是否有女儿以及女儿数量、家庭土地资源拥有情况等。农民的家庭特征因素,最终汇集成农村家庭所拥有的经济与非经济保障资源情况。其中,家庭存款情况、家庭往年收入情况、家庭资产情况、家庭土地拥有情况总体上反映了农民的经济保障资源拥有情况,农民拥有的经济保障资源

---

① 石绍宾、樊丽明、王媛:《影响农民参加新型农村社会养老保险的因素——来自山东省入户调查的证据》,载《财贸经济》,2009年第11期,第42—48页。

第五章 新疆农民的缴费能力、参保意愿与制度需求

在为农民养老提供保障的同时，会在一定程度上影响农民的经济保障策略，也会影响农民对新型农村社会养老保险制度的参与意愿。家庭规模大小、是否有儿子以及儿子数量、是否有女儿以及女儿数量反映了农民所拥有的生活照料资源和精神慰藉资源的拥有情况。尽管农民的非经济需求并不是主要需求，特别是在经济保障需求尚未得到充分满足的情况时更是如此。但是，由于需求层次的动态性，农民生活照料资源的拥有情况也可能在一定程度上影响农民对新农保的参保决策。因此，从理论上而言，代表家庭特征的上述 10 个因素，是影响农民参加新型农村社会养老保险制度的潜在因素。

农民的社区特征因素，主要包括社区身份特征因素、农户类型特征因素、职业类型特征因素等几个方面。法国农村社会学的代表人物 H. 孟德拉斯（2005）认为，农村是互识性社会。在这样一个互识的社会中，人们之间保持着频繁的互动，体现在日常生活互助、生产互助和急事、重大事情互助等。① 这些互助行为将产生巨大的示范效应和行为约束功能。可能是影响农民参加新型农村社会养老保险制度的重要因素。因此，代表农民社区特征的上述三个因素对农民参加新型农村社会养老保险制度的影响程度及方向，有待于进一步验证。

农民的地区特征因素，主要包括所在地区特征因素、村经济情况因素、所在地区的地理环境特征因素以及该地区是否已经试行了新型农村社会养老保险制度几个方面。作为一个发展中国家，我国地区之间的差异非常明显。不同地区，农民所处的社会、经济、文化环境等皆不相同，农民养老资源特别是制度性养老资源的可得与可及性也表现出很大不同，这不仅影响农民对国家对农村的社会保障政策与新型农村社会养老保险制度的制度设计的了解情况，会在一定程度上影响农民的参保决策。因此，农民

---

① ［法］H. 孟德拉斯著：《农民的终结》，北京：中国社会科学出版社，2005 年版，前言第 8 页。

的地区特征因素对农民参加新型农村社会养老保险制度是否有影响及其影响的方向与程度有待于进一步验证。

农民面临的政策环境因素,在理论上也是影响农民是否参加新型农村社会养老保险制度的重要因素。因为,农民是否参加新型农村社会养老保险制度不仅取决于农民个体条件和家庭资源禀赋所决定的参保能力的影响,还受到新型农村社会养老保险制度的制度设计优劣、制度宣传力度大小以及政策执行中的偏差等因素所决定的制度吸引力。因此,制度设计、政策宣传等政策环境因素是影响农民参加新型农村社会养老保险制度的重要因素。

由于农民生存环境的复杂性、影响因素的多元性以及政策设计与执行工作的系统性,从理论上也很难穷尽影响农民参加新型农村社会养老保险制度的所有因素。因此,在社会科学研究中,回归模型决定系数常常很小,也就是所选择的解释变量只是解释了因变量变异的一部分。大量的因变量的变异并没有被所选择的解释变量所解释,原因就是影响因素是非常多的。因此,影响农民参加新型农村社会养老保险制度的因素,除了图5—3中的比较明确的7个方面之外,还有一些潜在因素未能一一列举出来。这是影响农民参加新型农村社会养老保险制度的其他因素。

二、新疆农民社会养老保险参与意愿的影响因素

分析新疆农民社会养老保险参与意愿的影响因素,需要确定三个关键要素:一是因变量的策略及其统计描述;二是自变量选取以及研究假说;三是回归模型的确定。

首先,因变量及其统计描述

本书的因变量是新疆农民参加新型农村社会养老保险制度的意愿。在问卷调查中,我们把其操作化为"根据您自身的条件以及新疆农村新型社会养老保险制度情况,您愿意参加新型农村社会养老保险制度吗?"答案

包括两个方面:"愿意"赋值为1;"不愿意"赋值为0。因变量及其统计描述见表5-5。

表5-5 新疆农民的新型农村社会养老保险制度参加意愿

	您愿意参加新型农村社会养老保险制度吗?		
	频数(位)	百分比(%)	有效百分比(%)
不愿意	92	12.7	12.8
愿意	628	86.5	87.2
合计	718	0.2	100

注:数据来自2012年新疆十三个地州市726位农民的基线调查。

其次,自变量选择依据及其研究假说

新型农村社会养老保险制度区别于传统农村社会养老保险制度的一个最大特点是政府对新型农村社会养老保险制度的财政支持。新型农村社会养老保险制度规定,国家财政对参加新型农村社会养老保险制度的农民发放基础养老金,基础养老金的发放标准是每人每个月55元,年龄达到60岁以上的老年人不用交费可以直接领取基础养老金。这一规定赋予了新型农村社会养老保险制度对于农民的福利性特点。但是,新型农村社会养老保险制度也规定,农村60岁以上的老年人享受基础养老金的条件是家庭应参加新型农村社会养老保险制度的成员都要参保。因此,在经济理性的驱使下,农民是否参加新型农村社会养老保险制度关键在于新疆农民所拥有的养老保障资源以及缴费能力。根据上述理论分析以及数据的可得性,本书从新疆农民的个体特征变量、家庭特征变量、社区特征变量和地区特征变量四个大的方面来选择自变量,实证分析其对新疆农民是否参加新型农村社会养老保险制度的影响程度及影响方向。具体来看:

从农民的个体特征因素来看,性别、年龄、健康状况、文化程度以及民族特征可能是影响农民参加新型农村社会养老保险制度的重要因素。孔祥智、涂圣伟认为,女性是农村中的弱势群体,她们的经济安全状况和自我保障能力相对于男性要差一些。① 因此，女性农民可能面临着更大的养老风险，在自身与家庭养老保障资源一定的条件下，女性新疆农民可能比男性农民更加希望得到新型农村社会养老保险制度，也更加愿意参加新型农村社会养老保险制度；年龄越大的农民，健康状况越差，收入水平也相对较少，面临的养老风险也越大，同时，年龄越大的农民对政府的福利供给期望越大，因此，年龄越大的新疆农民可能更加愿意参加新型农村社会养老保险制度，以享受国家财政赋予农民的福利待遇；人力资本越高（健康状况越好和文化程度越高）的农民，对新型农村社会养老保险制度性质的认识和了解就更加清楚，更能充分认识新型农村社会养老保险制度的福利性质，因此，人力资本越高的新疆农民，可能更加倾向于参加新型农村社会养老保险制度；少数民族一般都是生活在社会经济发展水平比较低的地区，由于收入有限，常常面临着生存风险，因此，这样的新疆农民可能更加期待被新型农村社会养老保险制度所覆盖，也愿意参加新型农村社会养老保险制度。

基于上述分析，本书提出假设一：女性新疆农民、年龄越大的新疆农民、健康状况越好、文化程度越高以及少数民族农民更加倾向于参加新型农村社会养老保险制度。

从新疆农民的家庭特征因素来看，在广大农村地区，农民是以家庭为单位来处理其所面对的风险的。② 因此，家庭资源禀赋情况，不仅影响新疆农民的养老风险情况，还将影响新疆农民的参保决策。家庭规模、家庭存款、家庭关系、土地拥有量、家庭整劳力以及家庭收入情况，构成了决定家庭资源禀赋情况的主要因素。家庭规模越大，一定程度上意味着新疆

---

① 孔祥智、涂圣伟：《我国现阶段农民养老意愿探讨——基于福建省永安、邵武、光泽三县（市）抽样调查的实证研究》，载《中国人民大学学报》，2007年第3期，第71—77页。
② 赵曼、张广科：《新型农村合作医疗保障能力研究》，北京：中国劳动社会保障出版社，2009年版。

第五章 新疆农民的缴费能力、参保意愿与制度需求

农民的生活负担更重,在收入一定的情况下,家庭规模越大的新疆农民的缴费能力可能越低,因此家庭规模越大的新疆农民可能更不倾向于参加新型农村社会养老保险制度。家庭储蓄越多、家庭收入水平越高、家庭土地拥有量越多的新疆农民,意味着新疆农民的缴费能力越强,因此也更加愿意参加新型农村社会养老保险制度。家庭整劳力越多的农民,意味着新疆农民的家庭创收能力越强,经济收入水平越高,因此,家庭整劳力越多的新疆农民可能更加倾向于参加新型农村社会养老保险制度。常言道,"和气生财",因此,家庭关系越好的新疆农民,家庭收入水平可能越高,可能更加倾向于参加新型农村社会养老保险制度。

基于上述分析,本书提出假设二:家庭规模越大的新疆农民越不倾向于参加新型农村社会养老保险制度,家庭存款越多、家庭收入越高、家庭土地拥有量越多、家庭整劳力越多以及家庭关系越好的新疆农民,可能更加倾向于参加新型农村社会养老保险制度。

从新疆农民的社区特征变量来看,法国农村社会学的代表人物孟德拉斯认为,农村社区是一个互识性社会。① 在这样一个互相熟识的社会中,人们之间保持着频繁的互动,体现在日常生活互助、生产互助和急事、重大事情互助等互助行为。农民邻里之间的互动与互助行为,会影响农民对新型农村社会养老保险制度的决策。农民的社区身份、职业类型、农户类型、传统观念构成了新疆农民的社区特征变量。社区身份为党团员的新疆农民,不仅意味着这样的新疆农民不仅对新型农村社会养老保险制度的福利性认识更加清楚,同时也能在农村社会政策发展中受到更多倾斜,因此,社区身份为党团员的新疆农民可能更加倾向于参加新型农村社会养老保险制度。不同的职业类型,不仅意味着劳动强度的不同,还意味着单位劳动回报率的巨大差异,大批农村劳动力不断的外出务工已经充分说明,

---

① [法]孟德拉斯:《农民的终结》,北京:中国社会科学出版社,2005年版,前言第8页。

务农的单位劳动收入水平，要远远低于外出务工的单位劳动力回报水平。因此，外出务工的新疆农民，可能收入水平更高，缴费能力越强，参加新型农村社会养老保险制度的意愿也越强。农户类型为纯农户的新疆农民，在总体文化程度、认识水平以及对新事物的接受程度上，都要远远低于农户类型为农业兼业户的新疆农民。因此，农户类型为纯农户的新疆农民，可能更不倾向于参加新型农村社会养老保险制度。新疆农民的传统养老观念越强，意味着这样的新疆农民对新型养老观念（社会养老观念）的接受程度越低，因此，越是同意养儿防老观念的新疆农民，越可能更不愿意参加新型农村社会养老保险制度。

基于上述分析，本书提出假设三：社区身份为党团员的新疆农民、农户类型为农业兼业户的新疆农民、职业类型为外出务工的新疆农民和传统养老观念越弱的新疆农民，更可能倾向于参加新型农村社会养老保险制度。

从新疆农民的地区特征因素来看，地区之间发展不平衡是中国当前的一个重要特征，不同的地区，因其社会、经济、体制等多方面的差异，养老资源的可得与可及性也有很大差异，这必将影响农民对养老风险的判断以及对新型农村社会养老保险制度的参保决策。所在村的经济情况好，不仅为村民之间的相互帮助提供了前提，还为社区型养老资源的提供了条件。因此，所在村经济情况越好的新疆农民，自己家庭的收入也可能越高，也越可能参加新型农村社会养老保险制度。相对于平原地区来说，山区或丘陵地区一般是比较落后的。这种落后不仅仅表现为经济发展水平落后，还体现为社会服务可及性比较差等，因此，山区或丘陵地区的新疆农民，可能更加不愿意参加新型农村社会养老保险制度。外出交通便利性越好，意味着新疆农民外出务工的机会越多，接受外界的信息越多，创收的机会也多，因此，外出交通便利性越好的新疆农民，越可能更倾向于参加新型农村社会养老保险制度。

基于上述分析，本书提出假设四：村经济发展情况越好的新疆农民、所在地理环境为平原地区的农民、外出交通便利性越好的新疆农民，越可能更倾向于参加新型农村社会养老保险制度。

自变量及其统计描述见表5-6。

表5-6 变量解释及其统计描述

变量名称	变量含义与赋值	最大值	最小值	均值
性别	被调查对象的性别。男＝1；女＝0	1	0	0.67
年龄	被调查对象的实际年龄（岁），取值范围为18～87	18	87	45.66
健康状况	被调查对象的健康自评。非常健康＝1；比较健康＝2；一般＝3；不太健康＝4；很不健康＝5	5	1	2.25
受教育程度	被调查对象的文化程度。没上过学＝1；小学＝2；初中＝3；高中、中专＝4；大专以上＝5	5	1	2.71
民族	被调查对象所属的民族特征。少数民族＝1；汉族＝0	5	0	0.54
家庭关系	被调查对象的家庭关系。很不好＝1；不太好＝2；一般＝3；比较好＝4；非常好＝5	5	1	1.50
家庭规模	被调查对象的家庭实际规模（人），取值范围为1～9	9	1	3.74
家庭存款	被调查对象所在家庭的实际存款（万元），取值范围为1～5	5	1	2.16
家庭劳力	被调查农民家庭的整劳力数。	8	0	2.48
家庭收入	被调查对象对家庭收入的满意度情况。非常满意＝1；比较满意＝2；一般满意＝3；不太满意＝4；很不满意＝5	5	1	2.93
土地规模	被调查对象的家庭耕地实际拥有量。0－500亩	500	0	31.03
农户类型	被调查对象所在家庭的类型。纯农户＝1；农业兼业户、非农户＝0	1	0	1.56
职业类型	务农＝1；外出务工、乡镇企业职工、上学、个体户＝0	1	0	0.64
社区身份	村干部、教师、医生、信贷人员、水电管理员等＝1；一般群众＝0	1	0	0.89

(续表)

变量名称	变量含义与赋值	最大值	最小值	均值
传统观念	被调查农民是否同意"养儿可以防老"。同意＝1；不同意＝0	1	0	0.49
村经济发展情况	很富裕＝1；较富裕＝2；一般＝3；比较穷＝4；非常穷＝5	5	1	3.05
乡村地理环境	被调查对象所在村的地理环境。山区或丘陵＝1；平原＝0	1	0	0.57
外出交通便利性	被调查对象所在地区外出交通的便利性程度。非常便利＝1；比较便利＝2；一般＝3；不太方便＝4；很不方便＝5	5	1	2.55

其三，回归模型的确定

由于本书的因变量是新疆农民参加新型农村社会养老保险制度的意愿，是一个二分类的因变量。因此本书使用二元 Logistic 回归模型。同时，为了避免自变量过多时所带来的自变量之间的多重共线性问题，本书在回归分析时采用分步回归的方法，以期分步地考察不同层面的自变量对新疆农民参加新型农村社会养老保险制度的影响方向及其程度。模型分步回归结果见表 5—7。

表 5—7　新疆农民社会养老保险参与意愿的二元 Logistic 回归结果

	模型 1		模型 2		模型 3		模型 4	
	β	$Exp(\beta)$	β	$Exp(\beta)$	β	$Exp(\beta)$	β	$Exp(\beta)$
性别	－0.236	0.790	－0.214	0.808	－0.228	0.796	－0.162	0.851
年龄	0.032***	1.033	0.034***	1.035	0.031	1.032	0.025*	1.025
健康状况	－0.201	0.818	－0.179	0.836	－0.194	0.824	－0.110	0.896
文化程度	0.210	1.233	0.142	1.153	0.168	1.183	0.127	1.135
民族	－0.254	0.776	－0.406	0.666	－0.372	0.689	－0.467	0.627
家庭关系			－0.053	0.949	－0.035	0.966	0.012	1.012

(续表)

	模型 1		模型 2		模型 3		模型 4	
	β	Exp（β）	β	Exp（β）	β	Exp（β）	β	Exp（β）
家庭规模			−0.018	0.982	−0.033	0.967	−0.022	0.978
家庭存款			0.146	1.157	0.132	1.141	0.110	1.116
家庭收入			−0.331**	0.719	−0.330**	0.719	−0.412***	0.662
家庭劳力			0.363***	1.438	0.350**	1.419	0.329**	1.390
土地规模			−0.008***	0.992	−0.007***	0.993	−0.007***	0.993
社区身份					0.151	1.163	0.107	1.113
职业类型					−0.030	0.970	0.046	1.047
农户类型					−0.069	0.933	−0.117	0.889
养老观念					0.456*	1.577	0.410	1.507
村地理环境							−0.680**	0.506
村经济情况							0.378*	1.459
外出便利性							−0.450***	0.637
常数项	0.696	2.005	1.095	2.989	1.038	2.822	2.052	7.785
卡方值	11.347		36.991		40.609		60.496	
−2 LL	488.201		462.557		458.939		439.052	
伪决定系数	0.032		0.103		0.112		0.165	
模型显著性	0.045		0.000		0.000		0.000	

注：＊＊＊、＊＊和＊分别表示变量在1％、5％和10％的统计水平上显著。

为了消除没有通过显著性检验的自变量对通过显著性检验的自变量的影响，本书再用逐步回归分析技术，把没有通过显著性检验的自变量全部从模型中剔除出去，新疆农民社会养老保险制度参与意愿的逐步回归分析结果见表5－8。

表 5—8　新疆农民社会养老保险制度参与意愿影响因素的逐步回归结果

变量名称	回归系数	标准误	Wald 值	自由度	显著水平	Exp (B) 值
年龄	0.018	0.010	3.398	1	0.065	1.018
民族	−0.493	0.272	3.291	1	0.070	0.611
家庭收入	−0.407	0.140	8.434	1	0.004	0.666
家庭劳力	0.333	0.127	6.846	1	0.009	1.395
土地规模	−0.006	0.002	8.476	1	0.004	0.994
养老观念	0.451	0.267	2.865	1	0.091	1.570
村地理环境	−0.790	0.276	8.180	1	0.004	0.454
外出便利性	−0.419	0.128	10.704	1	0.001	0.658
常数项	3.519	0.844	17.379	1	0.000	33.756
模型拟合信息	卡方值＝55.008；−2 LL＝444.540；决定系数＝0.151；模型显著性＝0.000					

从表 5—7 和表 5—8 的模型拟合信息来看，每一个回归模型拟合的效果都非常好，模型显著水平很高（Sig.＝0.000）。这说明，本书所选择的解释变量对分析新疆农民的社会养老保险制度参加意愿具有重要的意义。具体来看：

从新疆农民的个体特征变量来看，年龄、民族两个自变量对新疆农民的社会养老保险制度参加意愿有显著的影响。其中，年龄对新疆农民的社会养老保险制度参加意愿有显著的正向影响，即年龄越大的新疆农民越倾向于参加新型农村社会养老保险制度，年龄每增加一岁，新疆农民参加新型农村社会养老保险制度的概率发生比将提高 1.8％。这与假设 1 相符。民族对新疆农民的社会养老保险制度参加意愿有显著的负向影响，即相对汉族农民而言，少数民族更倾向于不愿意参加新型农村社会养老保险制度。少数民族愿意参加新型农村社会养老保险制度的概率发生比是汉族农民愿意参加新型农村社会养老保险制度的概率发生比的 0.6 倍。这与假设 1 相反，可能的解释是，新疆少数民族大多收入水平较低，缴费能力不强，限制了他们参加新型农村社会养老保险制度的意愿。新疆农民个体特征变量中的性别、健康状况与文化程度三个解释变量没有通过显著性检验,这说明新疆农民的社会养老保险制度参加意愿在不同性别、健康状况与文化程度的新疆农民之间没有显著差异。

从新疆农民的家庭特征变量来看,家庭收入、家庭整劳力和土地规模三个解释变量对新疆农民的社会养老保险制度参加意愿有显著的影响。其中,家庭收入和土地规模两个自变量对新疆农民的社会养老保险制度参与意愿有显著的负向影响,即家庭收入越多、土地规模越大的新疆农民,越倾向于不愿意参加新型农村社会养老保险制度,家庭收入水平每提高一个档次,新疆农民愿意参加新型农村社会养老保险制度的概率发生比,将降低33.4%。这与假设2相反,可能的解释是新型农村社会养老保险制度的保障水平太差,家庭收入多、土地规模大的新疆农民通过其他途径满足日后养老保障需求,而对新型农村社会养老保险制度不抱有过多的期望,因此表现出与假设2相反的结果;土地规模每增加一亩,新疆农民愿意参加新型农村社会养老保险制度的概率发生比将减少0.5%。家庭整劳力对新疆农民的社会养老保险制度参与意愿有显著的正向影响,即家庭整劳力越多的新疆农民,越倾向于愿意参加新型农村社会养老保险制度,家庭整劳力数每增加一个,新疆农民愿意参加新型农村社会养老保险制度的概率发生比将提高39.5%。这与假设2相符。家庭特征变量中的家庭关系、家庭规模和家庭存款三个自变量没有通过显著性检验,这说明新疆农民的参与意愿与新疆农民家庭关系的好坏、家庭规模的大小以及家庭存款的多少没有显著的关系。

从新疆农民的社区特征变量来看,只有新疆农民的养老观念一个解释变量对新疆农民的社会养老保险制度参与意愿有显著的正向影响。即越是同意"养儿可以防老"的新疆农民,越倾向于愿意参加新型农村社会养老保险制度,同意"养儿可以防老"的新疆农民愿意参加新型农村社会养老保险制度的概率发生比,是不同意"养儿可以防老"的新疆农民这一概率发生比的1.57倍,这与假设3相反。可能的解释是,越是同意"养儿可以防老"的新疆农民,其家庭的子女比较多,家庭中的整劳力也比较多,家庭的经济情况比较好,缴费能力比较强,在新型农村社会养老保险制度的福利性诱惑下,更加愿意参加新型农村社会养老保险制度。所以表现出与假设3相反的结果。新疆农民社区特征变量中的职业类型、农户类型以及社区身份没有通过显著性检验,这说明不同社区身份、职业类型和农户类型的新疆农民,在参加新型农村社会养老保险制度的意愿上没有显著性差异。

从新疆农民的地区特征变量来看,村地理环境和外出便利性两个自变量对新疆农民的社会养老保险制度参与意愿有显著的负向影响。即所在村地理环境为平原地区的新疆农民,越倾向于不参加新型农村社会养老保险制度,相对于山区或丘陵地区的新疆农民而言,平原地区的新疆农民愿意参加新型农村社会养老保险制度的可能性更低,而山区或丘陵地区的新疆农民却更加倾向于参加新型农村社会养老保险制度。这与假设4相反。可能的解释是,平原地区的新疆农民收入更高,在新疆新型农村社会养老保险制度保障水平比较低,发展很不规范的情况下,他们更多处于观望状态,而并没有表现出更强的新型农村社会养老保险制度参与意愿。所以表现出与假设4相反的结果。外出便利性越差地区的新疆农民,越倾向于不参加新型农村社会养老保险制度,反之,外出便利性越好地区的新疆农民,越倾向于参加新型农村社会养老保险制度,外出便利性程度每降低一个档次,新疆农民愿意参加新型农村社会养老保险制度的概率发生比将降低34.2%。村经济情况这一自变量没有通过显著性检验,这说明新疆农民的社会养老保险制度参与意愿与新疆农民所在村的经济发展情况的好坏没有显著性的相关关系。

三、新疆农民社会养老保险参与意愿的研究结论

本节利用来自新疆十三个地州市726位农民的调查数据,利用描述性

分析方法分析新疆农民的社会养老保险制度的参与意愿，利用二元 Logistic 回归模型实证分析了新疆农民的社会养老保险制度参与意愿的影响因素。主要结论如下：

一是新疆农民的收支结构都呈现出多元化特点。统计数据显示，新疆农民的收支结构均表现出多元化的特点，并且支出结构的多元化更甚于收入结构的多元化，这一正一反，潜藏着一定的生存风险。同时，农民的收入结构中，超过 70% 的收入来源于农业，而农业是一个脆弱性的产业，面临着市场与自然的双重风险。农民的支出结构中，超过 65% 以上的支出用在了生活消费支出，这说明新疆农民的生活质量还比较低，恩格尔系数还比较高。收支结构的特点意味着新疆农民的整体收入水平还比较低，新疆农民自身的抗风险能力还比较低，需要发展社会化的养老保险制度以应对新疆农民可能面临的养老风险。

二是新疆农民的缴费能力还比较低。新疆农民的收支水平发展趋势表明，新疆农民的收入和支出都呈现出逐渐增长的趋势，这既体现在收入规模的增长和支出规模的增长上，也体现在新疆农民的收入和支出增长速度的动态变化上。统计数据现实，从 2005 年到 2012 年的 8 年时间里，新疆农民的收入增速平均每年保持在 12.5% 左右，而新疆农民的生活消费支出增长速度却保持在 12.8% 左右。也即是说新疆农民的收入增速略低于新疆农民的生活消费支出增速。那么，这从一定程度上决定了，新疆农民的缴费能力比较低。如果考虑到新疆人口老龄化的快速增长，以及与之伴随的新疆农民养老需求的日益增长，那么，未来随着新疆人口老龄化程度的日益加深，如果不能够在新疆人口老龄化高峰到来之前大大提高新疆农民的经济发展水平和新疆农民的自身保障能力，那么可以推断新疆农民将面临着比较严重的养老风险。这一问题值得密切关注和进行动态跟踪研究。

三是新疆农民的社会养老保险制度参与意愿普遍较高。统计数据显示，有 87.2% 的新疆农民愿意参加新型农村社会养老保险制度，这对于新疆新型农村社会养老保险制度覆盖面的扩大提供了重要的指导信息，说明广大新疆农民对新型农村社会养老保险制度持认可态度，这在一定程度上降低了新疆地方政府对农民不愿意参加新型农村社会养老保险制度的担心。只要政策设计合理、政策宣传到位，广大的新疆农民是支持这一惠农政策的工作开展的。同时，新疆农民对新型农村社会养老保险制度的较高水平的参与意愿，也从一个侧面说明，新的新疆农村社会养老保险制度的设计是比较合理的，对于新疆农民而言具有很强的福利性，体现出新疆地方政府对于农民养老问题的关注、重视和支持，有利于稳定民心，赢得民意。

四是新疆农民的社会养老保险制度参与意愿受到多个因素的影响。新疆农民个体特征变量中的年龄、民族，新疆农民家庭特征变量中的家庭收入、家庭整劳力和土地规模，新疆农民社区特征变量中的养老观念以及新疆农民地区特征变量中的村地理环境和外出便利性 8 个解释变量显著影响新疆农民的社会养老保险制度参与意愿。其中，年龄、家庭整劳力、外出便利性和养老观念 4 个自变量对新疆农民的社会养老保险制度参与意愿有显著的正向影响，即年龄越大、家庭整劳力越多、外出便利性程度越高、传统养老观念越强的新疆农民，更倾向于愿意参加新型农村社会养老保险制度。民族、家庭收入、土地规模、村地理环境 4 个自变量对新疆农民的社会养老保险制度参与意愿有显著的负向影响，即少数民族、家庭收入越多、土地规模数量越多和平原地区的新疆农民更倾向于不愿意参加新型农村社会养老保险制度。

第三节　新疆农民商业养老保险购买意愿

全国第六次人口普查数据显示，2010 年中国 60 岁以上的老年人已经达到 1.78 亿，占世界老年总人口的 23.6%，是世界上唯一的老年人口超过一个亿的国家。与国外发达国家相比，中国人口老龄化表现出"未富先老""老年人口基数大""老龄化速度快"和"城乡倒置"等显著特点。人口老龄化的急速发展将带来一系列的社会经济问题,而最突出、最主要的问题无疑是养老问题,作为一个农村人口占多数的发展中国家,农民的养老问题将更严重,如何应对人口老龄化带来的养老风险,成为摆在中国面前的一个非常紧迫的难题。之所以这样说,一方面是因为,在 2030 年前后老龄化高峰到来之时,留给中国的准备时间已经不多;另一方面是因为,目前农民养老仍然以家庭养老模式为主,[1][2] 而这种养老模式却因社会转型与体制转轨相互交织及其所伴随的家庭规模小型化、家庭结构核心化和人口流动常态化等的影响,养老保障功能已经逐渐弱化。[3][4] 与此同时,农村社会养老保险在经过起起落落之后,虽然 2009 年再次启动,但仍处在试点之中,而且基础养老金只有 50 元左右,保障水平很低,不足以满足农民的养老需求。在这种背景下,研究农民对商业养老保险的购买意愿及其影响因素,就显得非常必要。

商业养老保险是多层次养老保障体系的重要组成部分。构建包括商业养老保险在内的多支柱养老保障体系,是世界各国应对人口老龄化带来的养老风险的共同选择。在 1994—2005 年 10 余年时间里,各国政府在政策选择取向上将三支柱和多支柱作为他们的一个优先考虑;迄今为止,绝大部分国家采取了三(多)支柱的模式。[5] 为了应对人口老龄化带来的养老风险,中国政府出台了一系列的政策措施,来推动商业养老保险的健康发展。这主要体现在:1995 年,《国务院关于深化企业职工养老保险制度改

---

[1] 穆光宗:《我国农村家庭养老问题的理论分析》,载《社会科学》,1999 年第 1 期,第 50—54 页。
[2] 姚远:《中国家庭养老研究述评》,载《人口与经济》,2001 年第 12 期,第 33—43 页。
[3] 郑功成:《中国农村社会养老保障政策研究——将农村居民社会保障与计划生育有机结合的政策选择》,载《人口与计划生育》,2008 年第 3 期,第 17—19 页。
[4] 林义、林熙:《推进养老保障制度和机制创新》,载《人民日报》,2009 年 6 月 16 日第 7 版。
[5] 郑秉文、房连泉:《社保改革"智利模式"25 年的发展历程回眸》,载《社会保障研究》,2006 年第 2 期,第 190—209 页。

革的通知》提出：鼓励建立企业补充养老保险和个人储蓄性养老保险。1997年,《国务院关于建立统一的企业职工基本养老保险制度的决定》提出：大力发展企业补充养老保险,同时发挥商业保险的补充作用。2004年,《企业年金试行办法》的颁布实施,为发展商业养老保险提供了重要的法律支撑。2006年,《国务院关于保险业改革发展的若干意见》指出：保险业是社会保障体系的重要组成部分,要求保险业要统筹城乡商业养老保险,完善多层次社会保障体系。2011年,构建包括商业养老保险在内的多支柱的养老保障体系更是成为两会期间的一个重要议题。而与此相反的是,政府的持续关注和政策的连续出台,并没有带来农村商业养老保险的快速发展,农村商业养老险覆盖面依然很低,即便在经济比较发达的上海,2007年农民商业养老保险的参保率也只有4.7%,[①] 在其他地区,这一比例很可能会更低。

那么,是什么因素阻碍了农村商业养老保险的健康发展呢？一些学者从理论分析的角度对此给予了解释。例如崔玉江的分析认为,农民的保险意识差、经济能力有限、农村自然环境恶劣,保险公司的产品设计、营销策略、管理服务上的缺陷,政府缺乏有力的法律和财政支持,是农村商业养老保险发展滞后的重要原因。[②] 再如徐文芳认为,政府部门相关政策力度不够、保险公司供给乏力和农民有效需求不足,是农村商业养老保险发展滞后的主要原因。[③] 也有学者通过实地调查,研究影响商业养老保险发展的因素,例如宋涛、吴玉锋、陈婧从社会互动与信任的角度,对影响农民购买商业养老保险的因素进行了实证分析,结论是：农民对商业保险的

[①] 见本书参考文献徐文芳：《我国农村商业养老保险存在的问题与对策探析》,载《保险研究》,2009年第8期。

[②] 崔玉江：《我国农村发展商业养老保险探析》,载《浙江金融》,2008年第9期,第47。

[③] 徐文芳：《我国农村商业养老保险存在的问题与对策探析——基于完善社会保障体系的视角》,载《保险研究》,2009年第8期,第71—76页。

信任水平显著影响农民的购买意愿,而社会互动则无显著影响。[1] 再如何兴强、李涛利用居民调查数据,实证分析了社会互动和社会资本两个因素对居民商业保险购买行为的影响,结论是:社会互动对居民的保险购买行为没有显著影响,而社会资本却推动了居民的保险购买,高收入的居民购买保险更积极,并提出加强保险业诚信建设,提高居民的社会资本水平,以促进商业保险发展的政策建议。[2]

综上所述,已有关于商业养老保险问题的相关研究,为正确认识商业养老保险发展中存在的问题及其原因提供了重要基础。但农村商业养老保险发展滞后的现状,是一个多种因素综合作用的结果,而已有研究对农民商业养老保险购买意愿及其影响因素的分析并不全面,对农民不愿意购买商业养老保险的原因没有给出充分的解释,也没有指出农民不愿意购买商业养老保险的最主要原因是什么,已往的研究大多停留在理论分析上,且分析的深度不够,实证分析比较少,研究内容不够全面,有待进一步深化。

鉴于现有研究存在的不足以及发展商业养老保险对于构建多支柱养老保障体系以解决人口老龄化社会背景下农民养老风险的重要意义,本书拟利用 2012 年 1—3 月份新疆十三个地州市 726 位农民的最新实地调研数据,对这一问题作进一步分析。拟解决三个问题:一是在当前的社会经济背景下,有多少农民愿意购买商业养老保险,与早期的调查结果相比,农民的商业养老保险购买意愿是否有了明显的提高?二是农民商业养老保险购买意愿的影响因素是什么?三是农民不愿意购买商业养老保险的主要原因是什么?

---

[1] 宋涛、吴玉锋、陈婧:《社会互动、信任与农民购买商业养老保险的意愿》,载《华中科技大学学报(社会科学版)》,2012 年第 1 期,第 99—106 页。
[2] 何兴强、李涛:《社会互动、社会资本和商业保险购买》,载《金融研究》,2009 年第 2 期,第 116—132 页。

一、新疆农民商业养老保险购买意愿的理论分析

(一)因变量及其测量

本书研究的问题是"农民的商业养老保险购买意愿",在问卷设计中,用这样一个指标来反映,即:"为了保障老年生活,您愿意购买商业养老保险吗?"在问卷设计时,本书之所以用"购买"二字来反映农民的商业养老保险的"参保"意愿是因为:商业养老保险是一种商品,其性质完全不同于社会养老保险,农民是否选择商业养老保险完全是一种市场交易行为。因此,用"购买"二字比用"参与"或"参保"二字,来表达农民的商业养老保险参与意愿更为妥帖。答案设计为二分选项,即愿意和不愿意。回答愿意赋值为1,回答不愿意赋值为0。因变量及其分布见表5-9。

表5-9 因变量及其统计分布　　　　单位:个/%

	选项	频数	百分比	有效百分比
为了保障老年生活,您愿意购买商业养老保险吗?	不愿意	446	61.4	62.5
	愿意	268	36.9	37.5
N=726	合计	714	98.3	100.0

从表5-9可以看出,农民的商业养老保险购买意愿并不高,只有37.5%的农民愿意购买商业养老保险,而有62.5%的农民不愿意购买商业养老保险。但是,应该看到,随着人口老龄化的发展、农村经济发展水平的提高以及农民收入的增长,农民的商业养老保险购买意愿也在逐渐增强,与2005年"县域保险发展研究课题组"的调查结果相比,2012年农民的商业养老保险购买意愿(2005年这一比例为16.5%)提高了1.3倍。值得注意的是,2012年调查地点是社会经济发展比较落后的西北边陲(新疆),而2005年调查地点大多集中在经济发展比较好的中东

部地区。考虑这个因素之后，当前全国农民的商业养老保险购买意愿将会更高。这一统计结果，为中国推动农村商业养老保险的健康发展提供了重要情报。

（二）自变量及其选择依据

商业保险是一种商品，农民是否选择商业养老保险完全是一种市场交易行为，但是这种交易行为又与其他商品的交易行为不同，其他商品的交易行为是一种"看得见，摸得着"的"一手交钱，一手交货"的交易行为，是一次性的交易行为。而商业保险的交易行为是一种"远期信用"交易行为，农民交了钱，并不能购买到"看得见，摸得着"的实物，而只是购买到一种保险金"索取权"，且一般都是一种长期的交易合约。交易合约能否达成将受到农民个体、保险产品、保险机构以及法律法规等方面因素的制约，而其中农民的因素是决定这种合约能否达成的关键因素，而农民的因素主要是农民个体特征因素和农民家庭资源禀赋等，同时，也会受到保险产品的市场可及性以及社会养老保险试点情况等的影响。

从农民个体特征因素来看，农民的性别、文化程度以及社会流动等将是影响农民认识水平的关键变量，并成为影响农民商业养老保险购买意愿的重要因素。孔祥智、涂圣伟认为，女性是农村中的弱势群体，她们的经济安全状况和自我保障能力相对于男性要差一些，因此，女性可能更不倾向于购买商业养老保险；① 中国保险从 20 世纪 80 年代恢复发展以来，只不过短短 30 年时间，营销模式问题、理赔纠纷以及部分保险代理人的败德行为，使人们对商业保险产生了一些"误会"，在调研中不乏听到"保险（商业）是骗人的东西"的言论。而文化程度越高的农民，越可能对商业

---

① 孔祥智、涂圣伟，《我国现阶段农民养老意愿探讨——基于福建省永安、邵武、光泽三县（市）抽样调查的实证研究》，载《中国人民大学学报》，2007 年第 3 期，第 71—77 页。

养老保险有一个正确的认识,也越可能倾向于购买商业养老保险;社会流动为农民接触社会变化的环境提供了良好机会,农民在流动中易于改变旧的养老观念,而树立新型养老观(如独立养老的观念)。因此,社会流动中的农民可能拥有更强的商业养老保险购买意愿。

作为一种商业购买行为,农民的收入水平无疑对他们是否购买商业养老保险有重要影响,一些学者的理论分析也"证明"了这一点。① 但是,农民的收入水平高,并不一定意味着农民的可支配收入也越多,农业生产所要求的较多的成本支出以及农村市场化发展所带来的日常高消费水平可能使农民的净收入所剩无几。因此,在分析农民家庭资源禀赋对农民商业养老保险购买意愿的影响时,收入水平并不是一个非常恰当的变量,而家庭的储蓄水平则是一个代表性相对较好的变量。家庭储蓄水平不仅反映了农民的创收能力,它还是农民长期资产积累的重要体现,反映了农民的实际购买能力。因此,家庭储蓄越多的农民,越可能拥有更强的商业养老保险购买意愿。

从产品的属性上来说,商业养老保险不仅是一种养老风险的专家工具,也是一种金融投资工具。作为一种金融投资工具,农民购买商业养老保险的目的是出于合理的收益预期,农民是否参与交易以及参与的程度,会受到多方面因素的影响,而其中一个非常关键的因素是农民是否信任这种商品。国内外的研究表明,信任对于金融投资行为的发生具有积极的影响作用。②③④ 重复博弈产生信任,而信任的前提是商业保险的市场可及

---

① 何兴强、李涛:《社会互动、社会资本和商业保险购买》,载《金融研究》,2009年第2期,第116—132页。
② 李涛:《社会互动、信任与股市参与》,载《经济研究》,2006年第1期,第34—45页。
③ 何兴强、李涛:《社会互动、社会资本和商业保险购买》,载《金融研究》,2009年第2期,第116—132页。
④ 吴玉峰:《新型农村社会养老保险参与实证研究:一个信任分析视角》,载《人口研究》,201年第4期,第95—104页。

性，商业保险在农村的发展水平、商业保险产品的农村适应性、农民对商业保险的了解程度等都是反映其市场可及性的重要因素，本书用农民对商业保险的了解程度来反映商业保险的市场可及性。

养老保险有三大支柱，即社会基本养老保险、企业补充养老保险和个人储蓄性养老保险。① 三者之间可能存在两种关系，一是互补性；二是替代性。如果是替代性，那么社会基本养老保险的发展将对商业养老保险产生"挤出效应"（Crowding—Out Effect），特别是功能类似的保险产品更容易发生"挤出效应"，② 也即社会养老保险的建立健全将阻碍商业养老保险的健康发展。如果是互补性，社会基本养老保险的发展将对商业养老保险的发展起到促进作用。理论分析显示，社会养老保险与商业养老保险是一种"相互补充，相互促进"的关系，③ 特别是在社会基本养老保险保障水平比较低的时候更是如此。④ 另外，新型农村社会养老保险制度的发展，不仅为农民应对养老风险提供了一种新的工具，更把风险意识带给了农民，因此，社会养老保险试点比较好的地区的农民，可能拥有更强的商业养老保险购买意愿。本书用农民对新型农村社会养老保险制度（简称"新农保"）的总体评价，⑤ 来反映新农保的试点情况。

自变量及其统计分布见表 5—10。

---

① 江帆：《商业养老保险面临怎样的发展机遇》，载《经济日报》，2011 年 7 月 8 日第 15 版。
② 秦雪征：《社会安全网、自我保险与商业保险：一个理论模型》，载《世界经济》，2011 年第 10 期，第 70—86 页。
③ 俞自由、陈正阳：《社会养老保险、补充养老保险与商业保险的关系——上海地区社会养老保险的替代率分析和商业养老保险市场预测》，载《管理世界》，1997 年 02 期。
④ 马敏、韩世红：《社会养老保险与商业养老保险的关系分析》，载《西安交通大学学报》，1998 年 12 期。
⑤ 农民对"新农保"的总体评价，反映了"新农保"的试点效果，也影响甚至决定农民的参与意愿和参与行为。用农民对"新农保"的总体评价，来反映"新农保"对农民的商业养老保险购买意愿的影响更具代表性。

表 5-10 自变量解释及其统计描述

变量名称	变量含义与赋值	最大值	最小值	均值	标准差
性别	被调查对象的性别。男=1；女=0	1	0	0.67	0.47
文化程度	被调查对象的文化程度。没上过学=1；小学=2；初中=3；高中、中专=4；大专以上=5	5	1	2.71	1.05
社会流动	2011年的外出务工情况。外出务工=1；没有外出务工=0	1	0	0.23	0.42
家庭储蓄规模	被调查农民的家庭存款总数。1万以下=1；1—3万=2；3—6万=3；6—10万=4；10万及以上=5	5	1	2.16	1.29
商业保险市场可及性	农民对商业养老保险的了解程度。非常了解=1；比较了解=2；不太了解=3；很不了解=4；从来没听说过=5	5	1	3.25	0.97
"新农保"试点情况	农民对新型农村社会养老保险制度的总体评价。满意=1；不满意=0	1	0	0.87	0.34

（三）模型选择

本书的因变量是"农民的商业养老保险购买意愿"，农民愿意购买商业养老保险，赋值为1，不愿意购买商业养老保险，赋值为0，是一个二分类的因变量。本书采用 Binary Logistic 回归技术对其进行分析。

设因变量为 y，取值为1时，表示农民愿意购买商业养老保险，取值为0时，表示农民不愿意购买商业养老保险。影响 y 的 m 个自变量分别记为 $x_1, x_2, \cdots, x_m$（$1 \leqslant m \leqslant 6$）。设农民 i 愿意购买商业养老保险发生的条件概率为 $p(y=1 \mid X) = p_i$，$1-p_i$ 则表示农民 i 不愿意购买商业养老保险发生的概率，它们均是由自变量向量 x 构成的非线性函数：

$$p_i = \frac{1}{1+e^{-(\alpha+\sum_{i=1}^{m}\beta_i x_i)}} = \frac{e^{-(\alpha+\sum_{i=1}^{m}\beta_i x_i)}}{1+e^{-(\alpha+\sum_{i=1}^{m}\beta_i x_i)}}, 1-p_i = 1 - \frac{e^{-(\alpha+\sum_{i=1}^{m}\beta_i x_i)}}{1+e^{-(\alpha+\sum_{i=1}^{m}\beta_i x_i)}} = \frac{1}{1+e^{-(\alpha+\sum_{i=1}^{m}\beta_i x_i)}} \quad (1)$$

农民愿意购买商业养老保险与不愿意购买商业养老保险发生的条件概

率之比 $p_1/1-p_1$ 被称为事件发生比，简写为 Odds。对 Odds 进行对数变换，则得到 Binary Logistic 回归模型的线性表达式为：

$$\text{Ln}\left(\frac{p_1}{1-p_1}\right) = \alpha + \sum_{i=1}^{m} \beta_1 x_1 \tag{2}$$

（1）式和（2）式中，α 为常数项，m 为自变量的个数，β_1 是自变量的系数，反映自变量对农民购买商业养老保险意愿的影响方向及程度。

二、新疆农民商业养老保险购买意愿的影响因素

从模型拟合信息来看，表 5-11 显示，在模型只含常数项的情况下，所有被观察对象都被预测为愿意购买商业养老保险，预测的准确率（Percentage Correct，简称 PC 值）为 62.2%，模型非常显著（sig. = 0.000）；当把 6 个自变量全部纳入模型之后，因变量的分类预测准确率提高到 70.8%，说明自变量的引入，对改善模型预测效果具有重要意义；从模型总的解释力来看，6 个自变量解释了因变量的 27.9%（Negelkerke R^2 = 0.279），凸显出所选自变量对因变量的重要性。同时，模型也非常显著（sig. = 0.000）。因此，表 5-11 的统计信息说明，模型拟合效果较好，具有较好的解释力。

表 5-11　模型拟合信息统计分析表

常数项模型	B 值	标准误	Wald 值	自由度	Sig. 值	Exp（B）值
PC 值=62.2%	-0.497	0.08	33.877	1	0.000	0.608
全自变量模型	卡方值	自由度	Sig. 值	-2LL 值	Cox & Snell R^2	Nagelkerke R^2
PC 值=70.8%	151.462	15	0.000	725.267	0.205	0.279

从自变量对因变量的影响方向及程度来看，从表 5-12 的统计结果看，在纳入模型的 6 个自变量中，有 5 个自变量通过了显著性检验。商业养老保险的市场可及性、文化程度、社会流动、家庭储蓄和"新农保"试点情

况,对农民的商业养老保险购买意愿有显著的正影响,这与前面的理论分析相符。

具体来看,相对于没有上过学的农民而言,文化程度为大专及以上的农民有更强的商业养老保险购买意愿,具有大专及以上文化程度的农民愿意购买商业养老保险的概率发生比是没有上过学的农民这一概率发生比的3.2倍。虽然具有小学、初中和高中文化程度的农民与没有上过学的农民,在商业养老保险购买意愿上并没有表现出显著的差异,但随着农民文化程度的提高,农民愿意购买商业养老保险的概率发生比是在逐渐增加的(见相应幂值),也即随着农民文化程度的提高,他们愿意购买商业养老保险的可能性也在增加。

社会流动提高了农民的商业养老保险购买意愿,相对于没有社会流动的农民而言,处在社会流动中的农民,他们的商业养老保险购买意愿更强,处在社会流动中的农民愿意购买商业养老保险的概率发生比是没有处在社会流动中的农民这一概率发生比的1.5倍。同时,社会流动也从一个侧面反映了农民人力资本和社会资本都在增加,这些资本的增加为农民自立自强(独立养老)提供了重要基础和条件。因此,社会流动中的农民有更强的商业养老保险购买意愿。由此,不难断言,政府通过合理引导,促进农村人口外出务工渠道的顺畅,将有助于农村商业养老保险市场的拓展。

家庭储蓄规模对农民商业养老保险购买意愿的显著影响,主要体现在家庭储蓄规模在6—10万元这一档次上。相对于家庭储蓄规模在1万元以下的农民,家庭储蓄规模在6—10万元水平的农民,愿意购买商业养老保险的概率发生比是1万元以下农民这一概率发生比的1.7倍。家庭储蓄为其他档次的农民虽然在商业养老保险购买意愿上并未表现出显著的差异,但是随着家庭储蓄规模的增加,农民愿意购买商业养老保险的概率发生比是在增加的。尽管从全国的平均水平来看,当前农民的收入水平并不高,但农民收入水平的增加趋势是明显的,特别是来自非农收入的比重越来越大。中国农民省吃俭用的传统美德激励农民倾向于"多储蓄，少消费"以应对将来不期而遇的"意外"支出。农民内部的收入差距也在逐渐拉大，一部分富裕起来的农民已经拥有较强的商业养老保险购买能力，同时，人口老龄化、家庭规模小型化的发展以及人口流动的加剧，正在倒逼农民做出多元投资选择。因此，不难预测，随着农民家庭储蓄规模的进一步增加，将会有越来越多的农民愿意购买商业养老保险。

商业养老保险的市场可及性对农民的商业养老保险购买意愿具有非常显著（sig. ＝0.000）的影响。随着商业养老保险的市场可及性的提高，农民愿意购买商业养老保险的概率发生比也在逐渐提高。例如，相对于从未听说过商业养老保险的农民而言，对商业养老保险非常了解的农民，他们愿意购买商业养老保险的概率发生比是从未听说过商业养老保险的农民这一概率发生比的36.8倍。从本书选择的6个自变量对农民商业养老保险购买意愿的影响来看，商业养老保险的市场可及性是最主要的影响因素（见相应的 $Exp(B)$ 值可知）。造成商业养老保险市场可及性差的原因是多方面的，而保险公司过度追求利润的短期化是重要原因，很多保险公司认为农村市场开拓成本高，不仅不盈利甚至是亏损，因而忽视农村保险市场的开拓。根据国外的经验，国内农村商业保险市场蕴藏着巨大的发展空间。商业养老保险的盈利性和其在多层次养老保障体系中的地位，决定了政府和保险公司都有责任去提高商业养老保险的市场可及性，商业养老保险市场可及性的提高，将带来多方受益的良好局面。

社会养老保险与商业养老保险是一种"相互促进、相互补充的关系"的观点在本书得到了检验。统计显示，社会养老保险的发展，增强了农民的商业养老保险购买意愿。农村社会养老保险试点情况比较好的地方的农民愿意购买商业养老保险的概率发生比，是农村社会养老保险试点情况比较差地区的农民这一概率发生比的4.5倍。社会养老保险与商业养老保险虽然都具有分散养老风险的功能，但是二者是性质完全不同的风险转嫁手段。在目前这个阶段，农村社会养老保险具有明显的"福利性"特点，而商业养老保险是一种高消费商品,如果说农村社会养老保险是一种生活"必需品",而商业养老保险则可以看成是一种"奢侈品"。因此,从二者的制度性质来看,农民的社会养老保险参与行为,不会像有些学者所论述的那样将对农民购买商业养老保险产生"挤出效应",实证研究也证实了这一点。

表5—12 新疆农民商业养老保险购买意愿影响因素的Logistic回归结果

	系数（B）	标准误（S.E.）	瓦特值（Wald）	自由度（df）	显著性（sig.）	幂值（exp（B））
性别	0.063	0.198	0.102	1	0.749	1.065
小学（参照文盲）	−0.091	0.315	0.084	1	0.772	0.913
初中（参照文盲）	0.134	0.301	0.198	1	0.656	1.143
高中（参照文盲）	0.516	0.341	2.285	1	0.131	1.675
大专以上（参照文盲）	1.147**	0.484	5.611	1	0.018	3.150
社会流动情况	0.395*	0.218	3.305	1	0.069	1.485
1—3万元（参照1万元以下）	−0.009	0.231	0.002	1	0.969	0.991
3—6万元（参照1万元以下）	0.209	0.281	0.551	1	0.458	1.232
6—10万元（参照1万元以下）	0.517*	0.296	3.051	1	0.081	1.676
10万元以上（参照1万元以下）	0.348	0.357	0.948	1	0.330	1.416
非常了解（参照未听说）	3.605***	0.794	20.611	1	0.000	36.788
比较了解（参照未听说）	3.727***	0.566	43.379	1	0.000	41.558
不太了解（参照未听说）	2.505***	0.530	22.333	1	0.000	12.246
很不了解（参照未听说）	1.766***	0.554	10.173	1	0.001	5.848
"新农保"试点情况	1.510***	0.373	16.360	1	0.000	4.525
常数项	−4.704***	0.693	46.125	1	0.000	0.009

注：＊＊＊、＊＊和＊分别表示自变量在1%、5%和10%的显著水平上对因变量有显著的影响。

三、新疆农民不愿意购买商业养老保险的主要原因

前文的模型统计结果,很好地解释了具有什么样特征的农民具有更强的商业养老保险购买意愿以及可能性大小,这为商业养老保险的市场拓展提供了重要的瞄准依据。但是,前文的模型统计结果并没有给出农民不愿意购买商业养老保险的原因,这对相关政策制定是一个限制。因此,有必要对此问题加以分析。农民不愿意购买商业养老保险,既有农民的购买能力问题,也包括保险费率设定不合理的问题,还有农民不了解保险产品、不相信保险公司以及没有人销售保险等问题。那么,这些问题哪些是主要问题呢?是农民的购买能力问题,还是保险费不合理的问题,还是其他问题呢?这是需要进行实证检验的问题。

表5-13的统计结果清晰地显示了农民不愿意购买商业养老保险的原因(多选题)及其最主要原因(单选题)。从农民不愿购买商业养老保险的原因来看,有36.7%的农民选择了没有钱购买,42.1%的农民选择了保险费太高,73.0%的农民选择了不了解保险产品,41.2%的农民选择了不相信保险公司,15.8%的农民选择了没有人销售保险,还有3.9%的农民选择了其他原因。从农民不愿意购买商业保险的最主要原因来看,排在首位的并不是农民没有钱购买,而是农民不了解保险产品,而农民的购买能力只是排在第二位。不相信保险公司、保险费太高分别排在主要原因的第三位和第四位,而认为最主要原因是没有人销售保险和其他原因的农民所占比例很低,只有2%左右。

表 5-13　新疆农民不愿意购买商业养老保险的原因及其比例

单位：个/%

问题	选项（多选题）	样本量	比例	问题	选项（单选题）	样本量	比例
不愿意购买商业养老保险的原因	没有钱购买	425	36.7	不愿意购买商业养老保险的最主要原因	没有钱购买	412	22.6
	保险费太高	423	42.1		保险费太高	412	13.3
	不了解保险产品	437	73.0		不了解保险产品	412	44.4
	不相信保险公司	420	41.2		不相信保险公司	412	15.0
	没有人销售保险	416	15.8		没有人销售保险	412	2.7
	其他原因	408	3.9		其他原因	412	1.9

表 5-13 的统计结果还显示，当农民综合考虑不愿意购买商业养老保险的原因时，没有钱购买、保险费太高、不了解保险产品、不相信保险公司、没有人销售保险及其他原因都被列为其中的重要原因。其中，选择不了解保险产品的人数最多，其次是选择保险费太高，选择不相信保险公司的人数仅次于选择保险费太高的人数，选择没有钱购买的农民的人数只列第四位。而当让农民权衡哪一个是其中的最主要原因时，不了解保险产品仍然被认为是农民不愿意购买商业养老保险的最主要原因，而没有钱购买这一问题的重要性已经超过了保险费太高和不相信保险公司两个因素。这说明，农民的购买能力问题依然是一个重要制约因素。

综合表 5-13 的统计信息可以得出：农民不愿意购买商业养老保险的原因是多方面的，其中，主要原因有四个：即没钱购买、保险费太高、不了解保险产品和不相信保险公司。从四个原因的重要性来看，不了解保险产品是阻碍农民购买商业养老保险的最大障碍，其次是没有钱购买，这反映了农民的购买能力问题，不相信保险公司排在了第三位，最后才是保险费太高。这一统计结果，有力地反驳了"阻碍农村商业养老保险发展的关键因素是农民收入水平低"的观点，同时，也对保险公司如何推动农村商业保险的发展提供了一个重要参考。

因此，如何增加农民对商业养老保险的了解程度，如何完善商业保险的公信力是排在保险公司以及政府部门拓展农村商业保险市场的最主要问题。这一问题的解决，再加上合理的保险产品设计以及农民增收政策的配套，农村商业养老保险市场的路必将越走越宽。

四、研究结论与几点讨论

本书基于2012年新疆十三个地州市726份农民的最新调查数据，利用二元Logistic回归模型实证分析了农民的商业养老保险购买意愿及其影响因素；利用Multiple Response分析方法，分析了农民不愿意购买商业养老保险的原因以及最主要原因，并有了一些新的发现，例如，农民不愿意购买商业养老保险的最主要原因并不是"没有钱购买"，即不是购买能力问题，而是因为"不了解保险产品"等。本书的主要研究结论与政策建议如下所述。

本节的主要研究结论是：

（1）农民的商业养老保险购买意愿尽管仍然不高，但相对于2005年的调查结果而言，农民的商业养老保险购买意愿已经有了大幅度提高，农村商业养老保险市场潜力巨大。

统计结果显示，农民愿意购买商业养老保险的比例只占被调查农民总数的37.5%，尽管仍然不占多数，但是这个结果与2005年"县域保险发展研究课题组"（2006）的调查结果相比，2012年农民的商业养老保险购买意愿（2005年这一比例为16.5%）已经有了大幅度的提高。值得注意的是，这一调查结果来自于社会经济发展仍然比较落后的新疆地区。假设全国农民的平均商业养老保险购买意愿与新疆持平，按照全国7亿农民计算，将有2.63（37.5%×7＝2.625，四舍五入）亿农民愿意购买商业养老保险。再假设在2012年以后的相当长时期内，农民的人均寿险保险费支出为500元（2008年全国人均寿险保险费支出为501元），那么全国农村每年将有 1315 亿元的商业保险需求，这将是一个巨大的潜在市场。

(2) 发展农村社会养老保险有助于增强农民的商业养老保险购买意愿，而不是对农村商业养老保险的发展产生"挤出效应"。

部分学者基于消费者选择理论的角度分析，担心发展农村社会养老保险将对农村商业养老保险的发展产生"挤出效应"，特别是农村社会养老保险发展水平高到一定程度的时候，这种"挤出效应"会更加明显。① 而本书的实证研究结果与一些学者通过理论分析得出的"商业养老保险与农村社会养老保险，相互补充、相互促进"的观点②不谋而合。正如本书前面的分析，从二者"商品"属性的角度来看，商业养老保险与农村社会养老保险是两种性质完全不同的风险转嫁工具，前者是一种"高消费型"的"奢侈品"，而后者更多是一种"福利性"的生活"必需品"，这两种完全不同的性质决定了二者的相互补充关系，而非是相互替代关系。因此，无论从农村社会养老保险当前的发展水平，还是从二者的相互补充关系来看，我们都不必担心建立健全农村社会养老保险制度所带来的"挤出效应"。

(3) 文化程度、社会流动、家庭储蓄以及商业养老保险的市场可及性，对农民的商业养老保险购买意愿有显著影响，其中商业养老保险的市场可及性是影响程度最大的因素。

模型统计结果显示，文化程度、社会流动、家庭储蓄和商业养老保险市场可及性也是农民商业养老保险购买意愿的显著影响因素。那些拥有较高文化程度、社会流动频繁、家庭储蓄规模较大的农民，有着更强的商业养老保险购买意愿。从各个自变量对因变量的显著性水平及其对应的幂值

---

① 马敏、韩世红：《社会养老保险与商业养老保险的关系分析》，载《西安交通大学学报》，1998 年 12 期。
② 俞自由、陈正阳：《社会养老保险、补充养老保险与商业保险的关系——上海地区社会养老保险的替代率分析和商业养老保险市场预测》，载《管理世界》，1997 年 02 期。

第五章 新疆农民的缴费能力、参保意愿与制度需求

[EXP（B）]来看，商业养老保险的市场可及性是影响农民商业养老保险购买意愿的最主要因素。这与前文的理论分析是相符的，即"信任有助于农民金融投资交易的达成"。商业养老保险的市场可及性为农民认识商业养老保险提供了可能，由认识产生信任，由信任产生金融交易，也就是顺理成章的了。

（4）农民不愿意购买商业养老保险的首要原因不是因为他们的购买能力有限，而是因为他们不了解保险产品，提高农民对商业养老保险的了解程度，是促进农村商业养老保险市场健康发展的关键。

作为一种商业买卖行为，农民不愿意购买商业养老保险的原因是多方面的，既有农民的购买能力低的问题，也有商业养老保险的费率不合理问题，还有商业养老保险的市场可及性差、保险公司的公信力不足等诸多问题，但统计结果显示，最根本、最主要的原因不是农民没有钱购买，即购买能力问题，而是农民对商业养老保险不了解。除此之外，保险产品的不合理费率以及保险公司的可信度较差，也是其中的重要原因。为什么会是这样的一个统计发现呢？本书认为，一方面随着农民收入水平的提高，农民的市场购买能力已经有了明显提高，因此，"没有钱购买"已经不再是制约农民商业养老保险消费的首要障碍；另一方面商业保险公司的短期逐利行为以及不正当的营销行为，使当前很多保险公司不注重保险产品的宣传和推介，而是通过各种手段"诱导农民购买商业保险"，再加上复杂的理赔程序、漫长的理赔过程以及农民对保险理赔的不了解等，导致了农民对商业保险的不信任。因此，发展农村商业养老保险的关键是如何尽快提高农民对商业养老保险的了解程度。

鉴于上述研究结论，本书提出如下几点针对性政策建议，以供讨论：

（1）政府与市场（保险公司）"联手"，加大商业养老保险的宣传力度，提高商业养老保险的市场可及性，促进农村商业养老保险市场的健康发展。

当政府把商业养老保险纳入国家多层次养老保障体系的重要支柱之

时，政府"出力"以助推农村商业养老保险市场的健康发展就有了坚实的理论依据和法律基础；商业保险的市场盈利性，也为商业保险公司"出力"以推动农村商业养老保险市场的拓展，提供了重要支撑。因此，政府与市场（保险公司）"联手"，以推动农村商业养老保险市场的健康发展，不仅是可能的，而且是可行的。政府可以通过税收减免和政策支持的方式，激励保险公司大力宣传农村商业养老保险产品，提高商业养老保险的市场可及性，积极拓展农村商业养老保险市场，同时，政府加快新型农村社会养老保险制度的建设步伐，也将在一定程度上助推农村商业养老保险的健康发展；而保险公司则可以利用自己拥有的经营网络、服务队伍、培训机制和管理经验等方面的资源优势，借鉴一些地方商业保险公司参与新型农村合作医疗制度建设的经验，积极投身到新型农村社会养老保险制度的建设与服务之中。

（2）商业养老保险的营销对象应该主要瞄准那些具有较高文化程度、社会流动频繁等特征的农民，而不应该是不分选择的"全面撒网"。

总体来看，中国农村人口居住地点的分散性、文化程度的低水平以及农民收入的有限性，客观上阻碍了农村商业养老保险市场的拓展。但是，随着教育的普及、农民收入水平的提高、农村贫富差距的出现以及风险社会的到来，一部分农民不仅有了风险意识，也具有了商业养老保险的购买能力，这为发展农村商业养老保险提供了重要条件。实证结果显示，那些具有较高文化程度、社会流动频繁、家庭储蓄规模比较大以及对商业保险比较了解的农民，具有更强的商业养老保险购买意愿。为了降低营销成本，提高商业保险营销的成功率，保险公司或保险代理人，在拓展农村商业养老保险市场时，应该首先瞄准那些文化程度比较高、家庭储蓄比较多以及社会流动频繁的农民，而不是不加选择的"全面撒网"。

（3）提高农民的文化程度、解决农民外出务工就业难、增加农民的资产积累，以增强农民的商业养老保险购买意愿。

农民的文化程度、社会流动、家庭储蓄对农民商业养老保险购买意愿的显著影响,提示人们加大教育投入与改革力度以提高农民的文化程度,疏通农民的外出务工就业渠道以解决农民外出就业难,提高外出务工农民的工资水平以增加农民的资产积累,将有助于增强农民的商业养老保险购买意愿,促进农村商业养老保险市场的健康发展。除此之外,在农民工返乡创业日渐增多的背景下,加大农民工的创业培训和技术培训支出以提高农民的就业技能,合理引导农村土地流转以促使适度规模经济的形成,也将有助于农民家庭资产的积累,提高农民的商业养老保险购买能力,并最终促进农村商业养老保险市场的健康发展。

(4)制定合理的保险费率、提高保险公司的公信力,也是促进农村商业养老保险市场健康发展的重要策略。

农民不愿意购买商业养老保险的原因,除了因为不了解保险产品和购买能力有限之外,不合理的保险费率和保险公司的公信力差,也是其中的两个重要原因。商业养老保险商品价格不合理的主要原因,是保险公司对市场风险的精算力度不够,保险公司总是试图将保险风险转嫁到消费者身上,这导致保险公司倾向于制定比较高的保险费率,保险商品价格的不合理制约了农民的购买意愿;保险公司营销方式的不合理、保险理赔中的不积极作为,以及保险营销中的不当行为(包括个别保险代理人或经纪人的败德行为)等,共同造成了保险公司的市场公信力差,并进而阻碍了农民的商业养老保险购买意愿。因此,保险公司应加大保险风险精算力度以降低保险商品价格,通过营销方式的改革与完善、选择素质比较好的保险代理人等,以提升保险公司的市场公信力,最终为农村商业养老保险市场的拓展创造条件。

第四节 新疆农民养老的制度需求及其差异

对农户内部风险处理策略的研究显示,农民的风险策略是理性的,千百年来中国农民在生产和生活实践中积累了大量行之有效的防范、化解和应对风险的策略。① 随着人口老龄化、高龄化和少子化的发展以及人口流动的加剧,农村传统的养老保障手段已经很难适应时代的要求,作为一种理性的小农,农民会选择更加有效的制度安排。随着新疆农村人口老龄化的快速发展,新疆农民的养老风险将逐渐增加,那么在这种背景下,新疆农民养老的制度需求是什么样的呢?新疆农民的制度需求具有什么样的特征?新疆农民养老的制度需求是否存在明显的差异呢?这些都是需要进一步探索的问题。

一、农民养老的制度需求及其操作化

分析新疆农民养老的制度需求及其差异,必须首先明确两个概念,即"需求"与"需要"的内涵是什么。从经济学的角度看,需求与需要是两个不同的概念。需要是需求的重要构成要件之一,消费者既有"需要",又有"能力"满足自己的需要,这个时候"需要"才能构成"需求"。也即经济学上的"需求"是一种有效"需求",而不仅仅就是一种无力支付的"需要"。农民养老的制度需求,主要是指农民养老的社会保障制度需求。

纵观世界各国的社会保障制度,从农民的筹资责任来看,主要包括农民承担缴费责任的社会保险制度和农民不承担缴费责任的社会福利制度。农民不承担缴费责任的社会保障制度,农民的社会保障制度需求及其需求水平,关键就在于国家的社会保障制度供给能力,这时农民的需要与农民的需求是两个等同的概念。当农民承担缴费责任时,农民的社会保障制度需求不仅取决于国家的社会保障制度供给能力,还取决于农民的缴费能力。但是,由于社会保障制度大多属于一种国家福利制度的一部分,农民

---

① 丁世军、陈传波:《经济转型时期的中国农村老年人保障》,载《中国财政经济出版社》,2005年版。

的缴费是比较少的,只要有制度供给,农民就会有需求。从这个角度而言,农民养老的社会保障需求与农民养老的社会保障制度需要具有等同的内涵。

当然,世界上的社会保障制度,除了农民缴费的社会保险制度之外,还存在只有农民个人缴费的强制储蓄型社会保障模式,例如新加坡和智利的社会保障模式。但是,绝大多数国家的社会保障制度,国家财政都承担了主要筹资责任。我国的社会保障制度,特别是农村社会保障制度建设,国家承担的责任更大,农村社会保障制度的福利性更强。因此,农民养老的制度需求与农民养老的制度需要可以视为一个具有相同意义的概念。

基于上述分析,本书把新疆农民养老的制度需求操作化为:"在当前形势下,您认为发展我国农村社会保障制度有必要吗?""在当前形势下,您认为我国农村社会保障体系中最重要的一项是?"两个具体指标来加以反映,两个问题的答案根据社会保障体系的内容安排,分为农村社会养老保险制度、农村合作医疗制度、农村最低生活保障制度、农村灾害救助制度、农村扶贫开发制度和农村五保供养制度以及其他福利制度共六项社会保障制度。前一个问题答案是多选的,用于分析新疆农民对所有社会保障项目的需求概况,也从一个侧面分析新疆农民面临的生存困境;后一个问题的答案只有一个选项,用以分析新疆对农村社会保障制度的最主要需求,从一个侧面反映新疆农民面临的最主要生存风险。

由于农民是理性的,新疆农民对农村社会保障制度的必要性认识,一方面是基于自身面临的风险情况所作出的理性选择,另一方面也是基于农民对整个农村问题和社会保障制度作用的判断,① 还可能是出于追求自身权益和社会公平的考虑。因此,新疆农民对社会保障制度项目必要性的判断,能够比较有效地反映新疆农民的生存风险及其制度需求情况。

---

① 乐章:《他们在担心什么:风险与保障视角中的农民问题》,载《农业经济问题》,2006年第2期,第26—35页。

二、新疆农民养老的制度需求及特征

新疆农民养老的制度需求包括两个方面,一是新疆农民养老的总体制度需求情况;二是新疆农民养老的最主要制度需求。新疆农民的制度需求情况见表5—14。

从表5—14的统计结果来看,新疆农民认为在当前形势下,绝大部分新疆农民认为发展农村社会保障制度是必要的。认为发展农村社会保障制度必要(包括非常必要和比较必要)的新疆农民占新疆农民总数的90.4%。而认为发展农村社会保障制度不必要的新疆农民只有1.1%,另有8.5%的新疆农民认为,在当前形势下发展农村社会保障制度是一种可有可无的事情。这说明,新疆农民的社会保障制度需求是比较明确的。加快新疆农村社会保障制度,不仅能够满足新疆农民的制度需求,也能够在一定程度上扩大农村社会保障制度的覆盖面,还社会保障权与新疆农民,促进社会的公平与稳定。

表5—14 新疆农民养老的制度需求的总体情况

	当前形势下,您认为发展我国农村社会保障制度有必要吗?			
	频数(个)	百分比(%)	有效百分比(%)	累计百分比(%)
非常必要	366	50.6	51.0	51.0
比较必要	283	39.1	39.4	90.4
说不清	61	8.4	8.5	98.9
不太必要	8	1.1	1.1	100.0
合计	718	99.2	100.0	

那么,新疆农民的社会保障具体项目中那些是必要的呢?最重要的社会保障项目是什么呢?见表5—15。

从表5—15的统计结果来看,新疆农民对农村社会保障制度的需求主

第五章 新疆农民的缴费能力、参保意愿与制度需求

要集中在农村社会养老保险制度,新型农村合作医疗制度和农村最低生活保障制度。其中,有89.6%的新疆农民认为农村社会养老保险制度必要,有91.8%的新疆农民认为发展新型农村合作医疗制度必要,有76.3%的新疆农民认为发展农村最低生活保障制度必要,另有56.9%的新疆农民认为发展农村扶贫开发制度是必要的。假设新疆农民的选择是理性的,那么上述统计结果,一定程度上说明了,新疆农民面临的主要生存风险是医疗风险、养老风险和贫困风险。

表5-15的统计结果还显示,认为农村灾害救助和五保及其他福利制度必要的农民只有45%左右。这也即是说,有超过一半的新疆农民认为农村灾害救助和五保及其他福利制度不必要,并不代表这些制度不重要,而可能是因为:一是新疆是个自然灾害频发的国家,从历史的角度来看,政府的救灾投入非常有限,使得新疆农民不敢对其有过多的期望;二是可能是因为新疆农村灾害救助的效果比较差、水平比较低所致;三是享受五保及其他福利制度的新疆农民毕竟是少数特殊对象,可能是由于"事不关己,高高挂起"的自利心理所致。

表5-15 农民认为必要和最必要的保障制度项目及其比例

单位:个/(%)

	项目	样本量	比例		项目	样本量	比例
必要的保障项目及其比例	农村社会养老保险	719	89.6%	最重要的保障项目及其比例	农村社会养老保险	700	37.1%
	农村合作医疗	720	91.8%		农村合作医疗	700	27.9%
	农村最低生活保障	721	76.3%		农村最低生活保障	700	16.6%
	农村灾害救助	721	48.1%		农村灾害救助	700	2.7%
	农村扶贫开发	720	56.9%		农村扶贫开发	700	9.4%
	五保及其他福利	721	47.3%		五保及其他福利	700	6.3%

从最重要的保障项目来看,排在前三位的依次是农村社会养老保险、农村合作医疗制度和农村最低生活保障制度,农村扶贫开发制度排在第四

位，五保及其他福利排在第五位，农村灾害救助排在倒数第一位。这为农村社会保障制度的建立健全提供了重要的参考价值。根据新疆农民的制度需求提供农村公共产品，提供新疆农合合意的农村社会保障制度，不仅能够增加农民的效用，还将可能提高新疆地方财政支出和政府工作的绩效。

养老、医疗和最低生活保障，是新疆农民的最基本生活需求。调查数据的统计结果，既反映了新疆农民的生存理性，也反映了新疆农民在当前的社会经济背景下，他们面临的主要生存风险是养老风险、医疗风险和贫困风险。并且新疆农民面临的这些生存风险，也与全国农民面临的生存风险具有相似性。于长久根据全国十个省份1032份农民的调查数据的分析结果，与本书的统计结果具有非常强的相似性。[①] 这说明，新疆农民面临的基本生存风险并没有因其特殊的地理位置、自然气候特征和传统文化特殊性，而表现出明显的特殊性和独立性。因此，国家对于全国的农村社会保障制度安排对于新疆农民而言也具有比较好的适应性。

三、新疆农民养老制度需求的差异性

新疆农民养老制度需求的差异性是多个方面的，在这里我们选择不同性别、文化程度、民族以及不同生活保障水平的新疆农民进行比较分析。

首先，从性别的角度看新疆农民制度需求的差异性。表5—16的统计结果显示，新疆农民的制度需求呈现出一定的差异性。在当前形势下，有10.4%的新疆农民认为发展农村社会保障制度不必要，其中，女性新疆农民占30.7%，而男性新疆农民占69.3%；有89.6%的新疆农民认为发展农村社会保障制度必要，其中，女性新疆农民占33.0%，男性新疆农民占67.0%。女性新疆农民与男性新疆农民在发展农村社会保障制度必要性的

---

① 于长久：《人口老龄化背景下农民的养老风险及其制度需求——基于全国十个省份1000余位农民的调查数据》，载《农业经济问题》，2011年第10期，第56—66页。

认识上存在一定的差异，但这种差异并不大。同时，从卡方检验的结果来看，这种差异在总体中并不显著，也即是说这种差异只是体现在样本中的差异，总体中这种差异并不存在。

表5-16 新疆农民制度需求的性别差异

		性别		合计
		女性	男性	
不需要	观测值	23	52	75
	行百分比	30.7%	69.3%	100.0%
	列百分比	9.7%	10.7%	10.4%
	合计	3.2%	7.2%	10.4%
需要	观测值	214	435	649
	行百分比	33.0%	67.0%	100.0%
	列百分比	90.3%	89.3%	89.6%
	合计	29.6%	60.1%	89.6%
合计	观测值	237	487	724
	行百分比	32.7%	67.3%	100.0%
	列百分比	100.0%	100.0%	100.0%
	合计	32.7%	67.3%	100.0%

注：Pearson Chi-Square=0.163；Sig. = 0.687。

其次，从文化程度看新疆农民的制度需求差异。表5-17的统计结果显示，在当前形势下有89.6%的新疆农民认为发展农村社会保障制度必要，其中，随着文化程度的提高，新疆农民认为发展农村社会保障制度必要的农民所占比例呈现出"倒U型"变化趋势。在10.4%的新疆农民认为发展农村社会保障制度不必要的农民中，随着文化程度的提高也呈现出增加后逐渐下降的趋势。其中大专以上文化程度的新疆农民，认为在当前形势下发展农村社会保障制度必要的农民所占比例只有5.7%，远远低于初中和高中文化程度的新疆农民认为发展农村社会保障制度必要的比例。从卡方检验的结果来看，不同文化程度的新疆农民认为发展农村社会保障制度必要性的差异在 5% 的显著性水平下存在，这说明新疆农民的制度需求在不同文化程度的农民之间是存在的，而且这种差异还表现出一定的趋势性和规律性。

表 5－17 新疆农民制度需求的文化程度差异

		文化程度					合计
		没上过学	小学	初中	高中、中专	大专以上	
不需要	观测值	9	29	19	17	1	75
	行百分比	12.0%	38.7%	25.3%	22.7%	1.3%	100.0%
	列百分比	9.5%	13.8%	7.2%	14.5%	2.6%	10.4%
	合计	1.2%	4.0%	2.6%	2.3%	0.1%	10.4%
需要	观测值	86	181	245	100	37	649
	行百分比	13.3%	27.9%	37.8%	15.4%	5.7%	100.0%
	列百分比	90.5%	86.2%	92.8%	85.5%	97.4%	89.6%
	合计	11.9%	25.0%	33.8%	13.8%	5.1%	89.6%
合计	观测值	95	210	264	117	38	724
	行百分比	13.1%	29.0%	36.5%	16.2%	5.2%	100.0%
	列百分比	100.0%	100.0%	100.0%	100.0%	100.0%	100.0%
	合计	13.1%	29.0%	36.5%	16.2%	5.2%	100.0%

注：Pearson Chi-Square = 10.251；Sig. = 0.036。

再次，从民族的角度看新疆农民的制度需求差异。表 5－18 的统计结果显示，在当前形势下，认为发展农村社会保障制度必要与不必要的比例中，汉族新疆农民有 92.9% 的农民认为发展农村社会保障制度是必要的，只有 7.1% 的汉族农民认为发展农村社会保障制度是不必要的。少数民族新疆农民中，有 86.8% 的少数民族农民认为当前形势下发展农村社会保障制度必要，而有 13.2% 的新疆农民认为当前形势下，发展农村社会保障制度是不必要的。新疆农民的制度需求在不同的少数民族之间存在差异。从卡方检验的结果来看，这种差异不仅仅体现在样本中，还体现在新疆农民的总体中。也即是说,新疆农民制度需求的民族差异是显著存在的,即相对于少数民族新疆农民而言,汉族新疆农民对农村社会保障制度表现出更强的制度需求。

表 5-18 新疆农民制度需求的民族差异

		民族		合计
		汉族	少数民族	
不需要	观测值	24	51	75
	行百分比	32.0%	68.0%	100.0%
	列百分比	7.1%	13.2%	10.4%
	合计	3.3%	7.0%	10.4%
需要	观测值	313	336	649
	行百分比	48.2%	51.8%	100.0%
	列百分比	92.9%	86.8%	89.6%
	合计	43.2%	46.4%	89.6%
合计	观测值	337	387	724
	行百分比	46.5%	53.5%	100.0%
	列百分比	100.0%	100.0%	100.0%
	合计	46.5%	53.5%	100.0%

注:Pearson Chi-Square=7.116;Sig. = 0.008。

最后,从新疆农民的消费水平看新疆农民的制度需求差异。表 5-19 的统计结果显示,新疆农民的制度需求在不同的消费水平之间的新疆农民之间存在明显的差异。从趋势上来看,随着新疆农民消费水平的提高,新疆农民认为在当前形势下发展农村社会保障制度必要的比例,呈现出下降的趋势。但是,这种下降的趋势并不是持续的下降趋势,而是表现出明显的波动性(见图 5-4)。

从卡方检验的结果来看,新疆农民的制度需求在不同消费水平的新疆农民之间是存在显著性差异的。也即新疆农民制度需求的差异,不仅

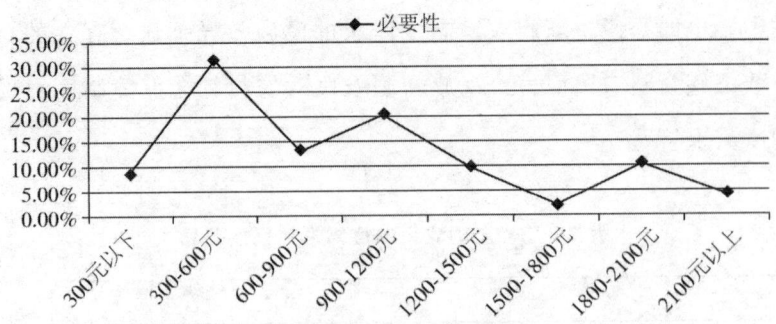

图 5-4 不同消费水平的新疆农民制度需求的差异

存在于所调查的样本地区，还可以推断到新疆整个农村地区。在9.6%的新疆农民认为在当前形势下发展农村社会保障制度不必要的新疆农民中，认为发展农村社会保障制度不必要的新疆农民的消费水平绝大多数处于每月600元以下，而每月消费水平在1200元以上的新疆农民中，绝大多数新疆农民认为发展农村社会保障制度是必要的。可能的解释是，新疆农民的收入水平低，限制了新疆农民的消费水平，新疆农民的过低的消费水平，不仅限制了生活水平的提高，还影响到新疆农民的社会交往和认识水平，进而导致了新疆农民对发展农村社会保障制度必要性认识的差异。基于此，制度的设计要尽量避免养老保险制度实施中的逆向补贴问题，防止由于农村社会养老保险制度的构建而带来新的不公平问题。

表 5-19 新疆农民的制度需求在不同消费水平农民之间的差异

		到老年，满足您的基本生活需求最低需要多少钱（元）？							合计
		300—	300—600	600—900	900—1200	1200—1500	1500—1800	1800—2100	2100+	
不需要	观测值	10	30	2	12	2	0	7	5	68
	行百分比	14.7%	44.1%	2.9%	17.6%	2.9%	0.0%	10.3%	7.4%	100.0%
	列百分比	15.6%	13.0%	2.3%	8.4%	3.0%	0.0%	9.5%	15.6%	9.6%
	合计	1.4%	4.2%	0.3%	1.7%	0.3%	0.0%	1.0%	0.7%	9.6%

(续表)

		到老年，满足您的基本生活需求最低需要多少钱（元）？								合计
		300—	300—600	600—900	900—1200	1200—1500	1500—1800	1800—2100	2100+	
需要	观测值	54	201	84	131	64	12	67	27	640
	行百分比	8.4%	31.4%	13.1%	20.5%	10.0%	1.9%	10.5%	4.2%	100.0%
	列百分比	84.4%	87.0%	97.7%	91.6%	97.0%	100.0%	90.5%	84.4%	90.4%
	合计	7.6%	28.4%	11.9%	18.5%	9.0%	1.7%	9.5%	3.8%	90.4%
合计	观测值	64	231	86	143	66	12	74	32	708
	行百分比	9.0%	32.6%	12.1%	20.2%	9.3%	1.7%	10.5%	4.5%	100.0%
	列百分比	100.0%	100.0%	100.0%	100.0%	100.0%	100.0%	100.0%	100.0%	100.0%
	合计	9.0%	32.6%	12.1%	20.2%	9.3%	1.7%	10.5%	4.5%	100.0%

注：Pearson Chi-Square=17.105；Sig.=0.017。

在分析新疆农民制度需求的消费水平差异时，我们是把消费水平的组距定在了300，如果把组距适当扩大，比如扩大到600，那么新疆农民的制度需求在不同消费水平的新疆农民之间的差异就表现得更加明显和有规律性。即随着新疆农民消费水平的提高，认为在当前形势下发展农村社会保障制度必要的新疆农民所占比例呈现出明显的下降趋势，并且这种差异和趋势性在总体中也是存在的。

第六章 化解新疆农民养老风险的政策建议

化解新疆农民面临的养老风险,归根结底是要进一步完善新疆农牧民的养老风险保障体系。这些体系包括新疆农民家庭养老保障、新疆农村社会养老保险制度、新疆农村商业养老保障制度和新疆农村社会救助制度等多层次的保障体系。针对新疆农村社会保障制度不同项目的发展现状及其存在的问题,我们提出如下具体建议。

第一节 新疆农民家庭养老保障的完善

家庭养老是中国农民的传统养老保障模式,尽管随着社会经济的发展以及传统文化的变迁,这种模式的保障能力呈现出逐渐弱化的趋势。但是,家庭养老作为一种文化模式,其也具有相对的稳定性。这也即是说,尽管家庭养老保障模式的保障能力已经弱化,但是这种保障模式依然会在相当长的时间内存续下去。新疆农民的现实选择也印证了这种模式的持久生命力。这不仅体现在新疆农村老年人的养老实践行为中,还体现在新疆农民养老的外来保障策略选择中。

从现实的角度来看,统计结果显示,新疆农民当前的主要养老保障模式是家庭养老。其中,从居住方式来看,和子女一起居住的新疆老年人占总体中的53.7%,而住在养老机构的新疆农村老年人还不到1%;日常生活开支来源中,有62.5%的新疆农村老年人的生活开支来源于子女供给,而来源于社会保障和社会救助的新疆农民所占比例还不到10%;生活照料来源中,49.7%的照料来源于子女的照料,而来自于养老机构照料的不到1%;精神慰藉来源中,子女关心和老伴的关心占据新疆农村老年人精神慰藉供给来源的90%以上。这些统计数据充分说明，家庭养老在新疆农村地区依然有着较强的群众基础。

从未来养老保障策略的选择来看，统计结果显示，新疆农民未来的养老保障策略选择中，尽管新建农民选择独立养老的比例占主要地位，但是家庭养老依然是新疆农民未来养老保障的重要策略之一。在经济保障策略中，选择独立养老保障策略的新疆农民占39.0%，是新疆农民最主要的养老保障策略，而选择家庭养老的新疆农民占37.5%，重要性仅次于独立养老保障策略；在生活照料策略中，选择家庭养老保障策略的新疆农民占据了60%以上，是新疆农民最主要的生活照料保障策略，选择独立养老的新疆农民所占比例接近30%，这说明新疆农民的生活照料保障把更多的期望寄托在了家庭身上；在精神慰藉策略中，有63.5%的新疆农民选择了家庭养老保障模式，选择独立养老保障模式的新疆农民占五分之一。统计结果表明，新疆农民养老的策略选择中，依然把家庭养老作为非常重要的保障策略选择。

综合现实与预期两个方面的统计结果，无论是当前，还是在相当长的时期内，家庭养老都应该是成为新疆农民养老的重要保障策略选择。因此，对于新疆当地政府而言，应该适应当前和未来新疆农民的养老需求，出台有针对性的鼓励政策，支持和鼓励新疆农村家庭养老保障模式的健康发展。在当前的社会经济发展背景下，发展新疆农村居家养老服务和完善新疆农民家庭养老保障法律法规，有助于促进新疆农村家庭养老保障模式向现代化转型，有助于促进新疆农村家庭养老保障模式的健康发展。

一、发展新疆农村居家养老服务

农村居家养老服务是在新的社会经济发展背景下，针对农村家庭养老模式保障能力弱化和现代社会保障制度长期缺位而开展的一种新型农村养老保障模式。它以家庭养老为基础，以社区养老为依托，以机构养老为支撑。

发展新疆农村居家养老服务是新疆农村人口老龄化快速发展的时代要求。据统计资料显示,截止到2010年底,新疆60岁及以上的老年人口已经达到了223万人,占新疆总人口的10.42％,按照国际上公认的人口老龄化标准,新疆已经进入人口老龄化社会。与此同时,新疆老年人口每年还以快于全国平均水平1.16％的速度快速增长。新疆人口老龄化的快速发展,必将使新疆老年人口快速增长、高龄老人和失能老人大幅增加,再加上农村人口流动的加剧,农村老年人空巢化趋势将日益突出,新疆农村老人的护理照料服务需求将日益增加,但是由于计划生育政策的长期实施,人们生育观念的变化,家庭规模已经小型化,家庭结构已经核心化,这种情况下如果新疆农村依然依靠传统的家庭养老保障模式而不进行模式创新,那么新疆农民必将面临着"老无所养,病无所助"的状态。既不利于新疆农村社会的稳定,也不利于新疆和谐社会的建设。在这种背景下,发展农村居家养老服务被提上重要的工作日程。

发展新疆农村居家养老服务,既是新的时期新疆农村人口老龄化程度日益加深的时代要求,也是发展新疆多层次养老保障体系的一个重要内容。新疆居家养老服务起步较晚,新疆维吾尔自治区是在2005年开始居家养老服务工作试点的。它通过个人自费与政府补贴服务相结合的方式,主要针对高龄老人、独居老人、空巢老人以及失能和低收入老人,提供生活照料、家政服务、康复护理和医疗保健等服务。从2005年到2013年近8年来,尽管新疆居家养老服务已经从无到有,从点到面地得到了推广与完善。但是,自治区社会养老服务体系建设工作起步晚、基础弱、局部地区和大中城市养老服务紧缺问题非常突出,养老机构"一床难求"的现象仍难以缓解。① 农村居家养老服务体系建设更加滞后,有待于进一步加快

---

① 谭辉:《让"老有所养"不再难——自治区构建社会养老服务体系实践纪实》,http://www.tianshannet.com

发展。

发展新疆农民居家养老服务体系，要做到以下几点：

一是明确新疆农民居家服务的重点保障对象。农民居家养老服务的重点对象，应该是高龄老年人、行动不便的老年人、空巢老年人以及五保困难老年人。这一部分老年人自理能力比较差，如果家庭养老保障能力不足，很容易面临养老服务困境，因此，发展新疆农民居家养老服务应该把重点放在上述老年人。

二是鼓励低龄老年人参加农民居家养老服务体系建设。由于城乡二元结构的存在，处于经济利益的追求，农村青壮年劳动力大批向城镇转移是未来发展的一个重要趋势。大批青壮年劳动力的城镇迁移，不仅弱化了家庭养老保障，还使得农民居家养老服务的供给主体发生结构性变化。在这种背景下，应该出台相应的政策，鼓励、支持低龄老年人参加农民居家养老服务体系建设，一方面有利于激发新疆农村低龄老年人的就业需求，另一方面也能为新疆农民居家养老服务体系建设提供动力。

三是充分利用农村社区的闲置养老资源。发展新疆居家养老服务，特别是发展集中供养服务，需要提供一定的场地。在目前的农村社会经济发展形式以及新疆地方政府的财力背景下，新疆新的养老服务机构不仅是不必要的，也是不可行的。不必要是因为，农村存在不少的空置房和空置院落以及宅基地等，地方政府或村委会可以通过提供适当租金的形式，把这些限制的养老资源利用起来；不可行是因为，新疆新的养老机构、房屋、床位，不仅成本支出绝大，而且也未必是农民所需要的。因此，发展新疆农民居家养老服务，应该整合新疆农村闲置的养老资源。

二、完善新疆农民养老法律法规

随着商品经济的发展，农民对经济利益的追求已经得到比较充分的释放，用通俗的话来说，就是"现在的人都变得非常现实"。这种"利己"

和"经济诉求"不仅成为社会之间人与人之间的交往、交际与交易之间的主旋律,也广泛存在于家庭这一"小型社会"中。其实,传统家庭养老保障模式能够延续发展的一个重要动力是"代际交换"的顺利实现。但是,在现代社会的变化使得传统家庭保障模式得以延续的"代际交换"难以实现或实现的成本很大。

农村家庭养老的代际之间的交换出现困难,这主要是因为,一是人口老龄化的加剧,一方面降低了农村老年人,特别是高领老年人的代际交换能力,另一方面人口老龄化又增加了老年人的需要水平和需求,增加了年轻人口的交换成本,降低了代际之间交换的受益,阻碍了代际之间交换的达成;二是城镇化、工业化和市场化的发展,加剧了农村人口,特别是农村青壮年人口的城镇迁移,使得代际之间的距离拉大,减少了代际之间交换的机会,增加了代际之间交换的成本,也在一定程度上阻碍了代际之间交换的达成。

代际之间的交换难以实现或实现的成本增加,使得传统家庭养老保障模式得以延续的动力降低或不再有,家庭养老模式将难以持续。家庭养老难以维系的现实表现就是农村赡养纠纷的逐年增加。据来自湖北恩施的调查数据显示,2003 年野三关法庭受理的赡养纠纷案件 7 件,到 2004 年已经上升到 13 件,而到 2005 年又上升到 17 件。① 类似的情形也发生在河南、广西以及新疆等地区。农村养老纠纷的逐渐上升,既从一个侧面反映了农村老年人的养老困境,也从一个侧面反映了传统家庭养老保障模式得以存续的基础已经不再存在,单靠传统的孝道文化约束也难以实现,这个时候农民养老的法律法规就要及时跟上。完善新疆农民养老的法律法规,是保障新疆农村老年人权益的一个重要举措。

《中华人民共和国老年人权益保障法》明确规定,要通过建立必要的社会保障制度,让老年人实现"老有所养、老有所医、老有所为、老有所

---

① 谭元贵、夏上海:《从赡养案件看农村养老》,载《恩施日报》,2006 年 5 月 8 日。

第六章 化解新疆农民养老风险的政策建议

学、老有所乐",这里保障的对象不仅仅是城市老年人,还应该包括农村老年人。但是,随着新疆农村人口老龄化的发展,新疆农民的养老纠纷也呈现出多发的态势。究其原因,主要是由于当前的法律法规不完善,例如缺乏明确的惩罚机制等,同时也是由于农民的法律意识淡漠所导致的。《中华人民共和国老年人权益保障法》规定:"赡养人应当履行对老年人经济上供养、生活上照料和精神上慰藉的义务,照顾老年人的特殊需要。"而且这种规定,没有前提条件,即子女不能以老年人没有尽到抚养责任而拒绝赡养。

建立健全新疆农民养老的法律法规,重点要做好以下几点工作:

一是进一步完善、细化《老年人权益保障法》,特别是要明确子女不承担赡养老人时的惩罚机制,同时也要建立针对新疆农村优秀赡养老人的典型给予必要的物质和精神奖励的制度。在国外发达国家,不赡养老人不仅要承担经济责任,严重的要承担刑事责任,甚至要坐牢。例如在新加坡。但是,在我们国家不承担赡养责任的法律惩戒机制不够明确。这成为农民不承担赡养责任的一个重要原因。加大农村优秀赡养典型的物质和精神奖励力度,也有助于促进农民承担赡养责任。常言道"榜样的力量是无穷的",通过树立优秀的农村赡养典型,不仅对于赡养典型本人能够形成较强的约束力,还能够引导其他邻居学习和模仿。通过农村养老奖惩机制的设计,鼓励农民形成一种良好的赡养氛围。

二是要大力宣传《老年人权益保障法》,让法制观念深入新疆农民的内心。在社会调查中,农村老年人赡养纠纷逐年增加的一个重要原因是农民法律意识淡薄,不知道自己的行为已经触犯了法律,即便是农民知道了自己的行为是不妥的,但是也不知道他们的行为在法律上应该承担什么责任。同时,很多农村老年人在自己的养老权益受到伤害时,出于"家丑不可外扬"的心态,忍气吞声,不知道、不愿意、不敢拿起法律武器保护自己的合法权益。因此,加大宣传《老年人权益保障法》,一方面是,唤起农村老年人的法律意识,让他知道在自己的养老权益受到侵害时,能够知道有一种渠道可以去申诉；另一方面是，让子女畏惧《老年人权益保障法》的约束力，让他们知道不承担赡养责任可能承担的法律责任以及带来的经济责任。通过法律法规的大力宣传，建立新的时代背景下农村养老的秩序。

第二节　新疆农村社会养老保险制度的完善

　　农村社会养老保险制度是农村社会保障制度中的一个非常重要的保障项目，它是农民应对农村地区人口老龄化风险的一种正式制度安排。在中国，农村社会养老保险制度的发展并不顺利。在20世纪90年代以前，农村社会养老保险制度一直处于缺位状态，1992年在试点的基础上开始在全国大多数农村地区推广这一制度，但由于制度设计的缺陷、农村集体经济体制改革以及社会保障管理体制改革等，最终导致传统农村社会养老保险制度陷入停顿。进入新的世纪，面临着农村人口老龄化程度的逐渐加深，农村社会保障制度的长期缺位，以及国家财政实力的持续快速增长，最终推动了新型农村社会养老保险制度在2009年在全国重现开始试点，新疆农村的社会养老保险制度也是在这种背景下起步的。

　　截止到课题组调查的2012年，新疆已经有87.2％的农村地区正在开展新型农村社会养老保险制度，但是，从新疆农民的参与率来看，只有65.5％的新疆农民参加了新型农村社会养老保险制度，有接近35％的新疆农民则没有参加。这也就是说，即便是一些农村地区已经开始了新型农村社会养老保险制度，但是这些地区的农民并没有参加这项福利政策。这说明新疆新型农村社会养老保险制度在推广中仍存在一定的问题，需要进一步完善。那么，新疆农民为什么不愿意参加新型农村社会养老保险制度呢？从新疆农民的回答来看，主要是由于新型农村社会养老保险制度保障水平比较低，其次是担心新型农村社会养老保险制度不稳定。尽管也有一部分新疆农民选择了没钱缴费，但不是主要原因。因此，新疆地方政府应该在提高新型农村社会养老保险制度的保障水平和降低农民对新型农村社会养老保险制度的担心两个方面,建立健全相关制度促进其健康发展。

一、加快新疆农村社会养老保险发展的速度

新疆新型农村社会养老保险制度发展中存在的主要问题,既受到了传统农村社会养老保险制度停滞、衰退的负面影响,也受到了新型农村社会养老保险制度发展速度较慢的影响。因为新型农村社会养老保险制度发展速度较慢,为新疆一些农民的犹豫彷徨、等待观望提供了机会。因此,降低新疆农民对新型农村社会养老保险制度的担心的最好方法,就是用行动解开新疆农民的疑问。让新型农村社会养老保险制度,快速地走完"补缺"——"适度普惠"——"全面普惠"的发展过程。让新型农村社会养老保险制度不是仅仅惠及一小部分新疆农民,而是让新型农村社会养老保险制度快速的惠及所有的新疆农民。这样既提供了新型农村社会养老保险制度试点推广过程中的机会公平问题,也用事实打消了新疆农民对新型农村社会养老保险制度不会长久、不稳定的担心。

加快新疆新型农村社会养老保险制度,不仅是消除新疆农民对制度不稳定的担心的一个重要手段,也是政府赢得民心的一个重要机会。之所以说,加快新疆农村社会养老保险制度的建设速度是新疆地方政府赢得民心的一个机会,是因为从反面的角度来说,过慢的推行新疆新型农村社会养老保险制度是政府推卸责任的表现。按照国家的政策规定,新型农村社会养老保险制度是计划到 2012 年时实现全面覆盖农村地区,但是这种计划目标,一方面是出于稳妥的角度来考虑,另一方面也是出于对财政承受能力的担心。根据西方发达国家发展农村社会养老保险制度的经验以及当前中国的社会发展阶段和经济承受能力,很显然中国目前是有条件、有能力全面发展新型农村社会养老保险制度的,如果过慢地推广新型农村社会养老保险制度,会给农民一种政府推卸责任的印象。加快新疆新型农村社会养

老保险制度建设步伐,有利于让广大新疆农民尽快地享受到本该享有的社会保障权,又减少了新疆农民对新型农村社会养老保险制度等待观望的机会。有利于通过政策的普惠,赢得新疆民心。可谓是"一举多得"。

那么,如何加快新疆新型农村社会养老保险制度的发展步伐呢?我们认为,可以通过以下几个方面的举措,加快新疆新型农村社会养老保险制度的健康快速发展。

一是加大新型农村社会养老保险制度的政策宣传力度,让新疆农民对新型农村社会养老保险制度的制度性质、经费来源、保障水平、发展规划、养老金领取条件等有一个非常详细的了解,以消除新疆农民对新型农村社会养老保险制度的担心,激发新疆农民对新型农村社会养老保险制度的参与热情和参与积极性,通过减少新疆新型农村社会养老保险制度发展中的阻力,来提高新疆新型农村社会养老保险制度的发展力度。

二是新疆地方政府部门加大新型农村社会养老保险制度的工作力度,明确年度工作目标和重点对象,简化办事流程,成立新型农村社会养老保险制度推广小组等,通过提高行政工作效率,来提高新疆新型农村社会养老保险制度的发展速度。

三是降低新型农村社会养老保险制度参保条件。首先,取消新型农村社会养老保险制度推广中的"捆绑销售"规定,把60岁以上的新疆农民全部纳入新型农村社会养老保险制度;其次,要制定"多缴多得"的缴费激励机制,鼓励青年农民参加新型农村社会养老保险制度。通过增加制度的"吸引力",来推动新疆新型农村社会养老保险制度的快速发展。

二、提高新疆农村社会养老保险制度的水平

农村社会养老保险制度的保障水平反映的是农村社会养老保险制度的保障能力,保障水平过高会给财政带来很大的资金压力,也难以长期健康发展,保障水平过低,会降低新型农村社会养老保险制度的保障能力,使

第六章 化解新疆农民养老风险的政策建议

新型农村社会养老保险制度不具有规避养老风险的作用,成为农民眼中的"鸡肋",也不利于新型农村社会养老保险制度的健康发展。2009年新疆开展新型农村社会养老保险制度时,把新型农村社会养老保险制度的缴费标准设计了多个档次让新疆农民自由选择,但是,由于很多新疆农民对新型农村社会养老保险制度不了解,再加上自己的缴费水平有限,很多新疆农民选择了100元的缴费标准。另外,新型农村社会养老保险制度实行"统账结合"的制度模式,个人缴费全部计入个人账户,政府的补贴也部分地计入个人账户,而统筹账户资金有政府出资,每个月的标准为55元,有条件的地方可以适当增加基础养老金。但是总的来看,基础养老金水平也就是60元左右。基础养老金水平比较低,个人缴费标准也比较低,两个方面共同决定了新疆新型农村社会养老保险制度的保障水平比较低。

新疆农村的基线调查结果也表明,新疆新型农村社会养老保险制度的保障水平比较低,是制约新疆农民参加新型农村社会养老保险制度的一个重要原因。因此,提高新疆新型农村社会养老保险制度的保障水平,是推动新疆新型农村社会养老保险制度健康发展的重要内容。由于新型农村社会养老保障制度的保障水平受到统筹账户水平和个人账户水平的双重制约,因此,提高新疆新型农村社会养老保险制度的保障水平也应该从两个方面着手。

对于养老保险制度的统筹账户而言,由于统筹账户的资金来自于中央财政和地方财政,因此,提高统筹账户的保障水平,主要措施就是加大政府的投入力度。那么,到底是加大中央财政的投入力度,还是加大地方政府的投入力度呢?很明显,由于新疆地处西北边陲,社会经济发展都较为滞后,但是新疆拥有丰富的矿产资源,而且这些矿产资源又通过多种措施源源不断地流向中部与东部地区,支持了全国的社会经济发展,提升了国家的综合实力和财政实力。因此,提高统筹账户的保障水平,重点在于加大中央财政对新疆新型农村社会养老保险制度的投入力度,这不仅是必要的,也是合理的。同时,由于地方政府分为省市县三级,要明确不同层级的地方政府的筹资责任,并把筹资责任上移,以减轻市县级地方政府的财政压力。

对于个人账户而言,个人账户的资金来源主要来自于个人的参保缴费,也有部分政府的补贴资金。因此,提高个人账户的保障能力,关键在于如何提高个人的缴费标准。农民是理性的,也是趋利避害的,因此,提高个人的缴费标准,关键是要建立健全新疆农民参加新型农村社会养老保险制度的缴费激励机制,要真正让新疆农民"多缴费,能够多得养老金",并且设计一种梯度激励的缴费激励机制,以鼓励新疆农民多缴费,长期缴费。集体经济比较发达的地区,通过税收优惠等措施,鼓励集体经济组织,为社区内的新疆农民参加新型农村社会养老保险制度提供补贴。同时,也鼓励其他形式的社会资金,投入到新疆农民的社会养老保险制度建设之中,以增强个人账户的保障水平。

第三节 新疆商业养老保险制度的发展策略

农村商业养老保险是按照农民自愿的原则,通过购买商业保险公司提供的养老保险产品来实现转嫁养老风险,实现"老有所养"的一种养老风险转嫁手段。从养老的模式上来讲,它的实质就是一种个人自愿储蓄型的养老保障模式。随着人口老龄化问题的日益严峻,世界各国都把发展多支柱的养老保障体系作为养老保障制度发展的重要目标,而商业养老保险是多支柱养老保障体系中的一个重要组成部分。与其他养老保障制度不同的是,商业养老保险完全是一种市场行为,政府几乎完全不参与商业养老保险的"生产"、管理等事务,而其他养老保障制度,不管是属于哪种模式,政府都通过承担筹资责任或承担管理责任或承担政策设计等不同的途径,或多或少地参与养老保障制度的发展。

由于商业养老保险的发展,一个重要的条件是经济发展实力,因此,在国外发达国家,商业养老保险是社会保障体系中的一个非常重要的组成部分，不仅从市场的普及率，还是从商业养老保险的市场份额等，都占据着举足轻重的地位。但是，由于中国目前尚处于社会主义初级阶段，社会经济发展水平比较低，农民的收入水平更低，商业养老保险的发展非常滞后。也因此，一些专家学者认为，商业养老保险在相当长的时期内，并不能构成农民解决养老风险的可靠选择。但是，我们认为农村商业养老保险的发展需要一个过程，农村商业养老保险的发展也应该与时俱进。推进农村商业养老保险的健康发展，关键的问题是农民愿意购买商业养老保险吗？农村商业养老保险发展中存在的主要问题是什么呢？

从我们调查的结果来看，新疆农民的商业养老保险购买意愿并不强，只有37.5%的新疆农民愿意购买商业养老保险，而62.5%的新疆农民不愿购买。这说明，新疆农民的商业养老保险购买意愿并不高。从新疆农民不愿购买商业养老保险的主要原因来看，最主要的原因是不了解商业养老保险产品，尽管没有钱购买也是新疆农民不愿意购买商业养老保险的一个重要原因，但是只有22.6%的新疆农民认为没有钱购买。除此之外，不相信保险公司和保险费太高是影响新疆农民不愿意购买商业养老保险的两个重要原因。

综上所述，新疆农民不愿意购买商业养老保险的主要原因可以归结为：一是不了解保险产品，也即是商业养老保险的市场可及性差；二是没有钱购买，也即是商业养老保险的可得性差；三是不相信商业保险公司，也即是保险公司信誉差；四是保险费太高，也即是商业养老保险产品定价不合理。因此，发展新疆农村商业养老保险，需要根据新疆农村商业养老保险发展中存在的问题，提出针对性的对策。

一、加大新疆农村商业养老保险的宣传力度

实证调查结果表明，新疆农民对农村商业养老保险缺乏了解，是制约其购买意愿的最主要原因，而不是其他。了解产生兴趣，兴趣产生愿望，

愿望带动行为。因此，增加新疆农民对农村商业养老保险的了解程度，有助于大大增强新疆农民对农村商业养老保险的购买意愿。提高新疆农民对农村商业养老保险的了解程度，需要加大对新疆农村商业养老保险的宣传力度。尽管商业养老保险是一种完全的市场行为，但是由于商业养老保险也是多层次养老保障体系的一个重要组成部分。因此，加大商业养老保险的宣传力度，可以从市场与政府两个角度来加大新疆农村商业养老保险的宣传力度。

从市场的角度来看，也即商业保险公司如何加大农村商业养老保险的宣传力度。保险公司宣传农村商业养老保险，可以通过以下几种方式：

一是通过保险公司打出的广告，直接宣传。这既可以通过电视、广播、报纸、宣传单等传统媒体宣传新疆农村商业养老保险，也可以通过微博、微信、短信等现代传媒手段，来加大新疆农村商业养老保险的宣传力度。

二是通过保险中介人的业务推广，间接宣传新疆农村商业养老保险。保险中介人，包括保险代理人、保险经纪人和保险公估人等多个中介人。在商业养老保险的市场拓展中，保险代理人发挥了非常重要的作用，商业养老保险的营销模式，就是通过招募大量的保险代理人来通过陌生拜访等方式，推销商业养老保险产品。因此，招募优秀的保险代理人，并对保险代理人进行专业的业务培训，可以通过保险代理人的业务推广，间接宣传新疆农村商业养老保险。

三是通过商业养老保险产品的购买者，即客户的宣传，间接宣传商业养老保险。商业养老保险推广的一个重要渠道就是客户的转介绍，它是商业养老保险签单成功率大，业务推广成本低的一种商业养老保险发展路径。保险公司可以通过加大售后服务、快速办理理赔以及客户回访等多种途径，提高客户的满意度，让客户间接推广商业养老保险。

从政府的角度来看，也即是通过政府的行为促进新疆农村商业养老保险的市场普及。政府推广农村商业养老保险的理论依据是，农村商业养老保险是农村多层次社会保障体系中的一个重要内容。由于政府的主要任务是提供公共产品,但是商业养老保险只是农村多层次社会保障体系中的一个组成部分,并不是传统意义上的公共产品。因此,政府通过大量的财政投入对农村商业养老保险进行大事的宣传显然是不合时宜的。因此,政府可以通过创新公共产品提供模式,来鼓励商业保险公司参与农村社会保障制度建设,间接的宣传自己的商业养老保险产品。实践中,一些地方,例如安阳市等,当地的商业保险公司已经参与了农村社会保障制度建设和管理,并取得了比较好的效果。

二、设计适宜新疆农民的商业养老保险产品

商业养老保险的本质功能是转嫁养老风险,而农民是风险厌恶型的,农民需要商业养老保险这一市场化的风险转嫁工具,这为农村商业养老保险发展提供了理论依据和契机。但同时,农民也是理性的,农民是否愿意购买商业养老保险产品,一个重要的目的是为了趋利避害。因此,商业养老保险的定价合理性,是商业养老保险产品能否赢得市场的一个重要因素。新疆农村的调查数据也说明了这一点,即保险费太高是制约新疆农民购买商业养老保险的一个重要原因,换句话说,当前新疆农村商业养老保险的定价不够合理。因此,设计适宜新疆农民的商业养老保险产品,是推动新疆农村商业养老保险的一个重要手段。

适宜新疆农民的商业养老保险产品,包括商业养老保险产品的产品类型适宜,也包括商业养老保险的产品价格适宜。因此,设计适宜新疆农民的商业养老保险产品,应该从商业养老保险的产品类型和产品价格两个方面着手。

从商业保险的产品类型设计来看,商业保险公司应该通过市场调查获取市场信息:

一是要获取新疆农民的个人特征以及家庭资源禀赋。通过对新疆农民

个人以及家庭资源禀赋的调查了解，对新疆农民的个体条件与家庭资源禀赋有一个大致的了解。保险公司可以自行组织市场调查，也可以委托专业的调查公司进行调查，还可以与高校科研团队合作，进行新疆农村地区的基本情况调查。

二是调查了解新疆农民的商业养老保险需求。通过调查，了解新疆农民需要什么类型的养老保险产品。同时，这种调查不仅仅要关注新疆农民的商业养老保险，也可以调查新疆农民对健康保险产品的需求情况，对意外伤害保险产品的需求情况等市场信息。在农村商业养老保险发展水平比较低，市场普及率比较低的情况下，商业保险公司可以通过其他容易被新疆农民接受的保险产品去宣传商业养老保险，并进而激发新疆农民对商业养老保险的兴趣和购买意愿。

从保险产品价格的角度来看，保险公司要设计出价格合理的商业养老保险产品，需要保险精算。保险精算的目的是：

一是要了解新疆农民的预期寿命及其发展趋势，同时，由于商业养老保险的一个重要功能是转嫁意外风险，因此，商业保险公司也要了解新疆农民的死亡风险、意外伤害风险等发生的几率。通过保险精算，设计出合理的保险产品价格。

二是要提高商业保险公司的服务效率，通过降低管理成本，降低保险产品的价格。商业保险产品价格中，除了风险损失补偿的价格之外，还包含了一定的管理成本价格。因此，提高商业保险公司的管理水平，通过降低商业保险公司的管理成本，可以降低商业养老保险产品的价格，进而增加商业养老保险产品的市场吸引力，激发新疆农民对商业养老保险的购买意愿和需求。

三、加强技能培训，提高新疆农民收入水平

作为一种市场行为，农民是否购买农村商业养老保险，尽管也受到商

第六章 化解新疆农民养老风险的政策建议

业养老保险产品价格的影响,受到商业保险公司市场信誉的影响,受到商业保险公司服务水平的影响等多个方面,但关键的是农民是否有足够的购买能力。提高新疆农民的收入水平有多种途径,但最为关键的是提高新疆农民的自我发展能力,而提高新疆农民的自我发展能力,最为重要的举措是加强新疆农民的技能培训,提高新疆农民的人力资本水平。那么,新疆农民的谋生技能拥有情况如何呢?新疆农民是否愿意接受技能培训呢?新疆农民愿意接受什么类型的技能培训呢?这些都是需要事前了解的问题。

新疆农村的调查结果显示,目前,只有35.2%的新疆农民拥有一项谋生的技能,而有接近65%的新疆农民没有一项谋生的技能。这是新疆农民收入水平比较低的一个重要制约因素。调查结果还显示,64.6%的新疆农民愿意接受技能培训。从技能培训需求的类型来看,有50.7%的新疆农民需要接受种植技术的培训,有21.4%的新疆农民需要接受养殖技术的培训,有13.2%的新疆农民需要外出务工就业技能的培训,还有14.2%的新疆农民需要创业技巧方面的培训。总的来看,可以把新疆农民的技能培训需求分为三大类,一是传统农业生产技能培训需求;二是外出务工就业技能培训需求;三是创业技能培训需求。其中,最主要的技能培训需求是传统农业生产技能培训需求。

早在2006年,原劳动与社会保障部就退出了针对农村劳动力的就业技能培训计划。但是,该项技能就业计划的培训形式,主要包括三种:一是劳动预备制培训;二是劳务输出培训;三是技能提升培训。其中,劳动预备制培训,主要针对农村初高中毕业未升学人员、农村退役士兵和其他农村新生劳动力;劳务输出配需,主要针对有意愿外出务工的农村富余劳动力;技能提升培训,主要针对城镇务工的农村劳动者。在中西部地区主要实施以新生农村劳动力和富余劳动力为主的劳动预备制培训和劳务输出培训,而在东部地区主要实施以城镇务工农民工的技能提升培训。

但是,从新疆农民的技术拥有情况来说,这项技能就业计划的实施效果并不理想,至少在新疆农村地区的实施效果并不理想。调查结果显示,新疆农民中仍有绝大部分农民没有拥有一项可以谋生的就业技能，这便是一个证明。因此，加大新疆农民的就业技能培训，不仅有助于提高新疆农民的人力资本水平，提高新疆农民的生产效率，还可以提高新疆农民的市场竞争力，降低失业风险。加强新疆农民的技能培训，关键是依据新疆农民的技能培训需求，制定切实可行的培训计划。从目前来看，新疆当地政府应该大力加强新疆农民的传统农业生产技能培训，通过传统农业生产技能培训，培育新疆的新型农民。同时，也要做好新疆农民的外出务工技能培训和创业技能培训。通过加大新疆农民的技能培训，提高新疆农民的收入水平，提高新疆农民商业养老保险的购买能力。

第四节　新疆农村社会救助制度的完善建议

农村社会救助制度是农村社会保障体系中的重要组成部分，它是社会保障网的"底线"，是社会保障网的"安全线"。它是农村社会保障制度发展最早的一种社会保障项目，如果从该项制度的起源来讲，已经有200多年的发展历史了。新中国的农村社会救助制度，又叫社会救济制度，是针对农村的贫困人口、弱势群体而建立的一种社会保护制度。农村社会救助制度的内容，主要包括农村五保供养制度和农村最低生活保障制度，这是农村社会救助制度的核心内容。除此之外，还包括农村灾害救济、农村大病医疗救济以及临时救济等农村社会救助项目等。因此，本书选自农村社会救助中的主要保障项目以及新疆农村社会救助制度存在的问题，来提出针对性的完善建议。

一、建立健全新疆农村五保供养制度

新疆农村五保供养制度存在的突出问题主要是：一是五保供养标准落实难，难以实现"应保尽保"；二是五保供养标准偏低，并且地区之间与

第六章 化解新疆农民养老风险的政策建议

地区内部之间均存在显著的差异;三是新疆农村五保集中供养率偏低,并且存在明显的地区差异。上述前三个问题,不仅仅是新疆农村五保供养制度存在的问题,也是全国其他农村五保供养制度普遍存在的问题。只是,由于新疆的社会经济发展水平比较低,新疆地方政府财力有限,使得新疆农村五保供养制度更多的面临着财政的约束。

因此,针对上述新疆农村五保供养制度存在的主要问题,我们认为应该在以下几个方面采取措施,进一步完善新疆农村五保供养制度:

一是进一步落实新疆农村"五保供养"内容,让新疆农村的"五保供养"制度,成为真正的"五保"制度,满足新疆五保老人的吃、穿、住、医、葬等基本生活需求。实现新疆农村五保供养制度的"应保尽保",不仅是满足新疆农村五保老人基本生活需要、保障新疆五保老人基本权益的需要,也是促进农村五保供养制度公平的需要。

二是适度提高新疆农村五保供养制度的供养标准。提高新疆农村五保供养制度的供养标准,一方面可以通过加大中央财政的政策倾斜力度,提高新疆农村五保供养制度的供养标准,尽管这可以处于对新疆稳定的战略地位考虑,但是中央财政的倾斜,应该是辅助性的方面;另一方面可以通过加大地方政府财政的支持力度,提高新疆农村五保供养制度的供养标准,这应该是主要的方面。因为,五保供养制度的供养标准主要是地方政府的责任。但是,新疆社会经济发展水平比较低,这又在一定程度上限制了新疆地方政府的财政支持力度,可行的方法是加大西部开发的力度,通过西部大开发加快新疆地方经济的发展速度。

三是进一步提高新疆农村五保供养对象的集中供养率。农村五保供养率偏低,不仅是新疆五保供养制度存在的问题,也是在全国其他地区的农村五保供养制度中存在的带有普遍性的问题。农村五保集中供养率偏低,有两个方面的原因,一是政府财力有限,难以进一步提高农村五保集中供养率;二是农村五保集中供养存在诸多问题,例如机构设施不健全,集中供养服务态度差等,使得农村五保供养对象不愿意到福利机构生活。

因此，提高新疆农村五保供养制度的集中供养率，可以通过两种措施来实现：一是出台一定的措施，鼓励民间资本进入农村社会福利机构，提高政府集中供养的能力；二是提高农村社会福利机构的服务水平，健全农村社会福利机构的福利设施，增加社会福利机构对农村分散供养五保对象的吸引力，来提高新疆农村五保供养制度的集中供养率。

二、建立健全新疆农村最低生活保障制度

新疆农村最低生活保障制度存在的突出问题主要是：一是新疆农村最低生活保障标准偏低；二是新疆农村最低生活保障标准在地区之间存在明显的差异；三是新疆农村最低生活保障资金筹集不足，并且地区差异苦乐不均；四是新疆农村最低生活保障制度，缺乏农村最低生活保障对象进出制度的动态调整机制。这些问题，也不仅仅是新疆农村最低生活保障制度存在的问题，在全国其他农村地区的最低生活保障工作中也是普遍存在的。与新疆农村五保供养制度类似，新疆农村最低生活保障制度也因新疆农村社会经济发展水平比较低，贫困人口多而显得更加突出。

因此，建立健全新疆农村最低生活保障制度，可以从以下几个方面来努力：

一是构建新疆农村最低生活保障对象进出的动态调整机制。新疆农村最低生活保障制度"只能进，不能出"，不仅不利于实现新疆农村最低生活保障制度实现"应保尽保"，也不利于新疆农村最低生活保障制度发展中的公平问题，不仅会导致有限的财政资源的浪费，也会给社会带来新的社会问题和矛盾。因此，应该建立起新疆农村最低生活保障制度的保障对象的进出动态调整机制。

建立新疆农村最低生活保障对象进出制度的动态调整机制，关键是要做好两个方面的工作：一方面是做好农村最低生活保障家庭的收入动态审核，同时也要做好那些农村收入水平徘徊在农村最低生活保障线附近的困

难家庭的收入审核；另一方面要根据每年的物价水平、通货膨胀指数，做好农村最低生活保障标准的动态调整。当农村困难家庭的实际收入水平低于当地最低生活保障标准时，及时将其纳入当地最低生活保障制度；当已经享受当地最低生活保障制度，但是其收入水平已经超过农村最低生活保障标准时，应该及时将其从当地的农村最低生活保障制度退出，以实现新疆农村最低生活保障制度的动态发展和健康发展。

二是适度提高新疆农村最低生活保障制度的保障标准。新疆农村最低生活保障制度的资金来源，主要来自于地方政府的财政投入。因此，适度提高新疆农村最低生活保障制度的保障标准，关键在于适度加大新疆地方政府的财政投入力度。提高新疆当地政府对农村最低生活保障制度的财政投入力度，关键在于抓住西部大开发和新疆跨越式发展的历史机遇，大力促进新疆农村社会经济快速发展。同时，中央财政应该通过补贴的方式对新疆农村最低生活保障制度的资金筹集，承担一定的责任。

三是避免新疆农村最低生活保障标准地区之间差异过大。实施新疆农村最低生活保障制度的目的，是为了保障新疆农村地区困难农民的基本生活。如果新疆农村最低生活保障制度在地区之间差异过大，会因为不同地区之间农民的攀比心理，而产生一些新的社会问题，不仅不能使农村社会保障制度保障农村社会稳定的目的，还可能会带来一些新的矛盾和问题。但是，由于不同的农村地区之间，物价水平、收入水平等都不尽相同，因此，完全相同的新疆农村最低生活保障标准，也是不合理和不公平的。因此，应该根据当地的社会经济发展情况，建立适合当地社会经济发展水平的农村最低生活保障标准，但是要避免地区之间农村最低生活保障标准差异过大。

参考文献

一、英文参考文献：

[1] Bossone, Biagio. *The role of Trust in Financial Sector Development*. Policy Research Working Paper No. 2200, the World Bank, 1999.

[2] Cook, S. *Who Gets What Jobs in China's Countryside? A Multinomial Logit Analysis*, Oxford Development Studies, 1998.

[3] Dercon S. Assessing Vulnerability. Draft, Jesus College and CSAE. *Department of Economics*, Oxford University, 2001.

[4] Eggebeen, D. J., and D. P. Hogan. *Giving between Generations in American Families* [J]. Human Nature. 1990, (1): 211—32.

[5] Ellis, F.: Peasant Economics, Cambridge University Press, 1987.

[6] Gabler, "sozialversicherung", "sozialpolitik", gabler verlag, wiesbanden, 1988.

[7] Gusio, Luigi, Paola Sapienza & Luigi Zingalea. *The Role of Social Capital in Financial Development*. American Economic Review. 2004, (94): 526—556.

[8] Liu. T. William & Kendig Hal (eds.). *Who Should Care for the Elderly? An East—West Value Divide* [M]. Singapore: Singapore University Press & World Scientific. 2000, 136—142.

[9] Lutz Leisering: China's rural elderly security: from Land of Land reform period to pension in Age of Globalization, PRC — 3607. 2001.

[10] Mark Hutter. *The changing family: comparative perspectives* Macmillan Pub. Co. 1988.

[11] Michael C. Seeborg, Zhenhu Jin, Yiping Zhu. *The New Rural—urban labor mobility in China: Causes and Implications*. The Journal of

Socio-Economics,2000.

[12] Morduch J. *Income Smoothing and Consumption Smoothing*. Journal of Economic Perspectives,1995.

[13] Stoller, Eleanor Palo. *Why Women Care：Gender and the Organization of Lay Care in E. Stoller and R. Gibson（eds.）. Worlds of Difference：Inequality in the Aging Experience Thousand Oaks* [M]. Pine Forge Press,1994：187-193.

二、中文参考文献：

[1]《新疆农村社会救助体系》,中国养老金网,http：//www.cnpension.net/sbzs/shjz/2010-04-23/1122093_3.html

[2][H].孟德拉斯著:《农民的终结》[M],北京:中国社会科学出版社,2005年版,前言第8页。

[3]赵曼、张广科:《新型农村合作医疗保障能力研究》[M].北京:中国劳动社会保障出版社,2009年版。

[4]郑功成:《中国农村社会养老保障政策研究——将农村居民社会保障与计划生育有机结合的政策选择》[J],载《人口与计划生育》,2008年第3期,第17-19页。

[5]《新疆维吾尔自治区2012年国民经济和社会发展统计公报》,新疆统计信息网,http：//www.xjtj.gov.cn/.

[6]《新疆五十年》编辑委员会:《新疆五十年》,http：//www.xjtj.gov.cn/stats_data/50years/b1/b1-1.htm

[7]阿布力孜·玉素甫:《新疆生态移民研究》,北京:中国经济出版社,2009年版,第24-25页。

[8]阿里木江·阿不来提、阿曼古丽·苏丽坦:《新疆农村社会养老保险的现状及对策》,载《郑州轻工业学院学报(社会科学版)》,2009年第3期,第63-66页。

[9]阿里木江·阿不来提、阿曼古丽·苏丽坦:《新疆农村社会养老保险的现

状及对策》,载《郑州轻工业学院学报(社会科学版)》,2009年第3期,第63—66页。

[10]阿里木江·阿不来提、古丽皮亚·阿比提、刘晖:《新疆农村人口未来发展趋势研究》,载《干旱区资源与环境》,2012年第12期,第33—40页。

[11]阿里木江·阿不来提等:《新疆农村社会养老保险精算模型及实证研究》,载《西北人口》,2010年第1期,第90—94页。

[12]阿里木江·阿不来提等:《新疆少数民族传统养老文化与新疆农村社会养老保障关系研究》,载《西北人口》,2009年第4期,第84—88页。

[13]安增龙:《中国农村社会养老保险制度研究》,北京:中国农业出版社,2006年,第36页。

[14]白萍、袁学海:《人口老龄化背景下加快新疆维吾尔自治区社会养老服务体系建设的思考与建议》,新疆维吾尔自治区信息中心

[15]陈传波:《农户风险与脆弱性:一个分析框架及贫困地区的经验》,载《农业经济问题》,2005年第11期,第47—50页。

[16]陈昱阳:《应对农村人口老龄化——积极构建城乡统筹的社会保障体系》,载《人民日报》,2011年4月29日。

[17]崔玉江:《我国农村发展商业养老保险探析》,载《浙江金融》,2008年第9期,第47—48页。

[18]戴岚:《新疆步入老龄化社会 60岁以上老年人口逾200万》,人民网,http://society.people.com.cn

[19]邓大松、陈文娟、王增文:《论中国的养老风险及其规避》,载《经济评论》,2008年第2期,第87—90页。

[20]邓大松、陈文娟、王增文:《论中国的养老风险及其规避》,载《经济评论》,2008年第2期,第87—90页。

[21]丁士军、陈传波:《农户风险处理策略分析》,载《农业现代化研究》,2001年第6期,第346—349页。

[22]董艳芳、刘传江:《农民工社保需求影响因素的实证研究》,载《农业技术

经济》,2008年第1期,第45—47页。

[23]董艳芳、刘传江:《农民工社保需求影响因素的实证研究》,载《农业技术经济》,2008年第1期,第45—47页。

[24]杜鹏:《中国人口老龄化过程研究》,北京:中国人民大学出版社,1994年版,第92页。

[25]杜强等:《Spss统计分析——从入门到精通》,北京:人民邮电出版社,2009年版,第174页。

[26]段世江、张岭泉:《农村独生子女家庭养老风险分析》,载《西北人口》,2007年第3期,第108—111页。

[27]段世江、张岭泉:《农村独生子女家庭养老风险分析》,载《西北人口》,2007年第3期,第108—111页。

[28]范琼燕:《新疆全面启动城镇居民养老保险惠及逾90万人》,http://roll.sohu.com/20110701/n312151996.shtml

[29]费孝通:《家庭结构变动中的老年赡养问题——再论中国家庭结构的变动》,载《北京大学学报(哲学社会科学版)》,1983年第3期,第7—16页。

[30]冯学山、王德耀:《中国老年人医疗服务需求量分析》,载《中国卫生经济》,1999年第5期,第287—289页。

[31]高仲霞:《新疆社会保障问题研究》,乌鲁木齐:新疆人民出版社,2005年版,第149页。

[32]国家统计局:《2010年第六次全国人口普查主要数据公报(第1号)》,国家统计局网站,http://www.stats.gov.cn/tjgb/rkpcgb/qgrkpcgb/t20110428_402722232.htm

[33]国家统计局:《2012年国民经济和社会发展统计公报》,国家统计局网站,http://www.stats.gov.cn/tjgb/ndtjgb/qgndtjgb/t20130221_402874525.htm

[34]国家统计局:《2012年中国农村居民人均纯收入7917元,比上年增长13.5%》,http://www.stats.gov.cn/

[35]国家统计局编:《2005年全国1%人口抽样调查主要数据公报》,中国人

口信息网 http://www.cpirc.org.cn

[36]何安瑞:《新农保的近喜与远忧》,载《中国金融》,2009年第22期,第80—84页。

[37]何小勤:《农业劳动力老龄化研究——基于浙江省农村的调查》,载《人口与经济》,2013年第2期,第69—77页。

[38]何兴强、李涛:《社会互动、社会资本和商业保险购买》,载《金融研究》,2009年第2期,第116—132页。

[39]黄黎若莲、张时飞、唐钧:《中国人口老龄化进程与老年服务需求》,载《学习与实践》,2006年第12期,第103—113页。

[40]简新华、张建伟:《构建农民工的社会保障体系》,载《中国人口·资源与环境》,2005年第1期,第116—119页。

[41]江帆:《商业养老保险面临怎样的发展机遇》,载《经济日报》,2011年7月8日,第15版。

[42]江西省统计局:《江西统计年鉴—2011》,http://www.jxstj.gov.cn/resource/nj/2011cd/indexch.htm

[43]江西省政府发展研究中心:《江西农村人口老龄化问题及对策研究》,http://www.cncaprc.gov.cn/

[44]焦克源、王瑞娟:《我国农村家庭养老的可持续性研究》,载《广西社会科学》,2008年第11期,第158—161页。

[45]柯惠新:《调查研究中的统计分析法》,北京:北京广播学院出版社,1992年版,第176页。

[46]孔祥智、涂圣伟:《我国现阶段农民养老意愿探讨——基于福建省永安、邵武、光泽三县(市)抽样调查的实证研究》,载《中国人民大学学报》,2007年第3期,第71—77页。

[47]乐章:《风险与保障:基于农村养老问题的一个实证分析》,载《农业经济问题》,2005年第9期,第68—73页。

[48]乐章:《他们在担心什么:风险与保障视角中的农民问题》,载《农业经济

问题》,2006年第2期,第26—35页。

[49]李建:《中国农村计划生育夫妇养老问题及其社会养老保障机制研究》,载《中国人口科学》,2004年第3期,第40—49页。

[50]李健民:《中国农村计划生育夫妇养老问题及其社会养老保障机制研究》,载《中国人口科学》,2004年第3期,第40—49页。

[51]李群、吴晓欢、米红:《中国沿海地区农民工社会保险的实证研究》,载《中国农村经济》,2005年第3期,第68—74页。

[52]李群、吴晓欢、米红:《中国沿海地区农民工社会保险的实证研究》,载《中国农村经济》,2005年第3期,第68—74页。

[53]李涛:《社会互动、信任与股市参与》,载《经济研究》,2006年第1期,第34—45页。

[54]李伟等:《应对老龄化的国家战略》,载《经济参考报》,2013年11月16日。

[55]李文政:《老龄化背景下农村养老保障策略与路径》,载《重庆社会科学》,2009年第1期,第44—47页。

[56]梁丽霞:《"照顾责任女性化"及其理论探讨》,载《妇女研究论丛》,2011年第2期,第12—18页。

[57]林淑周:《农民参与新型农村社会养老保险意愿研究——基于福州市大洋镇的调查》,载《东南学术》,2010年第4期,第74—80页。

[58]林义:《破解新农保制度运行的五大难题》,载《中国社会保障》,2009年第9期,第14—16页。

[59]刘爱玉、杨善华:《社会变迁过程中的老年人家庭支持研究》,载《北京大学学报(社会科学版)》,2000年第3期,第59—70页。

[60]刘爱玉、杨善华:《社会变迁过程中的老年人家庭支持研究》,载《北京大学学报(社会科学版)》,2000年第3期,第59—70页。

[61][美]罗伯特·霍尔茨曼、[美]爱德华·帕尔默主编,郑秉文译:《养老金改革——名义账户制的问题与前景》,北京:中国劳动社会保障出版社,2006年版,第1—20页。

[62] 罗淳:《从老龄化到高龄化——基于人口学视角的一项探索性研究》,西南财经大学博士论文,2000年5月,第65页。

[63] 马敏、韩世红:《社会养老保险与商业养老保险的关系分析》,载《西安交通大学学报》,1998年第12期,第98—101页。

[64] [法]孟德拉斯:《农民的终结》,北京:中国社会科学出版社,2005年版,前言第8页。

[65] 穆光宗、姚远:《探索中国特色的综合解决老龄问题的未来之路——全国家庭养老与社会化养老服务研讨会侧记——中国的养老之路》,北京:中国劳动出版社,1998年版。

[66] 穆光宗:《我国农村家庭养老问题的理论分析》,载《社会科学》,1999年第5期,第50—54页。

[67] 穆光宗:《独生子女家庭非经济养老风险及其保障》,载《浙江学刊》,2007年第3期,第10—16页。

[68] 穆光宗:《中国传统养老方式的变革与展望》,载《中国人民大学学报》,2000年第5期,第39—44页。

[69] 宁夏统计信息网:《宁夏回族自治区2012年国民经济和社会发展统计公报》,http://www.nxtj.gov.cn/

[70] 乔晓春、陈卫:《中国人口老龄化:世纪末的回顾与前瞻》,载《人口研究》,1999年第6期,第28—37页。

[71] 秦雪征:《社会安全网、自我保险与商业保险:一个理论模型》,载《世界经济》,2011年第10期,第70—86页。

[72] 全国老龄工作委员会办公室:《中国人口老龄化发展趋势预测研究报告》,中国网,http://www.china.com.cn。

[73] 沈路涛、张旭东、邹声文:《我国人口老龄化呈现五大特点》,载《云南日报》,2003年10月26日。

[74] 石绍宾、樊丽明、王媛:《影响农民参加新型农村社会养老保险的因素——来自山东省入户调查的证据》,载《财贸经济》,2009年第11期,第

42—48页。

[75]世界银行(World Bank):《21世纪的老年收入保障:养老金制度改革国际比较》,北京:中国劳动社会保障出版社,2006年版,第85—88页。

[76]世界银行(World Bank):《防止老龄危机:保护老年人及促进增长的政策》,北京:中国财政经济出版社,1996年版,第9—10页。

[77]宋涛、吴玉锋、陈婧:《社会互动、信任与农民购买商业养老保险的意愿》,载《华中科技大学学报(社会科学版)》,2012年第1期,第99—106页。

[78]苏芳、浦欣冬、徐中民、王立安:《生计之本与生计策略关系研究——以张掖市甘州区为例》,载《中国人口资源与环境》,2009年第6期,第119—125页。

[79]谭辉:《让"老有所养"不再难——自治区构建社会养老服务体系实践纪实》,http://www.tianshannet.com

[80]谭元贵、夏上海:《从赡养案件看农村养老》,载《恩施日报》,2006年5月8日。

[81]唐灿、马春华、石金群:《农村家庭养老方式的资源危机》,载《中国党政干部论坛》,2008年第1期,第38—40页。

[82]陶立群:《我国人口老龄化的趋势和特点》,载《科学决策月刊》,2006年第4期,第8—10页。

[83]田中禾、马雪彬:《人口老龄化对社会养老保障服务体系的影响与对策分析》,载《西北人口》,2002年第2期,第17—19页。

[84]王俊:《科学认识人口老龄化问题》,载《人民日报》,2012年12月13日。

[85]王媛:《"新农保"参保影响因素分析——基于农户调查的Logistic回归模型》,载《农村经济》,2011年第7期,第85—88页。

[86]魏淑清:《积极应对人口老龄化挑战推进宁夏社会的和谐发展热》,载《内蒙古科技与经济》,2010年第19期。

[87]吴海盛、江巍:《中青年农民养老模式选择意愿的实证分析——以江苏省为例》,载《中国农村经济》2008年第11期,第54—66页。

[88] 吴玉锋：《新型农村社会养老保险参与实证研究：一个信任分析视角》，载《人口研究》，2011年第4期，第94—103页。

[89] 吴玉韶：《中国老龄事业发展报告(2013)》，北京：社会科学文献出版社，2013年版。

[90] 肖应钊、李登旺、李茜茜、耿焕瑞、厉昌习：《农村居民参加新型农村社会养老保险意愿影响因素的实证分析》，载《社会保障研究》，2011年第5期，第40—50页。

[91] 谢桂华：《老年人的居住模式与子女的赡养行为》，载《社会》，2009年第5期，第149—168页。

[92] 新疆统计信息网：《新疆维吾尔自治区2012年国民经济和社会发展统计公报》，http://www.xjtj.gov.cn/

[93] 信息中心，http://cei.56.org.cn/index/index/showdoc.asp?blockcode=DQXJYJ&filename=201111040916

[94] 邢纪平等：《新疆牧民风险意识的调查研究》，载《新疆农业科学》，2009年第1期，第191—196页。

[95] 熊跃根：《成年子女对照顾老人的看法》，载《社会学研究》，1998年第5期，第76—80页。

[96] 徐德文：《农民工工伤状况及其参保意愿调查》，载《中国人口科学》，2009年第1期，第97—104页。

[97] 徐俊、风笑天：《独生子女家庭养老责任与风险研究》，载《人口与发展》，2012年第5期，第2—10页。

[98] 徐文芳：《我国农村商业养老保险存在的问题与对策探析——基于完善社会保障体系的视角》，载《保险研究》，2009年第8期，第71—76页。

[99] 许汉石、乐章：《生计资本、生计风险与农户的生计策略》，载《农业经济问题》，2012年第10期，第100—105页。

[100] 杨群：《87.5%，还是赞同"养儿防老"多》，载《解放日报》，2013年9月23日。

[101]杨英春:《新疆新建26所农村敬老院农村五保对象集中供养率近16‰》,载《新疆日报》,2013年10月11日。

[102]姚润萍:《我国老年人口进入急速发展期》,载《齐鲁晚报》,2012年4月30日。

[103]姚远:《中国家庭养老研究》,北京:中国人口出版社,2001年版,第16—19页。

[104]于学军:《中国人口老化的经济学研究》,北京:中国人口出版社,1995年版,第22页。

[105]于长久:《人口老龄化背景下农民的养老风险及其制度需求——基于全国十个省份千户农民的调查数据》,载《农业经济问题》,2011年第10期,第56—66页。

[106]于长永:《农民对"养儿防老"观念的态度的影响因素分析》,载《中国农村观察》,2011年第3期,第69—79页。

[107]于长永:《农村独生子女家庭的养老风险及其保障》,载《西北人口》,2009年第6期,第85—90页。

[108]于长永:《农民的养老风险、策略与期望的地区差异分析》,载《人口学刊》,2010年第6期,第23—32页。

[109]于长永:《依赖与脆弱性:农民养老问题的一个实证分析——基于全国十个省份1000余位农民的调查数据》,载《西北人口》,2013年第6期,第117—122页。

[110]俞自由、陈正阳:《社会养老保险、补充养老保险与商业保险的关系——上海地区社会养老保险的替代率分析和商业养老保险市场预测》,载《管理世界》,1997年第2期,第180—185页。

[111]张朝华:《农户参加新农保的意愿及其影响因素——基于广东珠海斗门、茂名茂南的调查》,载《农业技术经济》,2010年第6期,第4—10页。

[112]张德智:《宁夏步入老龄化社会呼吁老龄事业同步跟进》,载《宁夏日报》,2010年5月4日。

[113]张冬梅、李铁军:《新疆老年人口年增十万》,http://news.163.com/10/0507/10/662SJSI300014AEE.html.

[114]张昕宇:《新疆率先实现新农保制度全覆盖》,http://news.ts.cn/content/2011-12/12/content_6411809.htm

[115]张再生:《中国人口老龄化的特征及其社会和经济后果》,载《南开学报》,2000年第1期,第83—89页。

[116]赵曼、刘鑫宏:《农民工就业与社会保障问题研究》,北京:中国劳动社会保障出版社,2010年版。

[117]郑秉文:《人社部门管理医疗保险的十条理由》,载《中国医疗保险》,2013年第5期,第10—11页。

[118]郑晓瑛、陈立新:《中国人口老龄化特点与政策思考》,载《中国全科医学》,2006年第12期,第1919—1927页。